Für G

»You can check out anytime you like,
but you can never leave.« – The Eagles

Inhaltsverzeichnis

Der Weg

In dieser ganzen Geschichte habe ich ein einziges Mal mit dem Guru Fußball gespielt. Für eine Sekunde oder zwei. Auf einem Autobahnrastplatz in Niedersachsen. Während unserer insgesamt Zwölftausendkilometertour quer durch Europa war Fußball die letzte Verbindung zu meinem alten Ich.

Der Ball flog zwischen zwei Wohnmobilen und einem Multivan hin und her. Drei weiß gekleidete Jünger versuchten, den Ball so lange wie möglich in der Luft zu halten und von einem zum nächsten zu passen.

Einer der drei Jünger war ich.

Plötzlich stand der Guru zwischen uns. Sofort passte einer von uns so gefühlvoll wie möglich zum Meister. Es war in diesem Moment die größte Ehre, das Leder mit ihm zu teilen. Der Gebenedeite berührte zum ersten Mal in seinem Leben einen Fußball. Da ihm keinerlei Grenzen gesetzt waren, setzte er zu einem gewaltigen Schuss an – als schlüge er einen Fünfzigmeterpass in Richtung Autobahn. Ohne Ballgefühl erwischte er die Pille aus voller Wucht mit dem Knie und seine Sandale flog davon. Der Ball hingegen landete unter der Nase unseres Angebeteten, sein zotteliges Haupt klappte nach hinten und sein Hut segelte auf den Asphalt der Raststätte Damma Berge. Was dann geschah, war nicht zu erklären: Der Gesalbte verharrte in genau dieser Position; sein Fuß in der Luft, sein Hinterkopf auf dem Rücken. Das Standbein angewinkelt. Meliertes Haupthaar und struppiger Bart standen parallel zur Autobahn. Es sah fast so aus, als wäre die Zeit stehen geblieben – wie auf einem Standbild von Monty Pythons *Ministry of Silly Walks*. Wenn nicht der Ball neben dem Guru langsam ausgetippt und weggerollt wäre.

So viel Gewalt hatte dieser holde Mensch während seiner 39 heiligen Jahre in dieser Reinkarnation nie erfahren. Was in diesem unwiderruflichen Moment geschah, durfte nicht geschehen. Ein von Gott Gesandter wird nicht geschlagen. Erst recht nicht mitten ins Gesicht. Vor allem nicht von einem Lederfußball namens Teamgeist. Nach der Zeit, die eine Sandale braucht, um aus zehn, zwölf Metern auf die Bürgersteigkante zu schlagen, fing sich der Guru wieder. Sein Kopf kreiste nach vorne, seine Haare fielen herab. Seine alabasterfarbene Fußsohle traf auf den Boden. Die Knie gerade durchgestreckt. Nur sein Gesicht erschien leicht verändert. Nicht die Nase, die vielleicht ein bisschen gerötet war. Vielmehr der Ausdruck im Allgemeinen. Vergleichbar mit einem Erdhörnchen, dem ein Blitz die Schwanzspitze versengt hatte. Der Guru hob seinen Hut auf und schlüpfte ungelenk in seine Sandale. Benommen stakste er davon. Nach wenigen Metern schaute er sich kurz um. Doch von der Szene war nichts übrig geblieben. Selbst der Ball verharrte außer Sichtweite. Als würde er sich verstecken. Wir standen da wie erstarrt.

Wenige Wochen nach Teamgeists Volltreffer existiere ich als Jünger nicht mehr. Und noch ein wenig später fange ich an, alles aufzuschreiben: Vor meinem inneren Auge tauchen schlafende Elefanten in Schlaglöchern indischer Highways auf; ich sehe mich mit weiß gekleideten Amerikanern einen Hügel hinunterkullern. Ich fauche wie ein Krokodil, um meinem Körper Inner Yoga beizubringen. Ich streichele die schweren Brüste einer jungen Schwedin und habe Heimweh nach Deutschland. Zwischendurch erscheint mir der Leibhaftige. Vielleicht ist es aber auch der Heiland. Wer könnte das unterscheiden?

Ich reise in neun Monaten durch zwölf Länder. Ich gehe zu Fuß, fahre auf Schiffen und mit der Bahn, fliege mit dem Flugzeug und lege Tausende von Kilometern mit dem Auto zurück. Denn ich bin der Chauffeur dieses Gurus.

Dabei sitze ich jetzt wieder in diesem alten Leben. Am gleichen Schreibtisch in der gleichen Wohnung. Ich komme mir vor wie ein umgepflanzter Baum. Zum ersten Mal mag ich Deutschland. Außerdem spielt Gladbach die beste Saison seit den Siebzigern.

Das Klingeln meines Handys reißt mich aus meinem brüchigen Glauben an mein Vaterland. Ich gehe nicht ran. *Ashram Handy* steht auf dem Display. Es sind immer die gleichen scheinheiligen Anrufe von den Lakaien des Gurus. Wie es mir geht und was ich mache.

Ich hätte meine Nummer ändern sollen. Diese Anrufe zerren an meinen feinen Wurzeln. Mein Zustand ist nicht witterungsbeständig. Vor einer Woche bin ich am Morgen nach einem solchen Anruf weinend aufgewacht. Zum ersten Mal kam die Trauer hinter der Wut zum Vorschein. Ich weiß, dass ich Jahre brauchen werde, um diese Geschichte zu verarbeiten.

Vom Guru selbst habe ich nie wieder etwas gehört. Seine letzten Worte an mich waren: »I love you!«

Der Guru saß neben mir auf dem Beifahrersitz. Zwischendurch hatte seine Nase angefangen zu bluten. Das tat sie jetzt nicht mehr. Er hatte seit Teamgeists Volltreffer kein Wort geredet. Die Damma Berge lagen zweihundert Kilometer hinter uns. Wir befanden uns kurz vor Köln, wo Hunderte von Anhängern auf uns warteten.

Ich navigierte uns mit 120 Stundenkilometern durch ein Gewirr von Autobahnen. Zwischen dem Guru und mir hockte seine heimliche Geliebte. Aber davon wusste ich in dem Moment noch nichts. Hinter mir waren Betten und Bänke doppelt und dreifach belegt. Dazu kauerten einige Fans des Heiligen auf dem Boden. Ein Dutzend weiß gekleideter Jünger befand sich in diesem Moment nicht im viel besungenen Hier und Jetzt. Vor unseren geistigen Augen sahen wir immer wieder Teamgeist zuschlagen. Selbst wer nicht dabei gewesen war, sah es jetzt vor sich. Alle hörten das Klatschen des Leders auf die nun faustgroß platt gequetschte Nase des Angehimmelten.

Teamgeist hatten wir in den Damma Bergen zurückgelassen. Ich hatte ihn beim Ausparken noch an einem Gebüsch liegen sehen. Ihn mochte ich.

Wir sprachen kein Wort. Fragen lauerten in unseren Köpfen: Wie konnte das geschehen? Wer hatte den Pass gespielt? Warum passierte einem Heiligen so etwas? Wir drei Fußballer kamen uns vor wie Verfemte. Ich schämte mich besonders, denn ich hatte Teamgeist damals mit in den Ashram gebracht. Aber das wusste niemand.

Mittlerweile krochen wir über die Autobahn. Das Rheinland war verstopft. Im Wohnmobil herrschte eine Stimmung wie bei Fußballfans nach einem verlorenen Finale. Plötzlich hielt eine der engsten Vertrauten des Vollkommenen einen Zettel unter seine malträtierte Nase. Das Papier war gefaltet, wie es früher die Mädchen in der Grundschule machten, wenn sie Ja-Nein-Vielleicht-Briefchen verschickten. Der Guru friemelte das Papier auseinander, als wollte er die Falttechnik studieren. Ich schielte zu ihm herüber. »I like you«, stand in großer, krickeliger Schrift auf dem Briefchen. Nach fünfzig Staumetern sagte ich: »Ich mag dich auch, Guruji«, und steuerte das Wohnmobil besonders sanft in die Fahrbahnmitte. »Ich auch«, hörte ich von hinten. Und noch ein »Ich auch«. Und noch eins. Bis alle durcheinanderriefen. Ein Ich-mag-dich-Guruji-Sturm brach los. Das Wohnmobil jubelte und schaukelte. Der Stau löste sich auf. Wir waren wieder glücklich.

Bis der Guru ganz langsam den Kopf drehte. Er blickte jedem von uns nacheinander ins Gesicht. »No«, sagte er ernst. »Ihr mögt nicht mich. Ihr mögt nur euch selbst. Und ihr wollt, dass ich euch mag, dass ich euer Ego mag. Das ist alles. Seid ehrlich. Seid authentisch. Seid glücklich.«

Wir mussten tanken. Der Autohof hieß *Zum Truckstop*. Wer keine Lederweste trug, fiel auf. Menschen in weißem Baumwollgewand mit Schal erst recht. Da ich mich seit Monaten nicht rasiert hatte, sah ich aus wie einer von ihnen auf heilig getrimmt. Ich bestellte Kaffee. Eigentlich wollte ich einen Latte Macchiato. Aber ich fürchtete, man würde mich nicht verstehen.

Die Trucker glotzten. Ich konzentrierte mich auf meinen Atem, um nicht rot zu werden.

»Äi, Beate, was'n dir passiert?«, rief plötzlich ein Mann mit Ziegenbart neben mir. Eine übel zugerichtete Kollegin hatte missmutig den Laden betreten. »Hab mich geprügelt. Mit so'ner Nuttä!« Die Frau war um die fünfzig. Sie hatte ein violettes Auge und eine Wunde über der Hakennase. Ich musste an die Szene in *Kill Bill* denken, in der Uma Thurman einem Sarg entsteigt und total verstaubt eine Kneipe betritt. »Scheiße!«, raunzte ein Vollbart mit Zopf. »Egal!«, bellte Beate. »Ich hab ihr dafür voll mit de Stiefels inne Fotze getreten.«

Plötzlich hatte ich eine Erscheinung. Diese Beate leuchtete wie eine Neonreklame für Michelin-Reifen und bewegte sich in Zeitlupe, wie in einem überstrahlten Stummfilm, bei dem sich die Hitze des Projektors langsam durch die Bilder frisst. Die Truckerin kam mir auf einmal wie ein vollkommenes, göttliches Wesen vor. Ich erkannte die gesamte Macht eines unermesslichen Schöpfers in dieser ramponierten Frau. Ich hatte die wichtigste Lehre unseres Gurus in absoluter Vollkommenheit begriffen: Gott macht vor nichts halt.

In diesem Moment wurde mir plötzlich alles klar: Würde ich derbe Frauen mit geschwollenen Augen, Narben und Tätowierungen anhimmeln, wäre Beate mein Guru. Es war eine gesellschaftliche Konvention, dass ich an die Göttlichkeit eines zotteligen Inders glaubte. Nirgends stand geschrieben, wie ein Erleuchteter auszusehen hatte oder wo er herkommen müsste. War der ganze Erleuchtungs-Hokuspokus nur eine Illusion?

Der Guru hätte mir zugestimmt, dass Beate genauso erleuchtet war wie er selbst. Auch hätte er zugegeben, dass sie bestimmt besser Fußball spielen konnte. Wozu also dieses Theater um den Guru, dieses Huldigen, diese Erhöhung? Ich schaute Beate vollkommen selbstverloren, erleuchtet und ein bisschen verliebt an. »Was'n mit dem?«, fragte Beate meinen ziegenbärtigen Nachbarn. »Is'n Heiliger oder so«, antwortete er – nicht ohne Respekt. Ich trank Schluck um Schluck meinen Kaffee aus und sagte beim Hinausgehen: »Danke, Beate. Danke!«

Ich schritt mit möglichst viel Würde über den verregneten Asphalt, als ich den Guru im Tankstellenshop entdeckte. Er stand vor einem Fußball, der an einem Faden von der Decke hing. Der Ball hieß nicht Teamgeist, sondern Bolzmann und trug das Tankstellen-Logo wie ein Tattoo auf seiner Lederhaut. Als der Guru sah, dass ich ihn beobachtete, setzte er ein Lächeln auf und winkte mich zu sich. »Very dangerous is it, those toys?« Ob solche Spielzeuge gefährlich wären, fragte er in seiner eigentümlichen Aussprache und der indischen Grammatik. »Es kommt drauf an, wer sie benutzt«, erwiderte ich. Er schaute mich scheinbar verwundert an. Aber dann wirkte es, als blickte er durch mich hindurch. Oder gar in mich hinein. Obwohl es brütend heiß war, lief ein eiskalter Schauer meinen Rücken hinunter. Der Guru wandte sich ab. Ich blieb verwirrt zurück.

Welche Macht hatte der Guru über Menschen, insbesondere über mich? Wie weit trug mein Glaube an seine übersinnlichen Fähigkeiten zu dem Schauer bei? Was hatte er wirklich drauf? Wenn er Gott war, sollte seine Göttlichkeit gefälligst auf mich abfärben. Davon war nichts zu spüren.

Jahre später muss ich mir – und allen anderen – eingestehen, dass ich den Guru liebte. Ich bewunderte ihn. Und ich hasste ihn. Ich war eifersüchtig und neidisch. Ich gierte nach seiner Erleuchtung. Seine Wollust und Maßlosigkeit machten mich wütend. Sein Hochmut und seine Faulheit widerten mich an. Seine Großzügigkeit ließ mich meinen eigenen Geiz erkennen. Ich projizierte alle extrem menschlichen Gefühle auf ihn. Er bildete den Mittelpunkt meines Lebens. Alles hing nur von ihm ab. Wie schrecklich.

Alle Namen in diesem Buch, die in direkter Verbindung mit dem Ashram stehen, habe ich geändert; denn erstens weiß ich jetzt, wozu der Guru und seine Gefolgschaft fähig sind, zweitens wahre ich damit die Privatsphäre der auftretenden Personen und drittens möchte ich mit diesem Buch niemanden verletzen oder gar bekehren.

Ein paar Belege aus der Zeit mit ihm gibt es – Briefe, E-Mails, Fotos und Filmaufnahmen. Auf einem Foto sehe ich sehr froh aus. Im Hintergrund steht der Guru mit den Händen in den Hüften, den Kopf zur Seite geneigt. Er schaut kokett in die Kamera, als wollte er sagen: »Seht, wie glücklich ich alle mache!«

Bis zum heutigen Tag glauben Jünger auf fünf Kontinenten an die übersinnlichen und gottgleichen Fähigkeiten dieses Mannes. Sie haben ihm Millionen von Euros, Rupien, Kronen und Dollars gegeben und sind fest davon überzeugt, dass dieser holdselige Zausel die Welt retten kann.

Anfang

Lange bevor Ashrams und Gurus in meinem Kopf herum-
spukten, war ich ein kleiner Junge mit einem großen Traum:
Ich wollte Fußballprofi werden. Ich spielte jeden Tag, teilweise stundenlang. Der Dorfbolzplatz des VfL Hiddesen im
Landstrich mit dem widersprüchlichen Namen Ostwestfalen
lag einen Kilometer von meinem Elternhaus entfernt. Wenn
ich dort niemanden antraf, radelte ich zurück auf unseren
Bauernhof und kickte bis zum Sonnenuntergang mit mir
selbst. Unser Scheunentor hatte ich zum Fußballtor umfunk-
tioniert. Ich zirkelte den Ball aus allen Winkeln in den Kasten, den ich mit bunter Kreide auf die riesige Holzwand
gemalt hatte. Ich war Karl-Heinz Rummenigge, Klaus
Fischer und der Kaiser in einer Person. Ich sah aus wie
Gladbachs Torwart Wolfgang Kleff mit Locken, kannte
jedes Ergebnis der laufenden Saison, die WM-Paarungen
aller Zeiten und ich wusste genau: Irgendwann würde jemand
kommen, der mich entdeckte. Einer der großen, dicken Bundesligamanager würde sich zufällig auf unseren Hof verlieren. Mit einem fetten, weißen, aufgemotzten Mercedes-Benz
S-Klasse, beigefarbenem Streifenanzug und prunkvollem
Goldkettchen. Er würde in unserer Hofeinfahrt stehen und
sofort erkennen, dass ich das größte Talent seit Uwe Seeler
war. Der Talenthändler würde meinem Vater eine Million
Mark anbieten. Doch mein Papa würde sagen: »Nee, nee,
mein Freund. Für diesen Jungen musst du fünf Millionen
hinblättern.«

Der große Manager ließ sich mein ganzes Leben lang nicht blicken. Weder auf unserem Bauernhof noch in der Schule. Nicht im Studium oder im Urlaub. Weder in meiner Freizeit noch bei der Arbeit. Selbst als ich durch Glück Redakteur beim Fernsehen wurde und Filme über Vulkane, Klofrauen und Fußballstars produzierte, kam er nicht. Ich hatte ein Leben lang auf meinen Manager gewartet. Auf einen Typen, der mein Leben in die Hand nehmen und mir sagen würde, was zu tun sei. Der genau wüsste, wie ich wann, wo und warum zu sein hätte.

Und dann, ganz plötzlich, stand dieser Manager vor mir. Bei einem Festival. Auf einer Treppe in einem kargen Messebau in Blaufingen. Er trug weiße Gewänder, hatte lange, lockig-strähnige Haare, einen buschigen Vollbart und dunkle Haut. Er war so etwas wie ein Bundesligamanager für Indienfans und Nationaltrainer aller Erleuchteten. Um ihn herum standen vier ebenfalls weiß gewandete weibliche Heiligkeiten, alle um die dreißig, teilweise hübsch. Ich starrte sie mit offenem Mund an. Bis mich sein Blick traf. Seine Augen waren dunkel wie die Unendlichkeit. Seine Pupillen bohrten sich direkt in meine Seele. Der Guru lehnte mit überkreuzten Beinen an einem Treppengeländer und lächelte entspannt in diese Horde der Suchenden. Dabei nickte er langsam, fast wie in Zeitlupe, mit dem Kopf. Schaute er sich die Verwirrung der Menschheit an? Versuchte er zu retten, was zu retten war? Plötzlich wurde mir klar, dass ich auch gerettet werden wollte. Dass ich endlich nicht mehr auf ein Scheunentor schießen, sondern Kapitän in der Champions League der Erleuchteten sein wollte.

Das *Sunrise Festival* in Blaufingen war spirituelle Messe, Musikfestival und Meditationsorgie in einem. Ich war wegen der Musik von Krishna Das und Deva Premal gekommen, zwei westlichen Weltstars indischer Folk-Musik. Dass dies der Beginn meines drastischsten Lebenseinschnitts sein sollte, ahnte ich nicht. Denn dies war nicht meine Welt. Noch nicht.

Bevor ich den Guru traf, bummelte ich unschuldig über das Gelände und wehrte Leute ab, die mir Engelsfiguren, Edelstahlpyramiden und Aura-Lesungen andrehen wollten. Diese Leute mit Bimmelkettchen an den Füßen und Blumen im Haar sprachen von Energien, genossen ihren Atem und hörten nicht auf, sich zu umarmen. Waren sie wirklich so glücklich, wie sie aussahen?

Hier kannte mich niemand. Ich konnte sein, wie ich wirklich war oder wie ich gern sein wollte, ohne Scham. Ich besuchte so viele Workshops wie möglich – spielte schiefe Melodien auf einer Tonflöte, klopfte meinen Körper systematisch ab, um meine Chakren zu öffnen, übte mich in Hechelatmung, um an mein innerstes Ich zu gelangen. Schaden konnte das alles nicht, oder? Bis plötzlich eine alte Schulfreundin vor mir stand. Hatte sie gesehen, wie ich gestern im Hopserlauf an einer Lachmeditation im Park teilgenommen hatte? Auch sie war in Blumenstoffe gewandet und lächelte beseelt. »Du hier? Wusste gar nicht, dass du was mit Spiritualität am Hut hast.«

»Ich auch nicht!«

Sie wirkte natürlicher als früher. Tat diese spirituelle Welt den Leuten doch gut? Vielleicht wäre aus uns damals etwas geworden, wenn ihre Mutter etwas lockerer gewesen wäre. Sie hatte ihrer Tochter den Umgang mit mir verboten, weil ich in meiner Heimatstadt den zweifelhaften Ruf eines angeblichen Grasdealers und fanatischen Fußballers besaß.

»Kommst du nachher mit in den Park? Da hält Sri What einen Satsang.«

»Sri What?«

»Ja. *Der* Guru. Kennst du ihn nicht? Er ist der Obama der Spirituellen. Du musst ihn kennenlernen! Halb vier im Park.«

»Und was hält der da?«

»Einen Satsang. So was wie'n Vortrag.«

»Okay«, sagte ich, ohne zu wissen, was mich erwartete. »Ich bin dabei.« Sie lächelte und lief weiter.

Unter einer gewaltigen Magnolie saß Sri What in der Mitte des Parks auf einer Art Thron. Goldene Tücher umhüllten ihn. Seine schwarzen Augen waren hellwach und schienen jede einzelne Bewegung wahrzunehmen. Ich war erneut fasziniert von ihm. Um ihn herum scharwenzelten eifrige Anbeter und bereiteten alles für seinen Auftritt vor. Sie verlegten Kabel, schlossen Boxen an und stimmten Gitarren.

Eine seiner Helferinnen beugte sich zum Guru herab. Ihr Gewand war weit geschnitten und ich saß günstig. Sie übte eine fast ebenso starke Anziehung auf mich aus wie der Guru. Allerdings war ihre Anziehungskraft weniger spiritueller Natur. Als sie sich vom Guru abwandte, trafen sich plötzlich unsere Blicke. Mich durchfuhr es wie ein Blitz. Manchmal kann ein einziger Blick zwischen Mann und Frau eine verlangende Unruhe auslösen. Für nicht einmal eine Sekunde schauten wir uns in die Augen. Ich ahnte nicht, was diese Sekunde für Konsequenzen haben würde.

Dann ging sie davon. Ihr Kopf war gesenkt.

Ich hockte 15 Meter vom Guru entfernt neben einem Fliederbusch. Von der Klassenkameradin war nichts zu sehen. Langsam füllte sich die Wiese vor dem Guru. Viele hielten die Hände vor dem Gesicht gefaltet und verneigten sich. Der Meister grüßte freundlich zurück. Eine große, blonde, weiß gekleidete Frau beugte sich zu ihm herab, empfing eine Anweisung und eilte heilig davon.

Der Guru war ungefähr einen Meter achtzig groß. Seine Wangenknochen standen unter dem Bart hervor. Sein Gesicht wirkte apart, fast nobel. Als wäre er einem Hollywoodfilm mit edlen Recken entstiegen. Mit gestutztem Bart und weniger zotteligen Haaren wäre er ein extrem attraktiver Mann gewesen. Vielleicht versteckte er sein gutes Aussehen hinter der haarigen Fassade, um nicht darauf reduziert zu werden.

Die Atmosphäre im Park war äußerst friedlich. Mindestens zweihundert schweigende Menschen hockten vor dem Guru. Mir kam niemand aufgesetzt devot vor. Alle schienen fokussiert aufmerksam. Wahrscheinlich wollte jeder seine Energie einsaugen. Genau wie ich.

Der Guru schloss die Augen. Er wirkte jetzt noch bescheidener. Leise Gitarrenklänge ertönten, steigerten sich und bildeten einen ruhigen Rhythmus. Jemand fing an zu singen.

Ganz klar und wunderschön. Es war eine Stimme wie aus Licht: *Jaya Rama, Jaya Jaya Rama* klang es durch den Park. All meine Skepsis und Zweifel waren verflogen. Ich schloss die Augen. Fast alle sangen mit. Ich bekam das gleiche Gänsehautgefühl wie im Stadion, wenn die Mannschaften einlaufen und Tausende Kehlen *Die Elf vom Niederrhein* singen.

Ohne es zu merken, sang ich mit: »Jaya Rama, Jaya Jaya Rama.« Es klang fast wie »Mönchengladbach, Mönchen, Mönchen-Gladbach«. Fremde Silben flossen aus meinem Körper, verbanden sich mit den Klängen der Gitarre und den Gesängen. Ich stand auf, ohne es zu wollen, klatschte im Takt in die Hände und hüpfte im Kreis. Ich war plötzlich kein Fußballfan mehr, sondern ein Spiritueller. Da alle um mich herum ebenfalls klatschten und hüpften, fiel ich nicht auf. Selbst der Guru gebärdete sich, als hätte sein Lieblingsverein gerade das Derby gewonnen. Er wirbelte bei achtzig Umdrehungen pro Minute mit ausgestreckten Armen im Kreis, während sich seine Füße bedenklich in den staubtrockenen Grund bohrten. Schließlich landete er erschöpft mit herabhängenden Armen auf seinem Thron.

Atemlos hockte auch ich mich hin. Nach einer Viertelstunde öffnete der Guru die Augen. Ich sah zum ersten Mal, dass Schwarz funkeln kann. Er schaute in die Runde. »How are you?« Profaner hätten die ersten Worte nicht sein können. Doch selbst wenn der Guru gefragt hätte: »Seid ihr auch alle da?«, hätte ich weitergelächelt. Ich hatte das deutliche Gefühl, zur richtigen Zeit mit den richtigen Menschen am richtigen Ort zu sein. Ich fühlte mich wie nach einem gewonnenen

Elfmeterschießen. Am liebsten wäre ich aufgesprungen und hätte laut gejubelt und gegrölt: »Jaaaa. Mir geht's saugut!«

»Möchte jemand eine Frage stellen?« Der Guru lächelte breit und einladend. Blitzweiße Zähne kamen unter Barthaaren zum Vorschein. Die Brauen des Meisters nahmen die Form eines Zirkumflex an. Langsam wurde das Schweigen peinlich. Aber nur für einen kurzen Moment. Dann meldete sich ein etwa dreißigjähriger Mann mit langen, fettigen, blonden Haaren: »Wie erlange ich Erleuchtung?« Der Guru lachte und erklärte: »Du kannst Erleuchtung gar nicht erlangen, da alle Wesen bereits erleuchtet sind. Es ist, als ob sich ein Vogel, der gerade auf dem Boden sitzt, wünscht, dass er fliegen könne. Erleuchtet sein zu wollen ist Unsinn.«

So einfach war das? Der Mann gefiel mir. Alles war erleuchtet!

»Aber was ist dann überhaupt Erleuchtung?«, fragte der blonde Mann weiter. »Möchtest du wirklich Erleuchtung, oder möchtest du ein Guru sein?«, antwortete der Guru. Um mich herum lachten fast alle. Ich wusste nicht, worüber. Guru wäre ich auch gern gewesen, mit oder ohne Erleuchtung. »Nach Erleuchtung kannst du nicht suchen. Sie passiert einfach. Ohne dein Zutun. Vergiss alles, was du über Erleuchtung zu wissen glaubst. Sonst erfährst du nur deine Vorstellung von Erleuchtung. Nicht aber Erleuchtung selbst.«

Alle hörten schweigend zu. Einigen stand der Mund offen. Irgendwie hatte es der Guru geschafft, uns alle mit wenigen Sätzen vollkommen in seinen Bann zu ziehen. Er schien das zu haben, wonach hier alle suchten: Einigkeit mit allem.

»Lasst uns annehmen, dass es so etwas wie Gott gibt. Einverstanden?« Alle nickten. »Nennen wir Gott lieber *Existenz*. Existenz ist alles, was ist. Wenn du also gern erleuchtet wärst, sträubst du dich gegen Existenz. Gegen das Leben. Gegen Gott. Wenn du also gern ein Guru wärst, dann willst du etwas anderes sein, als du schon bist.« Mir erschien diese Argumentation logisch. Doch war ich damals weit davon entfernt, sie zu verstehen.

»Erleuchtung ist nichts Exotisches. Sie ist ganz normal. Ganz natürlich. Sie wird dir auch nicht durch die Kraft eines Gurus verliehen. Vergiss es!« Dabei lachte er und machte eine wegwerfende Bewegung mit der Hand.

»Erleuchtung ist nicht von deinem Guru abhängig. Es gibt Gurus, die wollen angebetet werden. Sie sind egoman. Eine erleuchtete Person kennt keine Form. Sie ist hohl wie ein Bambusrohr, durch das der Wind bläst und einen Ton erzeugt.« Der Guru blickte sich um. Seine Augen funkelten wieder. Dann spitzte er die Lippen, formte die Zunge zu einer offenen Röhre und gab einen langen, dunklen, pfeifenden Ton von sich. Ich wusste nicht, ob ich lachen sollte.

»Dieser eine Ton reicht dir aber nicht. Du willst eine Bambusflöte sein. Gott soll dich bespielen und Melodien erzeugen, von denen die Beatles nur träumen könnten. Stimmt's?« Um mich herum brummten einige zustimmend.

»Was willst du wirklich? Möchtest du ein anderes Leben leben? In einer anderen Welt? Zu einer anderen Zeit? Eine Superflöte sein? Das geht aber nicht! Das Leben geschieht nur jetzt. Es geschieht genau so, wie es jetzt geschieht. Nicht anders. Es hat keine Vergangenheit, keine Zukunft und keine Absicht. Es ist formlos. Gurulos. Schmeiß alle Vorstellungen von Erleuchtung weg, bis die Sehnsucht nach Erleuchtung verschwindet. Erst dann wirst du erkennen, dass du bereits erleuchtet bist.«

Der Guru schloss die Augen. Die letzten Sätze waren so schwer, dass meine Lider wie durch eine fremde Macht zufielen. In mir breitete sich ein langes, tiefes Schweigen aus. Ich war glücklich. Vollkommen glücklich. Ich wollte nichts anderes sein, als ich war. An keinem anderen Ort. Zu keiner anderen Zeit. War ich erleuchtet?

Es folgten noch Dutzende Fragen nach Heiligen, Gelassenheit und Wanderwegen, nach Tsunamis, Lottozahlen, Heuschrecken und Ernteerträgen, nach Nelken, dem Hermannsdenkmal und Revolutionen. Der Guru wusste in seiner offensichtlichen Gottverbundenheit auf alles eine passende Antwort. Doch ich hörte nicht mehr richtig zu, so glücklich war ich. Dieser Mensch sprach direkt zu meiner Seele: Wir waren bereits alle erleuchtet. Ich wollte sofort alles hinschmeißen, mir ein ruhiges Plätzchen suchen und befreit von Arbeit, Leistung und Druck leben. Ich blickte mich um. Jeder hatte ein sanftes, wissendes, zufriedenes Lächeln auf dem Gesicht. Ein Leuchten breitete sich aus, als hätte es Heiligkeit geregnet. Nach einer Stunde erhob sich der Guru, öffnete seine Arme und lud alle ein, *aus ihm zu trinken*. Seine Ergebenen sangen im Hintergrund: »Komm, komm, trink aus mir, komm, komm, natürliche Schönheit.« Wenn Wolken am Himmel gestanden hätten, wären sie aufgerissen und ein Lichtstrahl hätte die Szenerie in Gold getaucht.

Es bildete sich eine Schlange aus etwa fünfzig Menschen, die alle im Energiefeld des Heiligen baden und von seiner Göttlichkeit nippen wollten. Ich war berauscht, schloss mich an und stand irgendwann vor den ausgestreckten Armen des Gurus. Er zog mich zu sich. Ich ließ es geschehen. Er roch fremd, aber angenehm, nach Öl aus Zedern oder so etwas. Ich atmete laut aus, schmiegte mich an seine Schulter. Er drückte gezielt auf einige Punkte an meinem Rücken. Sein linker Daumen lag auf meinem dritten Auge. Plötzlich brach es aus mir heraus – nein: Mein Herz brach auf. Schleusen öffneten sich und ich fing an zu heulen wie ein kleines Kind. Es schüttelte mich. Ich vergaß alle Scham und bekam einen regelrechten Heulkrampf. Ich war angekommen. Wo, wusste ich nicht. Bei wem, interessierte mich nicht. Mit dem Bundesligamanager hatte das nichts mehr zu tun. Es war alles viel, viel größer.

Der Guru nahm mich sanft bei den Schultern, blickte mir tief in die Augen und sagte: »Come, come!« In dem Moment wusste ich, dass ich alles aufgeben musste und zu ihm gehen würde. Ein gellender Schmerzensschrei entwich meiner Kehle. Ich sank auf die Knie und umklammerte den Heiligen. Meine Tränen tropften auf seinen Lunghi. Meine Hände krallten sich in den Stoff. Meine Stirn sank auf seine Tennissocken, die nicht nach Boris Becker rochen. Schließlich kroch ich auf allen vieren davon, zurück zu meinem Fliederbusch. Ich merkte, dass Menschen mich anstarrten. Es war mir egal. Nichts war mehr wichtig. Ich weinte hemmungslos ins Gras.

Plötzlich kam der Gedanke auf, dass die alte Schulfreundin mich so sehen könnte. Ich fuhr hoch und blickte mich um. Es standen noch immer Leute an, um den Gottgleichen zu umarmen. Einige guckten verstohlen zu mir herüber. Die Bekannte sah ich zum Glück nicht.

Erleichtert wischte ich mir Tränen und Grashalme aus dem Gesicht. Plötzlich bekam ich einen Lachanfall. Eine Mischung aus Blöken und Wiehern dröhnte aus mir heraus. Es hallte über die gesamte Wiese. Ich warf mich bäuchlings auf den Boden, jauchzte, grölte und gackerte über mich selbst. Ich hämmerte mit den Fäusten Grashalme platt. Ich nahm dunkel wahr, dass andere ebenfalls anfingen zu lachen. Ich konnte mein Geheule von vorhin nicht begreifen; ich feixte und brüllte über meine Angst, von dieser Schulfreundin beobachtet zu werden. Wie lächerlich! Es interessierte niemanden, ob ich heulte oder lachte, ob ich gut oder schlecht dastand. Es war nicht einmal wichtig, ob ich existierte.

Als ich mich wieder beruhigt hatte, entdeckte ich den Verkaufsstand von Sri What. Gierig saugte ich alle Informationen auf. Hochglanzbroschüren, hübsche Flyer und sogar ein kleiner Prospekt; alles professionell. Die gehetzte blonde Frau von vorhin erzählte mir mit Schweizer Dialekt, dass jeder im Ashram willkommen sei. Sie würden per Wohnmobil durch Europa touren. Spätestens ab November seien sie dann wieder an ihrem Hauptsitz in Indien. Während ich mit ihr sprach, kamen mir wieder Tränen. Ich wehrte mich nicht dagegen, sondern stammelte: »Der Guru kann meine Gedanken lesen. Er hat ›Come, come‹ zu mir gesagt. Heißt das: ›Komm in meinen Ashram? Trau dich? Sei frei?‹« Sie blickte mich ruhig an. »Erlaube dir, dein Leben zu leben. Das heißt ›Come come‹.« Ich nickte und wusste, dass in dem »Come, come« auch »Bye-bye« steckte. Gehe zu ihm, verlasse alles, was du dir aufgebaut hast, lege dein altes Leben ab.

Dass er zu jedem Menschen »Come, come« sagte, war mir vor Ergriffenheit damals entgangen. So wie sich Angler »Petri Heil« wünschen, sagen Sri Whatler »Come, come« zueinander.

Als ich nach insgesamt fünf Tagen spirituellen Vollrauschs wieder zu Hause ankam, besuchte ich die Homepage von Sri What im Internet. Über Weihnachten und Silvester würde er in Andhra Pradesh, einem Staat im Südosten Indiens, ein Erleuchtungsseminar geben. Die Versprechungen der Home-page waren zu verlockend: »Entledige dich innerhalb von zehn Tagen deiner alten Persönlichkeitsstrukturen und durch-laufe eine Transformation zur inneren Befreiung.« 650 Euro plus Kost und Logis. Ich hätte gedacht, dass Erleuchtung teu-rer wäre, und buchte.

Draußen läuteten Glocken. Drei Kirchen bimmelten um die Wette, um Sünder anzulocken. Es war Sonntagvormittag in Kiel. Ich saß im Bett und blickte aus dem Fenster. Ich wünschte mir, im Himmel stünde in Neonschrift, was ich tun sollte. Vielleicht hätte ich in die Kirche gehen und Gott um Rat fragen sollen. Aber Gott war mir noch nie ein guter Rat-geber gewesen. Mein Blick wanderte langsam zur anderen

Betthälfte. »Gabi?« Seit drei Jahren lebten wir zusammen. »Ich werde eine Auszeit nehmen.« Sie blickte mich durchdringend und fragend an. Obwohl sie gerade erst aufgewacht war, sah sie hellwach aus. »Wovon?«

»Von hier.«

Sie schwieg. Seit Blaufingen hatte ich mich innerlich zurückgezogen. Gabi hatte seit Tagen keine Chance mehr gehabt, an mich heranzukommen. »Ich muss mal wieder losziehen.« Ich erzählte ihr vom Guru und meiner Idee, für zwei Monate nach Indien zu gehen und diesen Meister ein bisschen besser kennenzulernen.

»Und der NDR?«

»Der NDR kommt auch gut ohne mich klar. Zwei Monate kriege ich durch.« Wir arbeiteten beide beim öffentlich-rechtlichen Fernsehen. Gabi als Nachrichtensprecherin, ich als Filmemacher. Dort hatten wir uns kennengelernt. Ich hatte sie von der ersten Sekunde an geliebt. Doch es hatte über ein Jahr gedauert, bis ich mich traute, mit ihr auszugehen. Die Angst, dass meine Liebe nicht erwidert werden könnte, war zu unerträglich gewesen. Nach einem weiteren halben Jahr hatten wir uns zum ersten Mal geküsst. Noch ein halbes Jahr später hatten wir endlich unsere Ängste überwunden und waren zusammengekommen. Seitdem waren wir glücklich und hatten beide das Gefühl, den Partner fürs Leben gefunden zu haben. Und jetzt setzte ich alles aufs Spiel. »Für einen Guru?« Gabi hatte Tränen in den Augen.

»Nein, für eine neue Möglichkeit, unser Leben zu leben.«

»Ich brauche keine neue Möglichkeit für mein Leben.«

Ich fing an, aufzuzählen, was uns an der Stadt, dem Job, den Freunden und Bekannten nicht gefiel. Wie oft wir überlegt hätten, uns von allem zu befreien.

»Aber doch nicht, um bei einem Guru zu leben.«

In diesem Moment kam Lilly, Gabis Tochter, ins Schlafzimmer. Sie war neun. »Was ist ein Uhu?«

»So was wie Jesus«, antwortete ich. »Oder jemand, der mal so werden könnte wie Jesus.« Lilly legte sich zwischen uns. »Ihr müsst Weihnachten und Silvester ohne mich feiern.« Wir schwiegen.

Erst ein Weihnachten hatten wir gemeinsam gefeiert. Damals waren wir zu meinen Eltern nach Detmold gefahren. Sie hatten sich gefreut, dass ich endlich eine ernsthafte Beziehung führte. Gabi hatten sie von Anfang an gemocht. Sie strahlte die Bodenständigkeit aus, die mir in den Augen meiner Eltern immer gefehlt hatte. Gabi war die Erde und ich die Luft. Gemeinsam waren wir ein ziemlich gutes Paar.

Ich tröstete Gabi mit der Aussicht, sie im Februar in Thailand zu treffen. Außerdem hatte sie mir wenige Tage zuvor gestanden, eine Pause von mir gebrauchen zu können. Ob ich nicht mal wieder allein Urlaub machen wollte. Ich hatte nämlich gerade vierzig Tage lang gefastet. Es hatte sich dabei um einen weiteren ambitionierten Versuch gehandelt, Erleuchtung zu erlangen. Eine harte Probe für unsere Beziehung. Gabi fühlte sich von Extremen überstrapaziert und sehnte sich nach Normalität. »Wieso genießen wir unser Glück nicht einfach? Wieso musst du immer wieder Ausnahmesituationen schaffen? Wir führen eine Stressbeziehung.«

Gabi war leider schon erleuchtet. Deshalb erzählte ich ihr nicht viel von Blaufingen und meinen Gedanken, mit diesem Guru um die Welt zu ziehen. Wahrscheinlich wusste ich selbst nicht, wie weit ich gehen würde.

Gabi ist bis heute absolut bodenständig. Den größten Gefallen tue ich ihr mit jeder Zeile, die ich nicht über sie schreibe.

Indien I

Ende November in Deutschland. Draußen herrschten minus zwei Grad. Noch konnte ich mir nicht vorstellen, dass ich mich mal nach der Kälte und Gemütlichkeit eines deutschen Winters zurücksehnen würde.

Kurz vor dem Abflug nach Indien war ich beim Klettern im Wald von einem Baum gefallen und schwer umgeknickt. Mein Knöchel war blau und melonenartig angeschwollen. Im Moment des Sturzes war mir ein Gedanke durch den Kopf geschossen: »Jetzt muss ich wenigstens nicht nach Indien.« Mein Unterbewusstsein hatte alles erkannt. Nur mein Ego war zu stur und wollte unbedingt zu diesem Guru und seiner Gefolgschaft.

Acht Stunden Flug; der Fuß pochte entsetzlich. Als ich in Mumbai landete, erschlug mich die Hitze des Treibhauses Indien. Ich prallte gegen eine Wand von 38 Grad Celsius. Sofort kamen alte Erinnerungen an meine früheren Besuche in dieser Stadt hoch. Die Slums, die Schlaglöcher, die Bettler und die Ratten. Mir grauste vor dem Moloch. Bis ich im Taxi saß und das Fenster öffnete und wieder diesen eigenartigen Geruch wahrnahm. Wenn Lebendigkeit einen Geruch hat, dann hat er sich in Mumbai manifestiert.

Ich schlief wie immer im Stadtteil Colaba in einer billigen Herberge direkt neben dem stinkenden Hafenbecken. Hier kostete das Zimmer hundert Rupien die Nacht – umgerechnet ein Euro fünfzig. Ich hinkte zu bekannten Cafés und Kneipen. Doch was war mein geschwollener Fuß im Vergleich zum

Elend dieser Stadt? Ich schämte mich für das Geld in meinen Taschen.

Zum fünften Mal befand ich mich in diesem Land. Wie jedes Mal fragte ich mich anfangs, was zum Teufel ich hier machte. Es dauerte immer Tage, bis mich das Land gepackt hatte. Es kam mir vor, als wäre ich noch gar nicht richtig gelandet.

Jemand hatte mir einmal erzählte, dass die Seele nicht so schnell reisen könne wie ein Flugzeug. Sie bräuchte immer eine gewisse Zeit, um den Körper einzuholen. Ich lief also seelenlos durch dieses rote, riesige Land. Die Inder nennen es Mutter. Wenn die Menschen nicht ständig lächeln würden, wäre das Leid unerträglich. Sie geben sich nicht ihrem Schicksal hin, sondern tragen es mit Würde. Ich blieb stehen und betrachtete diese seltsame Welt. Inmitten von Dreck- und Schuttbergen kämmte eine Frau ihre pechschwarzen langen Haare. Sie war wunderschön. Sie verkörperte Indiens Armut und Anmut. Währenddessen zerrten Kinder an meinen Kleidern. Hunde bellten mich an. Schweiß lief mir in die Augen. Ich war auf entrückte Weise glücklich.

Ich nahm den Nachtzug nach Goa. Ich saß stundenlang in der offenen Waggontür, meine Beine baumelten knapp über Eisen und Schwellen. Zeit und Raum klapperten rhythmisch unter mir entlang. Mein Rucksack hing angekettet im Gang. Sitzplätze gab es nur noch auf dem Boden oder dem Dach. Kurz nach Mitternacht erschien das Kreuz des Südens am Himmel. Langsam fühlte ich mich wieder heimisch in diesem Land, das mich immer vor ein Rätsel gestellt und mich deshalb wohl wieder hergelockt hatte. Als ich am Türrahmen angelehnt aufwachte, dämmerte es bereits.

Auf einem abgelegenen Strand im Süden Goas, des kleinsten Staats Indiens, lebte seit Jahrzehnten ein Yogi. Ich hatte ihn vor Jahren entdeckt, als ich nach Einsamkeit gesucht hatte. Ich hatte die saufenden Engländer und kiffenden Israelis, die unter Palmenlametta bei Rockmusik Steine nach Hunden warfen, nicht länger ertragen können. Der Yogi war zwischen sechzig und hundert Jahre alt. Es war unmöglich, sein genaues Alter zu schätzen. Yogis altern anders als andere. Sie ernähren sich bewusster, meditieren ständig und machen abstruse Dehnübungen. Außerdem reden sie kein Wort zu viel. Dieser Yogi besaß einen niederländischen Pass, war in Surinam aufgewachsen und hatte sein halbes Leben in buddhistischen Klöstern verbracht.

Bei Ebbe gelangte ich durch eine Furt zum Strand des Yogis. Er lebte hinter einer schmalen Felsspalte auf einem Plateau im Urwald mit Blick auf den Ozean, der bei Flut keine zwanzig Meter von seinem Lager entfernt war. Außer einer Feuerstelle, ein paar Büchern und einem Moskitonetz besaß er nichts. Noch nicht einmal Kleidung; er trug nur ein kleines Tuch um die Lenden, das mit einer Schnur über den Hüftknochen zusammengebunden war. Er hieß Go und lächelte wenig. »Wozu auch?«, erklärte er mir. »Die meisten Menschen lächeln, damit andere zurücklächeln. Nur dann sind sie sicher, dass sie gemocht werden. Mich muss man nicht mögen.« Dann lächelte er trotzdem.

Einmal fragte ich ihn: »Bist du erleuchtet?«, und er antwortete lapidar: »Yes, aber das ändert auch nichts.« Danach beobachtete er eine Mücke, die Blut aus seinem Unterarm saugte. »Faszinierend, oder? Diese kleine Mücke weiß genau, wo ich eine Akupunktur benötige.« Als die Mücke volltrunken davonflirrte, ging er in den Indischen Ozean und schwamm fast eine Stunde lang. Anschließend wälzte er sich am Strand, rieb seine Haut mit Sand ab und setzte sich zu mir. Ich fragte ihn, ob er glaubte, in seinem früheren Leben ein Fisch gewesen zu sein. »Mein früheres Leben interessiert mich nicht. Das jetzige ist weitaus spannender.« Ich bat ihn, mir zu erklären, welche Meditationsform er unterrichtete. Er schüttelte den Sand von seinem Körper wie ein nasser Hund. »Vipassana. Das heißt, die Dinge zu sehen, wie sie sind. Du schweigst zehn Tage lang, bewegst dich in extremer Zeitlupe, gehst im Meer aufs Klo, schläfst auf dem Dschungelboden und meditierst die ganze Zeit. Spinnen, Schlangen und ähnliches Getier sollen dich dabei unterstützen. Vipassana ist die größte Qual, die sich ein Westler antun kann. Danach wirst du allerdings eine ungefähre Ahnung davon haben, was Erleuchtung bedeutet.« Go hatte diese Art von Meditationen wiederholt drei Monate am Stück durchgezogen. »Da schaffst du doch zehn Tage!« Durch das Schweigen und die Zeitlupe würde Stille einkehren, erzählte er. »So viele Menschen wollen meditieren lernen und wissen nichts von Vipassana. Das ist schade, denn es ist die einzig wahre, echte Form der Meditation. Es ist die Essenz aller spirituellen Übungen. Die wenigsten Menschen besitzen die Reife für diese Übung. Freu dich drauf!«

Die nächsten zehn Tage waren tatsächlich die größte Qual meines Lebens. Aber sie bescherten mir auch Momente vollkommenen Glücks und absoluter Harmonie. Vielleicht bekam ich tatsächlich für wenige Sekunden einen Geschmack von Erleuchtung.

Als ich am Tag danach hinter der Furt den ersten Kaffee trank, war ich so unendlich dankbar für diese köstliche Welt, dass ich vor Freude hätte heulen können. Selbst besoffene Engländer und bekiffte Israelis hatte ich auf einmal lieb. »Vipassana ist vergleichbar mit einer Operation am Unterbewusstsein«, erklärte Go. »Es geschieht eine Art Reinigung auf einer tiefen Ebene, die wir kaum bewusst wahrnehmen.« Er riet mir, mich wie nach einer echten OP erst mal zu erholen, bevor ich mich wieder in die Welt stürzte. Also verbrachte ich noch eine Woche im Dschungel hinter der Furt. Aber irgendwann musste ich gehen. Der Ashram wartete. Mich zog es mit aller Kraft zum Guru aus Blaufingen. Go schaute mich lange an: »Immerhin hast du Vipassana gemacht. Besser wird's nicht. Aber das verstehst du erst in vielen Monaten.« Er umarmte mich kurz und fest. Dann ging er ins Meer, schwimmen.

Ich kaufte mir für dreißig Euro ein Flugticket ans andere Ende des Subkontinents, nach Chennai. Früher hieß die Stadt Madras. Aber seit der Unabhängigkeit Indiens 1947 haben die Politiker nach und nach wieder die Namen eingeführt, die ihre Städte vor der britischen Besetzung trugen. Leider weiß in dieser bereits 65 Jahre währenden Übergangsphase niemand, welcher Name gerade wo benutzt wird. Wer einen Zug nach Chennai nehmen möchte, sollte am Bahnsteig nach

Madras fragen. Auf der Karte stünde allerdings Chennai, was aber den Schaffner im Zug stutzig machen würde, da er mit dem Namen Madras aufgewachsen ist. Also würde der Mann in Uniform ein gewaltiges Gewese machen, gestikulieren, schimpfen, den Kopf schütteln und den arglosen Westler als Trottel, Analphabeten und vom Teufel Besessenen darstellen. Wer dieses Land nicht kennt, würde es mit der Angst zu tun bekommen und glauben, er säße tatsächlich im falschen Zug und würde womöglich bald ins Gefängnis geworfen. Er würde sofort aussteigen und auf einem verlassenen Bahnhof am Ende der Welt nach der richtigen Verbindung suchen, nur um herauszufinden, dass er doch im richtigen Zug gesessen hatte. Er würde drei Tage auf den nächsten Zug warten, der gestern hätte ankommen müssen. So ist Indien – auf dem Boden. In der Luft ist Indien das genaue Gegenteil. Die Flugzeuge sind nagelneu, die Stewardessen höflich, das Essen europäisch, Pünktlichkeit oberstes Gesetz. Oben gelten globale Regeln, alles Indische bleibt unten. Ich schaute aus dem Fenster einer Boeing. Unter mir zogen rote Gebirgszüge vorbei. Wie viel Elend herrschte dort? Einer der vielen indischen Götter hatte wohl entschieden, dass ich in zehntausend Metern Höhe dar-über hinwegrauschen sollte.

Im vergangenen Jahr war ich mit meinem jüngeren Bruder in Indien gewesen. Nach vier Wochen hatte er ein klares Fazit gezogen: »Ich werde nie wieder in dieses Scheiß-Land fliegen. Es ist der dreckigste Staat der Welt, die Menschen sind ver-schlagen und unfreundlich oder sie verhungern gerade. Sie haben mich verarscht, betrogen und belogen. Wieso machst du hier jeden Winter Urlaub?« Ich hatte ein schlechtes Gewissen, dass ich ihm diesen Urlaub eingebrockt hatte, und brauchte schnell eine entwaffnende Antwort: »Vielleicht steckt dahinter das ganz profane Glück, hier nicht zu Hause sein zu müssen. Indien ist für mich wie ein anderer Planet. Nur seltsamer.« Mein Bruder hatte daraufhin tief durchgeatmet und meine Antwort ohne Kommentar akzeptiert. Vielleicht hatte er das in Indien gelernt.

Am Flughafen in Chennai wartete kein Fahrer auf mich, trotz Vereinbarung mit dem Ashram. Ich musste mir irgendein Taxi suchen, im Land mit den schlimmsten Verkehrsbedingungen der Welt – ein LKW, der von Kalkutta (beziehungsweise Kolkata) nach Mumbai fährt, macht im Durchschnitt elf Kilometer pro Stunde. Sieben indische Staaten, Hunderte von korrupten Zöllnern, Tausende von Schlaglöchern, Millionen von Fußgängern und Radfahrern auf den sogenannten Highways machen den Verkehr zum russischen Roulette. Der Straßenverkehr ist die größte Gefahr in Indien. Wer nicht zur Seite springt, wird übergemangelt, weil die meisten Inder immer in Hierarchien denken: Sei rücksichtslos gegen den, der dir untergeordnet ist, und wachsam gegen den, der über dir steht. Für Hunde bremst niemand. Für Fußgänger höchstens Fahrradfahrer oder Eseltreiber. Diese werden von Mopedfahrern zutiefst verachtet und regelmäßig angefahren. Mopedfahrer werden von PKW-Rowdys plattgemacht. Privatwagen stehen in der Rangfolge unter Taxen. Taxen weichen europäischen Karossen mit Geschäftsmännern aus.

Über Audi, Mercedes und BMW rangieren LKW. Darüber gibt es nur Busse. Die töten alles, was ihnen in die Quere kommt. Ein Busfahrer würde niemals bremsen. Außer für Kühe – die sind schließlich heilig.

Zwei Prozent der Autobahnen sind vierspurig. Auf indischen Straßen sterben täglich tausend Menschen. Ein Land mit geschätzten 1,4 Milliarden Einwohnern erreicht allerdings schnell statistische Zahlen, die für uns unvorstellbar sind. In Indien hungern dreihundert Millionen Menschen – fast ganz Westeuropa zusammen. Mehr als eine halbe Milliarde lebt ohne vernünftige Ausbildung und weiß morgens nicht, ob abends etwas zu essen auf dem Tisch (beziehungsweise dem Boden) steht.

Vier Stunden benötigte mein Taxi für die hundertzwanzig Kilometer von Chennai nach Borus Siam, wo der Ashram liegt. Der Fahrer redete kein Wort. Vermutlich konnte er kein Englisch. Meist guckte er grimmig – es sei denn, wir fuhren an einem Tempel vorbei. Dann ließ er sein Lenkrad los, faltete die Hände, murmelte »Shiva, Shiva, Shiva«, bis er auf die andere Straßenseite geriet. Dann riss er den Wagen zurück auf die linke Spur, streifte einen Hund, rammte einen Eselkarren und verfluchte die miserablen Fahrkünste seiner Landsleute. Kurz mussten wir anhalten. Nicht etwa, um nach dem Befinden des Eselkarrenfahrers zu schauen, sondern weil sich ein Elefant mitten auf die Straße gelegt hatte. Hinter uns jaulte der angefahrene Hund lauthals vor Schmerz. Der Eselkarrenfahrer zuckelte mit seinem Wagen an uns vorbei, als wäre nichts passiert. Vor uns schlugen zwei Kinder dem Elefanten

Eisenhacken in den Kopf, um ihn wegzutreiben. Langsam erhob sich der Koloss. Er sah todmüde aus.

Das Taxi roch nach Süßholz. Auf dem Armaturenbrett leuchteten kleine indische Plastikgottheiten. Ein bunter Teppich lag ihnen zu Füßen. Am Rückspiegel baumelten ausgestanzte Papptempel, klingende Glöckchen und kitschige Glaskugeln mit kalten Winterlandschaften – die Idealvorstellung hitzegeplagter Inder. Auf dem Lenkrad klebte eine elfenbeinerne Plakette. Der heilige Christophorus, religionsübergreifender Schutzpatron aller Autofahrer.

Verzweifelt suchte der Fahrer den Ashram. Er war zu stolz, um nach dem Weg zu fragen. Als ich erkannte, dass wir zum dritten Mal an derselben liegenden Krishnastatue vorbeifuhren, bestand ich darauf, anzuhalten. Das Wörtchen »Stop« ist international. Ich fragte einen Passanten nach dem Ashram. Er zeigte uns die Richtung. Einen Kilometer weiter entdeckte ich ein riesiges Schild: *Sri What Ashram*. Wahrscheinlich konnte der Fahrer unsere Schrift nicht lesen.

Vor einer Toreinfahrt mit gewaltigen Lettern prangten bunte Plakate des lachenden, bärtigen Meisters. *Come, come!*, las ich. Hier war ich richtig. Hätte dort gestanden: *Guru begrüßt seine Opfer*; ich hätte mich trotzdem begeistert hineingestürzt.

Mir war ein bisschen flau vor Aufregung. In einem hölzernen Kabäuschen hockte ein Wärter. Als ich durch das Tor trat, schaute er kurz auf. Da ich sofort als Westler zu erkennen war und keine Waffen trug, lehnte er sich wieder zurück in seinen Stuhl und starrte weiter ins Leere. Ich ging einfach vorbei.

Der erste Eindruck überwältigte mich. Der Ashram war mindestens so groß wie zehn Fußballfelder und wie ein Park angelegt. Die Gebäude waren dreistöckig, offen und elegant im Stil der verscheuchten Kolonialherren gebaut. Neben einer Art Kricketplatz (den ich sofort zu einem Bolzplatz umfunktionieren wollte) lag ein von exotischen Pflanzen umsäumter Pool. Im hinteren Teil des Ashrams erkannte ich eine Art Gemüsegarten oder Obstplantage. Doch bis auf ein paar träge indische Bauarbeiter und einen Haufen schlafender Hunde schien der Ashram leer zu sein. Ich setzte mich auf die Treppe des größten Hauses und wartete eine gute halbe Stunde, bevor ich den ersten Westler erblickte. Es war der blonde Typ mit den fettigen Haaren aus Blaufingen, der die Frage nach der Erleuchtung gestellt hatte. »Hi. I'm Chris from Norway.« Er machte einen offenen, leicht überdrehten Eindruck. »Timm«, erwiderte ich und schüttelte ihm die Hand. »Ich glaube, ich kenne dich aus Blaufingen«, sagte ich.

»Yeah, Blaufingen.« Seine Augen fingen an zu leuchten. »That was good.« Er streckte beide Daumen nach oben und setzte sich neben mich.

»Wohnst du hier?«, wollte ich wissen.

»Ja. Ich folge Guruji schon seit drei Jahren.«

»Du nennst ihn Guruji?«

»Klar, so nennen ihn doch alle.«

Mir fiel auf, dass Chris roch. Nach einer Art Schimmelpilz, undefinierbar. Seinen Haaren und der pusteligen Haut nach zu urteilen wusch er sich selten oder nie. Ich betete, dass er nie in den Pool springen möge. Trotzdem war er mir sympathisch.

Auf seine Schultern waren Comicfiguren tätowiert. Lange Narben zierten seine Arme. Ich hatte den Eindruck, dass er in seinem Leben ein bisschen zu viel gekifft hatte. Aber vielleicht war er deshalb bei einem Guru gelandet. »Ich suche jemanden, der sich um dich kümmert«, versprach er und lief los. Chris trug eine rote Pluderhose, ein löchriges weißes Hemd und Sandalen, deren Sohlen sich hinten lösten. Sie führten ein Eigenleben und klatschten beim Laufen in alle Richtungen.

Es verging wieder mindestens eine halbe Stunde. Erst später verstand ich, dass dies die erste Erziehungsmaßnahme war. Ich war nämlich einen Tag früher im Ashram erwartet worden. Ich hatte mich schlicht im Datum vertan. Deshalb hatte auch kein Taxi am Flughafen gestanden.

Schließlich tauchte die große, blonde Frau mit dem Schweizer Dialekt aus Blaufingen auf und meißelte ein einladendes Lächeln in ihr versteinertes Gesicht. Sie öffnete die Arme: »Willkommen zu Hause!« Nur ihr Mund lachte. Nicht aber ihr Wesen. Es kam mir vor, als umarmte ich Verlogenheit. Wieso ließ sie mich nicht entscheiden, wo ich zu Hause war? Spürte sie nicht, dass so eine Begrüßung unpassend war? Aber ich war nicht ihretwegen dort, sondern wegen des Gurus. Vielleicht war ich auch einfach nur übermüdet.

»Du hättest gestern eintreffen müssen.« Sie betonte die letzte Silbe, wodurch der Satz fast wie eine Frage klang. Wollte sie damit ihren herrischen, korrigierenden Ton nivellieren?

»Ja?«, fragte ich.

»Na ja. Macht ja nichts. Jetzt bist du ja hier.« Sie schien zu jenen Menschen zu gehören, die nie wahrhaftig freundlich sein können. Sie sagte noch einmal »Willkommen zu Hause« und zeigte mir mein Zimmer. Es lag im zweiten Stock des Hauses, auf dessen Treppe ich gewartet hatte. Das Zimmer war hell und geräumig. Ein schlichtes Holzbett in einer Ecke war für mich reserviert, ein mal zwei Meter mit einer durchgelegenen Matratze. Es befanden sich noch drei weitere Betten im Zimmer; alle waren belegt. »Das hier ist der Männertrakt.«

»Wie heißt du eigentlich?«, fragte ich sie.

Sie blickte mich versteinert an. »Ricarda«, sagte sie und streckte mir die Hand entgegen.

»Timm«, antwortete ich automatisch.

»Ich weiß.« Sie ging schnell davon, als ob sie sich nicht länger im Männertrakt aufhalten dürfte. Mit ihrem Schweizer Dialekt und ihrer kühlen, effektiven Art erinnerte sie mich an ein Uhrwerk. Ich blickte ihr durch das Fenster hinterher. Sie ging zackig über den Hof zu einem anderen Gebäude.

Ich sortierte meine Sachen, hängte das Moskitonetz auf und legte mich kurz hin. Was hätte ich auch anderes tun sollen? Ich schlief sofort ein. Als es dämmerte, wachte ich davon auf, dass jemand das Zimmer betrat. Ein grauer, zotteliger, spindeldürrer Mann linste mich aus hohlen Augen an. »Shwyzananda«, sagte er mit dünnen Lippen und streckte mir die Hand entgegen. »Neu hier?« Ich nickte. Aus diesen wenigen Silben hörte ich den Schweizer heraus. Ob er der Vater des Uhrwerks war? Über seiner Schulter hing eine Gitarre. »Ich ruh mich noch ein bisschen aus, gell?« Er legte sich auf sein

Bett am anderen Ende des Raums und fing sofort an zu schnarchen. Es kamen noch Oak, ein Frankokanadier, und Kalle, ein Österreicher, ins Zimmer. Beide Ende zwanzig.

»Hast nix verpasst«, sagte Kalle, nachdem wir uns vorgestellt hatten. »Der erste Seminartag ist zwar vorbei, aber richtig los geht's wohl erst morgen.« Kalle und Oak legten sich ebenfalls auf ihre Betten und schlossen die Augen. Ob das Seminar anstrengend war? Ich fragte nicht nach, sondern stand lieber auf und erkundete den Ashram auf eigene Faust. Von Weitem erblickte ich *Ihn*. Mein Herz schlug höher. Als würde ich eine Geliebte treffen. Er befand sich im Gespräch mit dem Uhrwerk. Ich hielt Abstand, konnte den Blick aber nicht von ihm wenden. Es wirkte, als ob er sich über etwas aufregen würde. Doch dann sah er mich, öffnete die Arme und rief: »Timm!« Ich konnte nicht fassen, dass er meinen Namen kannte.

Er umarmte mich herzlich. Auch er sagte »Willkommen zu Hause«, aber bei ihm passte die Begrüßung. Er roch wie in Blaufingen nach Zedernöl. Ich fühlte mich in seinen Armen wohl. Zum Glück fing ich nicht wieder an zu heulen. Er fragte mich nach meiner Reise, wie es mir ginge und was ich jetzt vorhätte. Ich erzählte ihm von Vipassana und merkte sofort, dass ich versuchte, ihm zu gefallen. Er sollte sehen, dass ich ein ernsthafter spiritueller Schüler war. »Und jetzt möchtest du hier deine spirituelle Meisterschaft erlangen?« Ich hörte keinen Spott in seiner Stimme. Wie hatte er das gemeint?

Das Uhrwerk entfernte sich dezent und graziös. Der Guru nahm mich bei der Hand und zeigte mir sein Reich. Permakultur, Solarzellen, ein eigener Brunnen. »In ein paar Jahren wollen wir vollkommen autark und unabhängig von der Willkür des Marktes sein. Ich möchte, dass sich jeder vollkommen mit mir und meinem Werk identifiziert. Wenn alle fest daran glauben, dass hier etwas Großes entsteht, wird etwas Großes entstehen. Wir müssen an das glauben, was wir tun, stimmt's?« Er zeigte seine Begeisterung wie ein Kind und wirkte nicht wie ein Guru. Jeden Satz beendete er mit derselben Nachfrage: »Isn't it – stimmt's?« Als wolle er sichergehen, dass ich auch kapiert hatte, wovon er sprach. Er schien daran gewöhnt, dass ihn viele Besucher wegen seines starken Akzents nicht verstanden.

Ich war voller Vertrauen und Zuversicht. Nichts deutete darauf hin, dass dieser Mensch gefährlich sein könnte, dass er log, manipulierte und betrog. Ich hatte das Gefühl, ihn seit tausend Jahren zu kennen.

Er fragte nach meinem Beruf. »Journalist.« Als Antwort zwinkerte er mir zu. Er musste gespürt haben, dass ich nicht als Journalist in seinen Ashram gekommen war. Eher als jemand, der seinen Beruf gern hinter sich gelassen hätte.

»Danke, Guruji«, sagte ich zum Schluss unseres kleinen Ausflugs. Es war das erste Mal, dass ich ihn so nannte. Heute fällt es mir schwer, diesen Namen überhaupt zu schreiben. Es ist wie der Kosename einer Exfreundin. Man hasst ihn.

Beim Abendessen lernte ich fast alle Bewohner des Ashrams kennen. Fünfzig Menschen wohnten dort. Zehn davon waren Inder. Sie kümmerten sich um die Küche, regelten Büroaufgaben, machten die Wäsche und waren ein bisschen abseits untergebracht.

Die Westler kamen aus einem Dutzend verschiedener Länder. Die Jüngste war eine zwanzigjährige Israelin; der Schweizer aus meiner Stube war mit sechzig Jahren der Älteste. Es waren Mittellose und Millionäre dabei. Akademiker und Analphabeten. Eine bunte Mischung von Hautfarben, Sprachen und Nationen. Wir unterhielten uns auf Englisch.

Eine Frau, die drei Tische von mir entfernt saß, fiel mir auf. Sie schien ebenfalls neu zu sein; sie bewegte sich fremd. Dem Aussehen nach war sie Amerikanerin. Ihre Haut schimmerte dunkel, sie war klein, eher schmächtig und wirkte selbstbewusst. Sie machte einen seltsam ausgeglichenen, fast desinteressierten Eindruck. Aber vor allem war sie hübsch.

Zwei Inderinnen servierten das Essen auf einem Buffet. Es schmeckte frisch und nicht zu scharf. »Ayurvedisch und vegetarisch«, versicherte mir Kalle, der Österreicher aus meiner Stube. »Der Guru isst nicht bei uns. Er speist in seinem Wohnhaus direkt neben der Küche.«

Ich saß an einem Tisch mit meinen drei Zimmergenossen. Der Tisch war kniehoch; wir saßen im Schneidersitz auf Kissen am Boden. Kalle schaufelte das Essen in sich rein, als hätte er seit Tagen nichts bekommen. Er war gedrungen, seine Haare lang und blond. Er wirkte sportlich. Zwischendurch erzählte er mit vollem Mund seine Lebensgeschichte: »Früher fuhr ich Rennen für die österreichische Skinationalmannschaft. Aber dann hab ich mich schwer verletzt.«

»Wie denn?«, wollte ich wissen.

»Ach, ich wollte über einen Parkplatz springen und hatte mir morgens extra eine kleine Schanze dafür gebaut. Leider hat's tagsüber getaut und die Schanze ist geschmolzen. Ich bin gegen ein Auto geknallt. Oberschenkeltrümmerbruch. Mittlerweile arbeite ich als Gärtner.« Ich nickte beeindruckt. Er stopfte wieder Nahrung in seinen Mund, schluckte und erzählte weiter: »Ich hab die selbsttätige Heckenschneidemaschine erfunden. Das Teil fährt eigenständig an Gebüsch und Hecken entlang und trimmt dabei herausragende Zweige. Ich möchte das Patent dem Guru vermachen. Wenn alles gut geht, bekommt er eine halbe Million Euro dafür. Einen Prototyp gibt es schon.«

Heute hat Kalle den Guru längst verlassen und veranstaltet eigene spirituelle Workshops. Beim Versuch, Kontakt zu ihm aufzunehmen, stoße ich auf seine Homepage: *Ich helfe den Menschen aus ihrer Misere.* Als gehöre er nicht selbst zu den Menschen. Hält er sich auf einmal auch für einen Guru? Auf meine Mails hat er nie geantwortet.

Der Kanadier Oak sah auf jeden Fall aus wie ein Guru. Er hatte lange, glatte, pechschwarze Haare, die er meist als Zopf trug; fast wie ein Indianer. Dazu einen mächtigen Vollbart. Er erinnerte mich an einen halbblütigen Trapper aus einem Karl-May-Roman. Er sprach Englisch mit stark französischem Akzent. »Ich habe mich in Kanada für die Rechte der Amérindiens eingesetzt, der nordamerikanischen Indianer. Ich hab jahrelang versucht, ihre Selbstversorgung durch Permakultur und nachhaltige Ressourcennutzung zu sichern. Aber irgendwann habe ich aufgegeben. Gegen Politik und Alkohol hast du keine Chance.«

Oak war extrem muskulös, geschmeidig und stets von einer seltsam geheimnisvollen Aura umgeben. Er blieb am längsten beim Guru. Zum Schluss lachte er kaum noch, hatte zwölftausend Dollar weniger in der Tasche und fragte nicht mehr nach der Wahrheit. Er hatte resigniert, sich in sein Schicksal als Anhänger eines mächtigeren Menschen ergeben.

Shwyzananda lächelte uns die ganze Zeit zu. Seine Augen waren Höhlen, sein Teint aschgrau und die Wangenknochen wie Henkel. Er schien ein aufmerksamer Zuhörer zu sein und spielte sich nie in den Vordergrund. Auf unser Drängen hin erzählte er uns seine Geschichte: »Ich war ein ziemlich enger Vertrauter von Osho. Von 1977 bis 1990 war ich in seinem Ashram in Pune und den USA. Nach Oshos Tod wusste ich gar nichts mehr und tingelte durch die Welt. Bis ich hier gelandet bin. Hier fühle ich mich endlich wieder zu Hause.« Tränen flossen aus seinen Augen. Sie rollten über die Wangenknochen, perlten seinen Bart herab und tropften auf sein orangefarbenes T-Shirt.

Shwyzananda sah aus, als stünde er kurz vor dem Hungertod. Sein graues Haar stand in alle Richtungen ab. Auch er trug einen Bart. Es würde mich nicht wundern, wenn Menschen ihm eines Tages huldigen und seine Füße küssen würden. Allzu fern darf dieser Tag allerdings nicht liegen, sonst wird der Spindeldürre ihn nicht mehr erleben.

Eine Frau um die sechzig setzte sich zu uns. Sie machte einen vornehmen Eindruck, trug schicke indische Kleidung und war dezent geschminkt. Auch sie war neu hier. Ihr heftiger kölnischer Dialekt konterkarierte ihre Eleganz. Sie stellte sich als Lila vor – »Das göttliche Spiel des Werdens auf Sanskrit«, erklärte sie gleich. Auch sie hatte den Guru in Blaufingen kennengelernt und suchte natürlich Erleuchtung. Theoretisch hatte sie diese bereits gefunden: »Erleuchtung ist das Ende allen Leidens. Erst wenn die Identifikation mit dem Ich aufhört, kann Heilung geschehen.« Dabei blickte sie sich erneut Beifall heischend in der kleinen Runde um. Auf den Gesichtern der anderen stand zu lesen: »Ach was!« Meine Mitbewohner hatten diese Theorien offenbar schon häufiger gehört. Nach einer kleinen Denkpause theoretisierte die elegante Kölnerin weiter: »Alle Heiligen haben ihr Ego abgelegt. Sie haben sich mit dem Verschwinden des Ichs beschäftigt, diese Theorie angewandt, überprüft und für gut befunden.« Kalle musste kurz einhaken: »Das nützt doch niemandem. Sonst säßen wir nicht hier, oder? Sehen Sie an unserem Tisch einen Heiligen?« Ihre Antwort war, dass wir sie ruhig duzen könnten.

Eine Frau erschien auf der Terrasse, Ende dreißig, skandinavisch und sympathisch aussehend. »Hi, ich bin Eleonore, die Frau von Guruji.« Der Guru hatte eine Frau! Und offensichtlich auch zwei Söhne, denn hinter der Frau standen zwei kleinere, bartlose Versionen von ihm. Heilige hatten nach meinen strengen Vorstellungen Single zu sein.

Alle drei quetschten sich auf den Boden um unseren Tisch. Sie aßen ohne Messer und Gabel. Was hätte ich als Kind darum gegeben, einmal so essen zu dürfen! Die Jungs manschten alles mit den Fingern zusammen und stopften sich schlürfend Essklumpen in den Mund. Auch die Frau aß mit den Fingern. Allerdings sah es bei ihr deutlich ästhetischer aus.

Sie vermischte das Essen mit den Fingern und knetete anschließend eine walnussgroße Kugel zurecht. Dann formte sie vier Finger zu einer Rinne und drehte die Handfläche nach oben. Am Ende schob sie die Kugel mit dem Daumen durch die Rinne in ihren Mund. Sehr elegant.

Eine Glocke bimmelte. Der Guru und seine weiß gekleideten Lichtwesen inklusive Uhrwerk und der süßen Blonden aus Blaufingen erschienen – »Der Inner Circle«, wie mir Lila zuraunte. Die Gemeindemitglieder standen auf und verneigten sich. Die Ehefrau und seine Söhne blieben sitzen. Der Grundgütige selbst legte wie alle anderen die Handflächen in Kinnhöhe zusammen und tat, als würde die Ehrerbietung nicht ihm gelten, sondern lediglich dem Körper, in dem er vorübergehend steckte. Er ging von Tisch zu Tisch, fragte nach dem Wohlbefinden, tätschelte Häupter und Schultern und wirkte ein bisschen anders als am Nachmittag: salbungsvoller. Es lag vielleicht an seiner weißen Robe und den Lichtwesen. Als er an unseren Tisch kam, fragte er mich: »Wie schmeckt das Essen?«

»Exzellent«, antwortete ich. Er nickte und blickte mir wieder sehr tief in die Augen. Ich bekam eine Gänsehaut.

Sobald der Guru gegangen war, sagte Shwyzananda zu mir: »Er mag dich. Das ist gut.« *Gibt es Menschen, die er nicht mag?*, fragte ich mich still. *Und was passiert, wenn er denen tief in die Augen blickt?*

In einem sechseckigen Ziegelsteinbau fanden die Satsangs statt. Der Raum war offen, etwa achtzig Quadratmeter groß.

Eine Brücke führte über ein T-förmiges Bassin in die heilige Halle. Alle Ashram-Bewohner waren anwesend und hatten ihre Meditationskissen auf dem Mahagonifußboden ausgebreitet. Abgesehen von den Neuankömmlingen waren alle in Weiß gekleidet. Das Markenzeichen dieser Gemeinschaft war ein weißer Schal. Auf einem gewaltigen Sofa, bezogen mit feinsten indischen Stoffen, thronte der Guru. Er saß bewegungslos im Schneidersitz mit geschlossenen Augen. Seine Hände lagen gefaltet auf seinen Oberschenkeln.

Eine kleine Band, die links vom Guru saß, begann zu spielen. Chris, der nach Schimmel riechende Norweger, Shwyzananda und das Lichtwesen mit der klaren Stimme aus Blaufingen fingen an, bedächtig zu singen. »Der Guru hat alle Lieder selbst geschrieben«, flüsterte mir Lila zu. Obwohl sie erst seit einem Tag hier war, schien sie alles zu wissen. Wie alle Anwesenden mittleren Alters lehnte sie auf einem Meditationsstühlchen. Auf diese Weise konnte sie wie die Inder auf dem Boden sitzen und trotzdem westlichen Komfort mit Lehne genießen.

Die Melodien waren wunderschön und die Texte mysteriös: »Ich sehe den blauen Planeten als Zelle im Nichts. Ich bin überall und alles ist ich. Ganz allein im Nichts.«

Vielleicht haben Esoteriker recht, wenn sie von Energien und spürbaren Schwingungen reden. Innerhalb weniger Minuten geriet ich in den Bann des Gurus und seiner Welt. Die Musik fuhr durch meinen Körper, breitete sich in den Zellen aus und verhallte dort als biochemisches Gefühl vollkommener Harmonie. Es herrschte eine Atmosphäre, die ich mir immer erträumt hatte. Alles andere war egal.

Zwei Plätze neben mir schmetterte ein Franzose aus voller Kehle alle Lieder mit. Es klang, als wäre er im Stimmbruch. Aber sein Gesicht strahlte so viel Freude und Glückseligkeit aus, dass es niemanden störte, wenn sein Gesang dem Heulen einer gebärenden Wölfin ähnelte. Der Guru trällerte auch mit. Er klatschte wie ein Kind in die Hände, traf fast nie den Rhythmus und schien sich in der Musik zu verlieren. Es kümmerte ihn offenbar nicht, wie er nach außen wirkte. Naiv und kindisch auszusehen störte ihn nicht. Vielleicht merkte er es auch nicht. Er liebte sich, uns, die Welt.

Wie auf ein geheimes Zeichen stoppte der Gesang. Nach fünf Minuten in vollkommener Stille eröffnete der Guru den Satsang: »Wer möchte etwas fragen?« Mein französischer Nachbar traute sich: »Au dü Hi get rid öf my prögräms? – Wie werde ich meine Programme los?« Der Guru lachte: »Höre einfach nicht mehr auf deine Programme, dann wird auch Erleuchtung eintreten. Das fängt damit an, dass du versuchst, Englisch zu sprechen. Und nicht Französisch mit englischen Worten.« Er wurde ernster: »Stell dir vor, du ziehst einem Affen Elvisklamotten an. Nach einiger Zeit gewöhnt sich der Affe an diese Kostümierung und fängt an zu glauben, er sei tatsächlich Elvis. Er beginnt, sein Fell über dem Kopf mit Pomade zu stylen. Er versucht, Gitarre zu lernen und mit den Hüften zu schwingen. Käme dann einer und sagte dem Affen: ›Hey, du bist ein Affe und nicht Elvis‹, würde der Affe ihm nicht glauben.« Der Guru blickte den Franzosen streng an. »Verstehst du?« Ich fragte mich, was uns die Geschichte sagen sollte. Behauptete der Guru, wir seinen alle verkleidete

Affen und hätten Bräuche und Eigenarten angenommen, die uns nicht entsprachen?

»Wenn jemand Blümchen im Haar trägt, zeigt er, dass er alternativ denkt. Rastalocken deuten an: Ich kiffe. Ein Bierbauch: Ich saufe. So ticken wir alle. Jeder kostümiert sich so, wie er nach außen wirken will. Hauptsache wir setzen Zeichen, damit wir geliebt werden. So einfach ist das! Isn't it?«

Schließlich wagte ich, eine Frage zu stellen. Ich musste, sie rumorte in mir: »Warum siehst du aus wie ein Guru? Warum trägst du einen langen Bart, hast zottelige Haare und weiße Gewänder an? Setzt du nicht auch Zeichen, damit du geliebt wirst?« Im Raum knisterte es. Niemand rührte sich. Die Lichtwesen starrten mich ungläubig an. Der Guru verschränkte die Arme: »Wer stellt diese Frage?« Hatte er auf einmal meinen Namen vergessen? Ich spürte, dass Schweißperlen aus meinen Handflächen tropften. Der Guru beantwortete seine eigene Frage: »Dein Ego. Du kannst die Welt nur dadurch betrachten, stimmt's?« Ich nickte ängstlich. »Wenn du traurig bist, ist die ganze Welt eine Misere. Wenn du verliebt bist, sieht die Welt rosa aus. Wenn du erleuchtet bist, ist die Welt erleuchtet. Wenn du Zweifel hast, suchst du Indizien.« Der Guru lächelte mich liebevoll an und nickte wissend.

Ich fühlte mich schlecht und ertappt. Natürlich hatte ich Zweifel. Aber hatte ich ein Recht, sie öffentlich zu äußern? Was bildete ich mir ein? Ich war seit ein paar Stündchen hier und schon meinte ich, besonders kritische Fragen stellen zu müssen. Den Journalisten in mir hatte ich wohl doch nicht zu Hause gelassen. Ich schämte mich. Die Blicke der Lichtwesen machten es noch schlimmer. Sie schienen nicht glauben zu können, dass jemand wie ich den Weg in diesen Ashram gefunden hatte. Nach dem Satsang sang die Gemeinschaft wieder. Aber kein Ton wollte meine Kehle verlassen.

Um fünf Uhr früh weckte mich ein helles Glöckchen. Mittlerweile stand das Kreuz des Südens am Nachthimmel. *Wer die Sterne kennt, ist auf der ganzen Welt zu Hause*, tröstete ich mich. Denn hier war ich es noch nicht.

Das Uhrwerk hatte Ingwertee zubereitet. Auf einem gefliesten Platz neben der Küche lagen etwa zwanzig Matten aus. Kerzen brannten. Nach und nach schlichen die ersten Frühaufsteher durch den Ashram. Mit betont ruhigen Bewegungen schenkte das Uhrwerk Tee ein und setzte sich ans Kopfende der kleinen Runde. Sie strahlte die demütige Arroganz des Gutmenschen aus. Ihre unantastbare Spiritualität drückte sie in Schwyzerenglisch aus: »We tank dis moment, we tank dis day. We tank all creatures around us. Enjoy dis tea. – Wir danken diesem Moment. Wir danken diesem Tag. Wir danken allen Kreaturen um uns herum. Genieße diesen Tee.« Wenn es stimmt, dass die Stimme Ausdruck der Seele ist, dann hatte das Uhrwerk eine Seele aus spitzen, gelben Fingernägeln, die über eine Schiefertafel kratzten. Nach einer Viertelstunde begann das Uhrwerk, das Gayatri-Mantra zu krächzen. Dieses Mantra ist Jahrtausende alt und hat seinen Weg erst vor Kurzem aus abgelegenen fernöstlichen Klöstern in die Außenwelt gefunden. Jetzt konnte es jeder spirituelle Anfänger auswendig. Allerdings gab es mindestens zehn verschiedene

Melodien zu dem Text, die das Uhrwerk alle gleichzeitig zu singen versuchte.

Trotz meiner Abneigung gegen organisierte Menschlichkeit fühlte ich mich nicht gefangen oder fehl am Platze. Beim Frühstück lernte ich zwei Schwestern kennen; Mihenta und Shihenta. Beide um die fünfzig, schwäbelnd und mit allen spirituellen Wassern gewaschen. Sie hätten bereits in verschiedenen Gemeinschaften gelebt, könnten die *Bhagavad Gita* zitieren – das heilige Buch der Hindus – und einen echten Meister sofort von einem unechten unterscheiden. »Bei diesem Guru haben wir zum ersten Mal seit Ewigkeiten keine Zweifel, dass er der lebende Beweis für menschgewordene Göttlichkeit ist.« Für diesen Glauben bezahlten sie später teuer, als sie dem Guru 40.000 Euro »liehen«. Doch zu diesem Zeitpunkt waren sie noch so erfüllt von Verzückung, dass ihre Augen glänzten, ihre Stimmen bebten und ihre Brüste wogen.

Wieder bimmelte das Glöckchen. Dieses Mal hatte mein französischer Satsang-Nachbar vom Vorabend den kleinen eisernen Schwengel zum Schwingen gebracht. »Today's Seva is cleaning la terrasse. Everybödd̦y join öss. – Seva heute ist Terrasse-Säubern. Alle machen mit!«

Wir holten Schläuche und Schrubber aus einer Werkzeugkammer und fingen an zu putzen. Die Männer bedienten die Schläuche und die Frauen die Besen. Nach einer Stunde war la terrasse blitzsauber und wir alle klitschnass, weil der Franzose jeden vollspritzen musste. Ich fragte Shwyzananda, woher das Wort Seva kommt. »Aus dem Sanskrit«, antwortete der Schweizer, »der alten Sprache der Hindus. Seva ist der Dienst an der Gemeinschaft. Die tägliche gute Tat. Wie bei den Pfadfindern.«

Wir holten uns Kaffee und setzten uns in eine Runde. Shwyzananda stellte mich allen vor. Ich erfuhr, dass die hübsche Amerikanerin Deutsche war und Eden hieß. Der Franzose war verheirateter Millionär, fühlte sich allerdings eher dem männlichen Geschlecht zugetan. »Kannst mich Hardy nennen.« Er sprach seinen Namen ohne »h« aus; möglicherweise hieß er also auch Ardy, mit Betonung auf der zweiten Silbe. Alle anderen, die beim Seva geholfen hatten, waren Tagesgäste. »Sie bleiben kurz und ziehen dann weiter«, erklärte Shwyzananda.

»Wohin?«

»In den nächsten Ashram.«

Auf meine hochgezogenen Brauen hin antwortete er: »Ein Sucher darf nicht finden. Sonst wäre er kein Sucher mehr. Es wäre blöd, wenn wir irgendwann Gott träfen, erkennen würden, dass alles perfekt ist, und dann nichts mehr zu verbessern hätten.«

Mindestens zwei Stunden saßen wir zusammen. Shwyzananda erklärte mir genau, wie die Gemeinschaft funktionierte: »Der Mittelpunkt hier ist natürlich der Guru. Sein engster Kreis ist der ›Inner Circle‹ – also die drei Frauen rund um Ricarda; Becki, die dir bestimmt schon aufgefallen ist, Emma, die moralische rechte Hand Ricardas, und Line, die Sängerin. Außerdem gibt es die Ehefrau und die beiden Söhne. Dazu lebt Papi drüben im Haus. Der Vater des Gurus. Ihn bekommst du fast nie zu Gesicht. Er hatte einen Schlaganfall und muss gepflegt werden. Neben Familie und Inner Circle hat sich das

›Team‹ gebildet. Dazu gehören wir.« Shwyzananda zeigte auf sich, Kalle und Oak. »Also alle, die ihren Hauptwohnsitz im Ashram haben. Das Team besteht aus fünf Personen. Alles klar?« Ich nickte. Da die meisten Bewohner erst seit ein paar Monaten hier waren, fragte ich, ob es vorher auch Teams gegeben hätte. Aber das wusste niemand. Die Vergangenheit schien nicht von sonderlichem Interesse zu sein.

Neugierig spazierte ich durch den Ashram. Auf der Suche nach Informationen über unseren Guru und seine Message begegnete mir Becki – die Frau, deren Blick mich in Blaufingen wie ein Blitz getroffen hatte. Ich hatte mittlerweile herausgefunden, dass sie Schwedin war und dem Guru seit zehn Jahren folgte.

»Timm!«, rief sie voller Freude und Überraschung. Wir umarmten uns und gingen zu einer kleinen weißen Bank, die im Garten unter einem Mangobaum stand. *Woher kennt sie meinen Namen?*, fragte ich mich. Aber ich kannte ja auch ihren. Ihr Deutsch war ausgesprochen gut. Sie erklärte mir, dass sie mal als Au-pair-Mädchen in Stuttgart gearbeitet hatte. Dann blickte sie mich lange und ernst an.

»Irgendwas belastet dich, oder?« Sie lächelte.

»Ich zweifle. Am Guru. An allem hier.« Ich hatte das Gefühl, dass ich ihr trauen konnte.

»Warum?«

»Weil hier nichts passiert. Hier wird nicht meditiert. Der Guru ist so – menschlich.«

Becki lachte laut. »Was ist daran falsch?«

»Irgendetwas fehlt mir.«

Becki lehnte sich zurück. »Timm, ich hab so viele Gemeinschaften gesehen. So viele Menschen, die komischen Riten oder spirituellen Praktiken nachgehen, um sich zu befreien. Da ist jeder Tag ein ständiger Kampf, die totale Erleuchtung zu erreichen. Aber richtig leben tut dort niemand.« Ich wusste, was sie meinte. Schließlich hatte ich gerade zehn Tage schweigend im Dschungel verbracht.

»In unserer Gemeinschaft machen wir nur ganz selten Übungen. Wir warten auf nichts. Aber wir leben so bewusst wie möglich. Immer mit dem Mantra *Love, Share, Care*. Wenn wir uns daran halten, haben wir alles, was wir uns nur wünschen können.« Ihr schwedisch-schwäbischer Akzent war sehr niedlich. Ich lächelte. Becki lächelte zurück.

»Guruji sagt immer: Die ganze Welt ist bereits erleuchtet. Wir müssen nicht auf etwas warten, das es längst gibt. Guck dich um.« Becki legte den Kopf zurück und blickte durch die Zweige des Mangobaums in den Himmel. Ich folgte ihrem Blick. Alles perfekt. Alles erleuchtet.

Ich hörte hinter mir ein Knacken und drehte mich um. Das Uhrwerk stand etwa zwanzig Meter hinter uns. Beobachtete sie uns?

»Das nennen wir *Living Yoga*«, fuhr Becki fort, als hätte sie das Uhrwerk nicht bemerkt. »Das ist seine Lehre. Er bringt dir nicht bei, deine Füße hinter dem Kopf zu verschränken oder übers Wasser zu laufen. Seine Lehre ist jenseits davon.« Ihr Gesicht hatte sich verändert. Sie sah tatsächlich – selig aus.

Ich atmete tief ein und spürte es ebenfalls. Es gab etwas jenseits meiner Zweifel. Etwas Großartiges, das uns trug. Der

Guru fühlte diese göttliche Geborgenheit vielleicht in ihrer ganzen Vollkommenheit. In seiner Gegenwart wuchs dieses Gefühl auch in mir. Zum ersten Mal hatte ich das dringende Bedürfnis, Teil dieser Gemeinschaft zu sein.

Nach diesem Gespräch sah ich Becki tagelang nicht. Ich traute mich nicht, nach ihr zu fragen. Ich hatte Angst, man könnte mir falsche Gefühle unterstellen. Nur durch Zufall hörte ich, dass sie schwer erkrankt sei. Angeblich hatte sie Typhus.

Es war Weihnachten und ich hätte es fast vergessen. Die Palmen trugen Lametta und Lichterketten. Meinen Eltern und Brüdern erzählte ich am Telefon nichts vom Guru und dem Ashram. Sie hätten es nicht verstanden und sich Sorgen gemacht. Ich verspürte auch keine Lust, mich zu erklären. Meine Familie fand es schon suspekt genug, dass ich Weihnachten in einem fremden Land verbrachte und Gabi und Lilly allein ließ. Gabi hatte ich eine lange E-Mail geschrieben. Ich hatte meine Zweifel darin nicht erwähnt. Auch nicht das Gespräch mit Becki. Mein neues Ich war noch in der Findungsphase. Wie hätte ich es in Worte fassen sollen? Während ich im Office saß und oberflächliche Weihnachtsgrüße an Freunde verschickte, hörte ich eine Frauenstimme: »Timm, ich brauche Hilfe. Mein Abflussrohr ist verstopft.« Ich blickte mich um und sah die Kanadierin Lina winken. Sie war Expertin für Humanure. Das ist der englische Permakultur-Ausdruck für Menschengülle. Bei dieser Arbeit hob sie Gruben aus, befestigte Plastiktüten an Holzrahmen und zimmerte Klohäuschen und Holztoiletten zusammen. Sie war stolz darauf, dass die Kloake in ihrer Kreation mithilfe eines abgeknickten Rohres um die Ecke geleitet wurde und somit weniger Gestank verbreitete. Alle zwei Tage leerte sie die stinkenden Plastiksäcke und vergrub sie in der Erde.

Lina war Ende zwanzig, drahtig und flink. Um ihrer Berufung als Plumpsklobauerin zu folgen, hatte sie zwei kleine Töchter zurückgelassen. Ihr geschiedener Mann kümmerte sich um die Kinder in Kanada.

»Du hast die längsten Arme. Vielleicht kannst du das Klo wieder freikriegen.« Lina hatte bereits einen der vollen Plastiksäcke aus der Grube gezogen. Ich kroch in das nun freie unterirdische Loch. Es stank bestialisch. Anscheinend war die Kloake literweise an dem Auffangsack vorbeigelaufen und in die Erde gesickert. Aus dem verstopften Rohr tröpfelte es. Es war zu dunkel, um zu erkennen, woran es lag. Ich kroch wieder hinaus und schaffte es zum Glück, den Klopapierbatzen, der das Rohr verstopfte, von oben an der Biegung vorbeizuschieben. Von unten wäre die Aktion ins Auge gegangen. Von nun an baute Lina ihre Plumpsklos ohne Winkelrohr und nahm dafür den stärkeren Gestank in Kauf. Wir auch.

Ich duschte lange und ausgiebig.

Ich brauchte eine Pause vom Gemeinschaftsleben und lieh beim Pförtner ein Fahrrad, um die Gegend abzuradeln. Ich befand mich in Ashram Valley; eine Community reihte sich an die nächste. Die meisten Ashrams hatten weder Pforte noch Tür und warben auf großen, bunten Plakatwänden um

Besucher. Alle zwei-, dreihundert Meter hielt ich an und las einen der Flyer, die in kleinen Kästen vor den meisten Eingängen auslagen. Praktisch alle Ashrams versprachen eine heile Welt für die geschundenen Seelen der Leistungsgesellschaft. Da Indien schmutzig, erbarmungslos und brutal ist, warben die Ashrams mit ihrer »sauberen Atmosphäre«, priesen sich als »Horte der Liebe, der Menschlichkeit und des Mitgefühls«. In jedem Ashram wurde Pünktlichkeit großgeschrieben, damit sich die Westler wie zu Hause fühlten. Außerhalb eines Ashrams ist Pünktlichkeit in Indien so selten wie Supermärkte für Turbane in Deutschland. Ich sammelte einen ganzen Haufen Flyer. Eine Straßenecke von uns entfernt lag der Tree-Ashram. Er bestand aus sechzig Menschen, die auf Bäumen lebten und Einheit mit der Natur und allen Wesen forderten. Sie nannten es »Reconnection«, die Rückverbindung aller Kreaturen mit der göttlichen Existenz. Dahinter lebte eine Gemeinschaft, die »Rebirthing« praktizierte, das Neugeborenwerden. Sie wollten den ersten Schock eines jeden Lebens (die Geburt) noch einmal erleben und dieses Mal angenehm und hübsch gestalten. Ich konnte ihre Wehen hören. Wer in dieser Gegend nicht in einem Ashram landete, hat diesen entweder nicht als solchen erkannt oder schlichtweg Glück gehabt.

Ich radelte zurück in meinen Ashram, felsenfest davon überzeugt, dass mein Guru der einzig wahre war.

Am ersten Weihnachtstag bat uns das Uhrwerk, unsere schönste Kleidung anzulegen und gemeinsam mit unserem Guru Weihnachten zu feiern. »Warum feiern wir denn hier überhaupt?«, fragte ich Shwyzananda. »Na, für uns!«, antwortete er. »Und wegen der Mutter des Gurus. Sie war Christin und hat diese Tradition an unseren Meister weitergegeben. Und somit an uns.« Er zuckte die Achseln über so eine banale Frage und ging davon. Von hinten sah er aus wie ein ausgetrockneter Strauch auf zwei Beinen.

Bis zum Fest hatte ich noch ein paar Stunden Zeit. Ich legte mich auf mein Bett und hörte Neil Youngs *After the Gold Rush*. Ich verliebte mich zum hundertsten Mal in dieses Lied und kam auf die Idee, es für meinen Guru umzutexten. Ich wollte ihm ein Gedicht schreiben und es abends vor der ganzen Mannschaft vortragen. Wenn ich den Mut fände. Also dichtete ich drauflos:

I was wandering across the cosmos
and was constantly on the run.
Been looking for milk and honey,
I was searching for the chosen one.
We're dreaming of a life in peace
and in freedom and harmony.
Loving, sharing, caring here and now.
In the 21st century.

Ich durchwanderte den Kosmos
Und war ständig auf der Flucht.
Ich suchte Milch und Honig,
Und den, den Gott ersucht.
Wir träumen von Leben in Frieden,

In Harmonie und Freiheit.
Lieben, teilen, achten hier und jetzt.
Im 21. Jahrhundert.[1]

Als ich fertig war, suchte ich Chris und fragte ihn, ob er das
Neil-Young-Lied auf der Gitarre spielen könnte. Er hörte es
sich auf meinem Laptop an. Nach ein paar krummen Akkorden stand der Song. Er spielte, ich sang. Wir probten mindestens zehnmal, bis es saß. Ich war nervös.

Kurz nach Sonnenuntergang versammelten wir uns in der
Satsang-Halle. Wir schwiegen. Es herrschte wieder eine Stimmung aus Feierlichkeit und stiller Lebensfreude. Chris und
ich saßen nebeneinander und nickten uns kurz zu. Die Lichtstimme stimmte die Musik mit ein paar bekannten Akkorden
an. Der Guru sang selbstvergessen mit. Nach drei Liedern
entstand eine längere Pause. Chris tippte mich an.

»Du bist dran!«

Ich meldete mich: »Guruji?«

Er öffnete die Augen und blickte mich liebevoll an. »Ich
nehme an, du hast etwas vorbereitet?« Er konnte tatsächlich
Gedanken lesen.

»Nun, ich habe etwas gestohlen.« Ich hatte meine Rede
perfekt geplant. Sogar mit Überraschungsmoment. Alle starrten mich an.

---

[1] Wer das gesamte Lied nachlesen möchte, kann das hier tun:
www.gekritzeltes.de/gedichte/

»Ich habe ein Lied geklaut. Von Neil Young. Ich habe den Text verändert. Wir würden dir dieses Lied jetzt gern vorspielen.«

D-D-G-D-D-G. Chris gab mir den Ton vor. Zunächst sang ich leise und schüchtern, aber im Laufe der ersten Strophe fand ich meine Stimme. Vor Enthusiasmus vergaß ich, den Rhythmus der Gitarre zu beachten. Aber Chris war ein erfahrener Musiker und passte sich meinem wackeligen Viervierteltakt an. Als der Song ausklang, herrschte für einen Moment absolutes Schweigen.

Dann sagte jemand: »Timm, das war fantastisch, vielen Dank.« Viele stimmten mit ein und flüsterten: »Thank you.« Einige verneigten sich. Chris klopfte mir auf die Schulter: »Good job!« Ich war erleichtert.

Ich hatte das Lied zuvor auf schweres, teures Papier geschrieben und stand auf, um es dem Guru zu schenken. Er winkte ab. »Ich möchte das Gedicht nicht haben. Lies es bitte noch einmal laut vor.«

Also setzte ich mich wieder und las laut und langsam vor. Ich hatte bereits gehört, dass der Guru keine Geschenke annahm. Ich versuchte, meinen deutschen Akzent durch einen Neil-Young-artigen amerikanischen zu ersetzen. Wieder herrschte langes Schweigen. An diesem Abend war ich der beste Jünger.

Zwischen den Jahren sollten wir künstlerisch tätig werden. Der Guru gab das Thema vor: Malt eure Traumwelt! Das Uhrwerk händigte Stifte und Papier aus. Bei mir entstanden ein schöner Strand, ein paar Hütten mit bunten Menschen, ein Wald und ein Guru. Natürlich musste ausgerechnet ich mein Bild dann hochhalten und erläutern.

»So sieht halt meine Traumwelt aus. Ein bisschen wie unser Ashram, nur direkt am Meer.«

»Und wo bist *du?*«, fragte Chris.

»Ahh! Der Guru hier. Das ist nicht er« – ich nickte in Richtung Meister – »das bin ich.« Die meisten guckten verdutzt. Der Guru zog die Brauen hoch und sagte: »Es gibt zwei Gründe, warum Menschen in meinen Ashram kommen: Entweder sie suchen wirklich Befreiung oder sie wollen selbst Guru werden.«

Ich fragte mich still, ob es verboten war, Guru werden zu wollen.

»Wo lernt ein Lehrling das Brötchenbacken?« Er blickte mich durchdringend an.

»Beim Bäcker?«

Der Guru nickte. »Unter tausend Suchenden gibt es einen, der *wirklich* sucht. Unter Tausenden, die wirklich suchen, gibt es einen, der Gott sucht. Unter Tausenden, die Gott suchen, gibt es einen, der Gott findet.« Er schaute mich an, als wollte er sagen: *So wirst du Gott nicht finden!*

Ich suchte nach äußeren Zeichen seiner Göttlichkeit. Seine Hände waren zart, fast weiblich, die Nägel abgenagt. Seine Arme dünn und unbehaart. Da er jeden Tag drei Liter gezuckerten Schwarztee trank, wölbte sich sein Bauch – man würde ihn in unseren Breiten als Bierbauch bezeichnen. In Indien als Teebauch. Seine ganze Erscheinung hatte etwas Liebliches, fast Niedliches an sich, wie ein Kind, dem man verboten hatte, Sport zu treiben, und das sich deshalb schlaksig und ungelenk bewegt. Dabei hatte er eine natürliche Ausstrahlung, die sonst nur Weltstars besitzen. Jeder, der dem Guru begegnete, spürte sofort, dass dieser Mann bedeutend war.

Wenn genug Zuhörer anwesend waren, erzählte der Guru gern Geschichten von früher. Am liebsten aus seiner Kindheit und seinem Heimatdorf. Er war in einer kleinen Siedlung im Süden Indiens aufgewachsen. Sein Vater war Brahmane gewesen, kam also aus der höchsten Kaste Indiens; seine Mutter die Tochter eines katholischen Missionars. Ihren erstgeborenen Sohn hatten beide von Geburt an wie einen Heiligen erzogen und ihm die Weisheit des Ostens und den Scharfsinn des Westens eingetrichtert. Seine Ausbildung bestand aus den Lehren der *Bhagavad Gita*, gepaart mit christlicher Nächstenliebe, Klugheit und Vernunft. Schon als Kind hatte er eine solche Reife erreicht, dass die Dorfältesten bei wichtigen Entscheidungen nach seinem Rat fragten und sein Lehrer ihn bat, die *Veden* zu erklären. Der Guru hatte diese schwierigen östlichen Weisheiten angeblich ohne Anleitung begriffen. Für ihn war diese Weisheit immer Bestandteil seines Seins gewesen – so erzählte er es.

Das kleine Dorf, in dem der Guru aufgewachsen war, bestand aus wenigen Hütten aus Lehm, Stroh und Wellblech. Das einzige Steinhaus hatte natürlich der Familie des Gurus gehört. Der ganze Ort war von der Brahmanen-Familie abhängig gewesen und es hatte immer eine große Ehre bedeutet, wenn der Sohn eine der bescheidenen Hütten besuchte. Babuji, wie die Dorfbewohner den jungen Guru liebevoll genannt hatten, war hofiert, bestaunt und verehrt worden. Dass Weisheit nicht vererbt wird, sah ich an den Söhnen des Gurus, die nicht gern mit Gleichaltrigen aus unteren Schichten spielten und behaupteten, sie würden Pakistan hassen.

In seinen Geschichten war der Guru immer ein weiser Held, der sich gegen das Böse durchsetzte: »Pepsi-Cola wollte in den Achtzigerjahren ein großes Werk in Südindien bauen. Dafür hätten sie einen der Haupttrinkwasserkanäle umleiten müssen und damit den Bauern der Umgebung das Wasser für die Landwirtschaft genommen. Also trommelte ich – ich war damals 13 oder 14 Jahre alt – alle Protestler zusammen. Wir gingen gemeinsam gegen den US-Konzern auf die Straße. Trotz aller Widerstände fing Pepsi an zu bauen. Natürlich kam es zu Ausschreitungen. Ich ließ einen Baum mitten auf die Zufahrtsstraße pflanzen und setzte mich darauf. Nun kam natürlich kein LKW mehr durch. Und weil ich tagelang auf dem Baum hockte, konnten sie ihn schlecht abhauen.« Er lachte. »Ein befreundeter Zeitungsjournalist schrieb eine lange Story über mich. Er nannte mich den Baumguru. Als die Regierung von dieser Geschichte hörte, gab sie uns recht und ordnete an, dass Pepsi-Cola sein Werk woanders bauen sollte.« Wir klatschten begeistert. Hardy streckte sogar eine Faust in die Luft und schrie: »Yes!«

Der Guru hatte nie körperlich arbeiten müssen. Seit er denken konnte, war alles für ihn erledigt und besorgt worden. In seinen Geschichten trugen die Mitschüler seinen Tornister, kutschierten ihn durch die Gegend und schenkten ihm ihren letzten Lunghi.

Mit acht Jahren hatten ihn seine Eltern zu der »Hundefrau« gebracht. Sie soll damals sechshundert Jahre alt gewesen sein. »Sie tauchte alle paar Monate aus dem Meer auf und ging immer in dasselbe Dorf. Alle Hunde der gesamten Umgebung rannten zu ihr; es waren Hunderte. Die Alte sprach mit den Hunden und fraß auch wie sie. Auf allen vieren.« Der Guru machte beim Erzählen die Bewegungen der Sechshundertjährigen nach; er ging auf die Knie, ließ seine Zunge aus seinem Mund fallen und schlabberte seinen Handrücken ab. »Die Tiere leckten ihr durchs Maul. Wenn sie satt war, spuckte sie auf den Boden und ging zurück ins Meer. Die Menschen prügelten sich um ihren Speichel. Wer ihn vom Boden leckte, dem war das ewige Leben gewiss. Sie war nicht von dieser Welt. Vor fünf Jahren ist sie gestorben. Bis heute kommen täglich Dutzende von Menschen an ihr Grab und schnüffeln daran wie Hunde. Manche lecken über den Grabstein, spucken auf die Erde und saugen dann ihren eigenen Speichel wieder auf. Das ist Indien.«

Wir glaubten ihm jedes Wort. Warum sollte er solche Geschichten auch erfinden?

»Es gibt zwei Arten von Gurus«, erklärte er uns: »Mothergurus, die die Weisheit des Ostens verinnerlicht haben und so im Laufe ihres Lebens zu großer Weisheit gekommen sind. Und es gibt Satgurus. Diese Gurus werden mit dem Wissen aller Zeiten und aller Welten geboren. Ihre Weisheit wurde ihnen gegeben, wie manchen Menschen sechsfingrige Hände oder Klumpfüße.«

War es jetzt ein Fluch oder ein Segen, Satguru zu sein? Es war auf jeden Fall deutlich, dass unser Guru ein Satguru war und keine missgestalteten Körperteile besaß – soweit ich das beurteilen konnte. »Jesus und Osho, beispielsweise, das waren Satgurus«, erklärte der Meister und zog die Luft tief durch seine aufgeblähten Nasenflügel ein. Dann hauchte er »real Satgurus« hinterher und schloss für mehrere Minuten die Augen im tiefen Einklang mit dem Sein und seiner Göttlichkeit.

Seine Augäpfel waren nach innen gedreht und schwelgten vermutlich in seiner Innenwelt. Als nach einiger Zeit Pupillen und Iris wieder sichtbar wurden, sprach der Guru weiter: »Satgurus können das Leid anderer spüren, wie der zu Unrecht Gefangenen. Den Durst eines verwelkenden Baumes und den Hunger eines einsamen Hundes.« Dem Guru traten Tränen in die Augen. »Ich spüre die Empörung eines Steins, der aus dem Boden gegraben wurde. Ich weiß, dass er sich darüber nie ganz beruhigen kann. Auch weiß ich, wie es in euch aussieht. Ich durchschaue jeden.« Ich spürte ein beklemmendes Gefühl in meiner Brust. War der Guru allwissend, konnte er meine Gedanken lesen? Wusste er, wie oft ich an Sex dachte? Und war ich sein Untertan, ein Lakai, sein Diener? Oder war ich ein Jünger? Er spürte die Empörung des Steins. Ich nicht.

»Ihr versucht immer, jemand zu sein. Der nächste Schritt ist, niemand zu sein. Schließlich werdet ihr jedermann.« Dabei vollführte er wieder eine weltumarmende Geste, nickte mit dem Kopf der Unermesslichkeit zu und sagte mit dem

Brustton des Erhabenen: »Von jemand zu niemand zu jedermann. Das ist Erleuchtung.«

Nach langen Wochen im Ashram wurde ich langsam an die
größte Errungenschaft des Gurus herangeführt: Inner Yoga.
Hinter der Satsang-Halle befand sich eine Art Sandkasten für
Erwachsene. Auf hundert Quadratmetern bröckeligem Oze-
ansand trafen sich jeden Morgen zwanzig Teilnehmer zur
Yoga-Session. Der Guru fungierte als Vorturner: Er legte sich
in den Sand und tat, als wäre er ein Krokodil. Alle machten es
ihm nach. Also nahm auch ich eine liegende, kauernde
Angriffshaltung ein und schnellte auf Befehl blitzartig nach
vorne. Dabei rutschte ich quer durch den Sandkasten. Zwanzig Personen krochen übereinander. »Nehmt die Haltung
einer Giraffe ein!«, befahl der Guru. Da ihm die Grazie fehlte,
musste das Uhrwerk vorturnen. Sie stellte sich absolut senkrecht hin, streckte den Hals vor, als müsste sie rülpsen, und
hielt die Arme wie Pfötchen vor dem Körper. Dann hoppelte
sie galant auf Zehenspitzen durch den Sand. Sie sah dabei
eher aus wie ein Känguru. Aber vielleicht waren diese Tiere
die gottgleichen Ebenbilder unseres Meisters; Kän-Gurus.
Als das Uhrwerk an einem Baum anlangte, zupfte sie mit den
Lippen ein Blatt ab und trappelte vornehm weiter. Obwohl
mir diese Übung eher peinlich war, spielte ich ebenfalls
Giraffe. Anmutig und leichthufig trabte ich von Blatt zu Blatt.
Ich wollte ein guter Schüler sein.

Als Abschlussübung rollten und kugelten wir durch den
Sand. »Spürt den Sand!«, befahl der Guru. »Es ist wichtig,

dass ihr den Sand spürt, im Gesicht, am Körper, an den Händen und an den Füßen.«

Ich ließ alles mit mir geschehen: Sand in den Augen, Sand auf der Zunge. Mir war alles egal. Ich wollte unbedingt von dem Guru und seinen Fähigkeiten und Errungenschaften begeistert sein. Ich hing an seinen Lippen und verlor mich in seiner Auffassung vom Sein.

Indien hatte mich verändert. Nach sechs Wochen auf dem Subkontinent dachte ich kaum noch in westlichen Kategorien. Ich sah Tugenden wie Zuverlässigkeit, Verantwortungsbewusstsein und Vernunft als künstliche Moral einer übersättigten westlichen Gesellschaft. In Indien zählte der gegenwärtige Augenblick. »Merkt euch zwei Dinge«, trichterte uns der Guru ein: »Lebensplanung ist das Ersetzen des Zufalls durch Irrtum. Und: Tomorrow never comes – morgen gibt's nicht. Wenn ihr das verinnerlicht habt, versteht ihr Indien.«

Immer tiefer sackte diese Lebenseinstellung in mein Wesen. Ich begriff, dass es morgen tatsächlich nicht gibt. Heute war gestern morgen. Gestern ist morgen heute. Morgen wird heute gestern sein. Es ist keine Frage der Intelligenz, sondern der Zeit, diese Sätze zu verstehen. Als Folge dieser Erkenntnis stellte ich alle Pläne und Erwartungen ein und spürte eine seltsame innere Ruhe in mir einkehren. Gleichmut wäre der spirituelle Ausdruck für diesen Zustand. Tagelang ließ ich mein Handy ausgeschaltet und meldete mich bei keinem Menschen. E-Mails checkte ich gar nicht mehr. Ich wollte weit weg sein von zu Hause. Und das war ich. Weiter denn je vielleicht.

Die Sonne stand senkrecht. Die Luft triefte vor Feuchtigkeit. Bei vierzig Grad im Schatten pflügte ich die steinharte, rote indische Erde mit einer kurzen Hacke. Mihenta, eine der deutschen Schwestern, war auf die Idee gekommen, ein Blumenbeet direkt neben dem Eingangsbereich des Ashrams anzulegen. Zum Glück gediehen hier keine Stiefmütterchen, sonst sähe es hier bald aus wie in Omas Vorgarten. Da mir der Schweiß in Rinnsalen bis in die Flipflops rann, zog ich mein T-Shirt aus und hängte es an einen Ast. Mit bloßem Oberkörper hackte ich auf den Lehmboden ein. Plötzlich standen das Uhrwerk und ihre Landsfrau, Emma, neben mir. Emma wurde von allen im Ashram wegen ihres moralischen Auftretens nur »Apostel« genannt. Sie war die schweigende Instanz hinter dem schnaubenden Uhrwerk. »Das geht in diesem Land gar nicht.«

»Was?«, fragte ich ahnungslos.

»Mit nackchtem Obrrkchörprr!« Nägel auf Schwyzer Schiefer. In Windeseile zog ich mein verschwitztes Hemd vom Ast und streifte es über. »Hier in Indien ist nackte Haut ein No-Go. Die heimischen Arbeiter sind diesen Anblick absolut nicht gewohnt und es wäre besser, wir würden sie mit so etwas verschonen.« Die beiden marschierten im Gleichschritt davon.

Da die deutschen Schwestern Eile geboten hatten, hackte ich jetzt mit T-Shirt weiter auf den Boden ein. Mit der Zeit ging es schneller, da mein Schweiß den Boden aufweichte. Plötzlich klopfte der Guru mir freundschaftlich auf den Rücken: »Hey, Timm, zieh doch dein T-Shirt aus. Bei der

Hitze!« Wem sollte ich jetzt gehorchen? Ich ließ das T-Shirt an und erklärte, dass ich meine Arbeit sowieso fast erledigt hätte. In Wahrheit hatte ich gerade mal vier von zwanzig Quadratmetern umgewühlt. Doch ich konnte nicht mehr.

Kaum war der Guru weg, kamen Mihenta und Shihenta von der anderen Seite des Beets angelaufen und beschwerten sich: »Wir hätten von dir nicht erwartet, dass du so faul bist.« Ich atmete tief durch: »Ihr könnt ja schon mal mit der Bepflanzung an den umgegrabenen Stellen beginnen.«

Ich verschwand in meinem Zimmer. Mit einem Handtuch um die Hüften huschte ich in Richtung Gemeinschaftsdusche, als Uhrwerk und Apostel sich mir in den Weg stellten. »Schon wiedrrr?!«, herrschte mich das Uhrwerk an. Apostel schwieg strafend. Ich erklärte, dass hier der Männerbereich sei. »Inder sind ja praktisch nie hier.«

»Darum geht's nichchcht.« Sie sprach wie die Schlange Kaa mit Schweizer Dialekt. »Es geht ums Prinzip. Hinter deinem Wunsch, deinen Obrrkchörprr zu präsentieren, steckt eine Intention.«

»Ja? Welche denn?«, fragte ich neugierig.

»Das musst du selbst herausfinden. Wir leben hier sehr achtsam. Außerdem geht es nie um unser persönliches Vergnügen. Wir wollen eine Gemeinschaft aufbauen, wie sie noch nie da gewesen ist. Das kann nur mit viel Liebe, Achtung und Sorgsamkeit geschehen.« Ich spürte, wie mein Handtuch langsam von der Hüfte glitt. In letzter Sekunde fing ich es auf und trippelte in den Duschraum. Von hinten flogen Pfeile, die an meiner gegerbten Haut abprallten.

Im Laufe der Zeit hatte sich ein neues Team formiert. Ich gehörte dazu. Es bestand aus den Männern meiner Stube, den beiden deutschen Schwestern und Eden. Wir saßen jeden Abend zu sechst oder siebt auf der Dachterrasse und feilten an der Entstehung einer neuen Welt. Das teilten wir den Lichtwesen natürlich nicht mit – es hätte konspirativ wirken können. Auch hätten wir den Inner Circle nicht hier oben haben wollen. Mit Ausnahme von Becki vielleicht.

Wir saßen im Kreis unter den Sternen und fühlten uns erhaben. Die Begeisterung für eine neue Art von Gemeinschaft schweißte uns fest zusammen. Es war egal, wo wir herkamen, welchen Bildungsstand wir hatten oder wie alt wir waren. Je größer und schillernder wir unseren Guru machten, desto größer und schillernder machten wir uns selbst. Wir suchten so etwas wie das »Ursein« und waren uns sicher: Hier war es! Unser Guru sollte so bombastisch und großartig sein, dass Gott selbst eifersüchtig würde. Es war uns egal, dass unsere Familien zu Hause durch unsere Guru-Ergebenheit völlig in Aufruhr gerieten und dass wir Beziehungen, Jobs und Freunde aufs Spiel setzten. Wir glaubten nur an unsere eigene Wahrnehmung. Wir pokerten mit dem Leben. Wir waren Zocker und unser Guru Royal Flush. Vielleicht hätten wir uns mehr Gedanken über unsere Suche machen sollen. Dann hätten wir zumindest ein Ziel gehabt. Aber so waren wir einfach nur Ergebene, Jünger, Pilger. Wir waren ein Bewusstsein, ein Gefühl, eine Sprache – bis die kurzlebige Gemeinschaftsseele irgendwann erlöschen und jeder seines Weges gehen würde.

Uns war klar, dass dieses eingebildete Glück niemals von Dauer sein konnte. Aber in einem Ashram gilt das Gesetz des gegenwärtigen Augenblicks. Wir verschwendeten keine Gedanken an die Zukunft. Wir waren keine neue Generation, wir waren eine neue *Art* von Generation. Die europäische Ordnung und Werte wie Sicherheit und Sauberkeit langweilten uns zu Tode. Dieses verdreckte, chaotische Indien passte perfekt zu unserem neuen Leben. Wir wollten den verfaulten europäischen Geist in Trümmer schlagen. Wohlstand war uns egal. Glück für alle. Das war der Grund für unsere Revolution, der Sinn der neuen Zeit, unserer Zeit.

Pathos – original aus meinem Tagebuch. Aber so waren wir, so war ich damals. So war der Guru.

Eines Abends beim Essen setzte sich ein Tagesgast zu uns. Es war Kalles Bruder. Er hieß Anton und war gerade von einem Erleuchtungsseminar aus Nordindien zurückgekehrt. Er hatte fünftausend Euro für drei Wochen Intensivkurs bezahlt. Auf mich wirkte er alles andere als erleuchtet. Eher total desillusioniert. Aber vielleicht ist das eine Facette der Erleuchtung? »Jeder von uns versäumt täglich unendlich viele Möglichkeiten, bleibt in seiner eingeschnürten Natur stecken. Das rein persönliche Leben ist nichts als ein Korsett. Wir suchen ständig jemanden, der dieses Korsett entschnürt.« Er sprach mit einem seltsamen Zittern in der Stimme. Als könnte er jeden Moment in Tränen ausbrechen. Ich fragte ihn, ob er selbst auf diese Erkenntnis gekommen sei. »Oder hast du das auf deinem Erleuchtungsseminar gelernt?« Meine Frage klang aggressiver als beabsichtigt. Aber Anton antwortete ganz ruhig: »Nein. Ich weiß es jetzt. Es liegt nicht in unserer Hand, alle Facetten des Lebens auszuschöpfen. Ein Leben jenseits dieses ureigenen Lebens können höchstens Hollywoodstars oder große Künstler führen. Aber nicht ich. Und du auch nicht.« Es trat eine lange Pause ein. Anton und ich blickten uns lange in die Augen. Als ich seinem Blick nicht mehr standhalten konnte, antwortete ich: »Es geht mir darum, die letzte Wahrheit zu erfahren. Vielleicht gibt es so etwas wie das ichste Ich. Meinen Kern. Hier bei Guruji will ich den Kern meines Selbst entdecken.«

Mihenta und Shihenta tuschelten mindestens fünf Minuten miteinander, bis Mihenta – vielleicht war es auch Shihenta – ein dickes Buch hervorzog: die *Bhagavad Gita.* »Jenen Devotees, die nur noch mich kennen, die beständig an mich denken und mich unablässig verehren, die in Gedanken mit mir vereint sind, gebe ich völlige Sicherheit. Ich kümmere mich persönlich um ihre Bedürfnisse.« Sie klappte das Buch mit einem lauten Peng wieder zu. Dann hob sie triumphierend ihre Arme: »Das hätte auch unser Guru sagen können!« Wir nickten. Andächtig.

»Euer Guru hat dieses Zitat verwandelt.« Antons Stimme zitterte nicht mehr. »Er glaubt, selbst Gott zu sein, und gibt euch die Aufgabe, ihm zu huldigen, ohne zu zögern oder zu zweifeln.« Wir widersprachen Anton heftig. Alle redeten durcheinander, bis Shwyzananda mit der flachen Hand auf die Dachpappe schlug: »Hört auf, euch selbst zu bescheißen!« Er sprach so laut, dass seine Stimme dröhnte. Ich hatte schreckliche Angst, dass das Uhrwerk uns hören könnte. Shwyzananda musste den gleichen Gedanken gehabt haben, denn er fuhr beinahe flüsternd fort: »Wir sind reine Egoisten. Dies ist weder Vorwurf noch Selbsterkenntnis, denn jeder Mensch ist egoistisch. Niemand lebt in diesem Ashram, um etwas über das Leben zu erfahren, geschweige denn über andere. Wir nutzen das, was der Guru uns beibringt, für unser persönliches Interesse; um uns mit unserem eigenen, ausgelatschten Ich zu beschäftigen. Dieses Ich ist nicht glanzvoll. Es ist aber das einzige Ich, das wir haben.« Wir schwiegen. Wie immer hatte der alte Kerl recht. Es war nur so schwer, es sich einzugestehen.

Als ich mich nach über einem Monat wieder zu Hause meldete, war meine Familie voller Sorge. Meine Geschichten von dem Guru kamen allen überzogen und wirr vor. Zu meinem jüngeren Bruder sagte ich: »Und wenn er wirklich der neue Jesus ist?« Er antwortete: »Und wenn nicht?« Mein neues Freiheitsgefühl konnte daheim niemand nachvollziehen. Der einzige Trost bestand für alle darin, dass ich in drei Wochen Gabi in Thailand treffen würde. Sie war die lotende Instanz in meinem Leben. Alle hofften, dass der Guru-Spuk dann ein Ende hätte. In mir dagegen festigte sich die Entscheidung, meinen Job als Journalist endgültig aufzugeben. Obwohl ich seit Jahren keinen Fernseher mehr hatte, lebte ich davon, Fernsehbeiträge zu produzieren. Mein Job und mein Leben passten längst nicht mehr zusammen. Allerdings sah ich keine Alternative – außer Taxi fahren oder kellnern. Oder gab es doch eine? Sollte ich einfach hierbleiben? Hier spürte ich keinen Druck und war von Menschen umgeben, die mich so mochten, wie ich war. Es war etwas ins Rollen gekommen, das ich nicht mehr stoppen konnte.

Um meinem Körper etwas Gutes zu tun, stieg ich auf das höchste Dach des Ashrams und praktizierte Yoga. Nackt. Eine Balustrade verhinderte, dass man mich von unten sehen konnte. Aber nach drei Übungen stand Kalle unten am Dachfirst und schrie, ich solle sofort aufhören. Ich schlüpfte also in meine Shorts und stieg hinab. »Warum? Man sieht doch nicht, dass ich nackt bin!«

»Doch!«, rief Kalle. »Wenn man auf dem anderen Dach da drüben steht, sieht man alles!«

»Na und? Da steht doch keiner!«

»Doch, Fräulein Rottenmeier eben. Sie hat alles gesehen.«

»Wer?«

»Na, die Schweizerin. Ricarda!« Offensichtlich hatte das Uhrwerk mehrere Spitznamen. Ich stellte mich auf eine Standpauke von allerhöchster Stelle ein. Kaum hatte ich mich (angezogen) in Richtung Haupthaus begeben, stürmte Apostel auf mich zu. »Guruji möchte dich sprechen. Sofort.« Da ich vor Autoritäten noch nie Angst gehabt hatte, war ich eher genervt. Mein Gott, was hatte ich schon gemacht? Ein bisschen nacktes Yoga. Es gibt Schlimmeres.

Der Guru saß im Schneidersitz auf einem Tisch und blickte mich finster an: »Timm, das war sehr leichtfertig von dir.« Jetzt setzte er eine ernste und besorgte Miene auf. »Stell dir vor, die Nachbarn hätten dich gesehen. Dann würden sie denken, wir wären ein Sex-Ashram. Und ich der Sex-Guru!«

Am letzten Abend eines ganzen Jahrzehnts leuchtete der Vollmond gelb auf eine Schar singender Menschen in einem großen indischen Sandkasten. Mindestens fünfzig Personen saßen im Kreis um ein loderndes Lagerfeuer und sangen von neuen Zeiten.

Mir war nicht nach singen. Ich starrte in den klaren Nachthimmel. Schon immer hatte mich Silvester melancholisch gestimmt. Doch in diesem Jahr wollte ich diese Gefühle verdrängen. Darin war ich ein Meister. Ich konnte mir in Indien, und vor allem in diesem Ashram, keine Traurigkeit leisten. Dafür war ich zu weit von meiner alten Welt entfernt; zu haltlos saß ich da mit gekreuzten Beinen und gekappten Wurzeln.

Als das Feuer noch leicht züngelte, erhob sich der Guru. In seinen Augen spiegelte sich ein Flämmchen der Erleuchtung. Es war mucksmäuschenstill. Kein Lüftchen wehte. Die Nacht war immer noch so warm, dass mein T-Shirt am Körper klebte. Der Guru wirkte steif, er hielt sich den Rücken und steckte nachdenklich einen langen Stock in die Glut. »Ein neues Jahrzehnt wird in ein paar Sekunden geboren. Doch eine neue Menschheit muss erst noch entstehen. Aber sie wird bald kommen. Sie wird durch uns kommen. In uns, stimmt's?« Wären wir nicht bei einem Guru gewesen, hätten wir begeistert »Ja!« gebrüllt und laut gejubelt. Aber wir waren bei einem Guru und schwiegen; waren still wie ein Schwamm und saugten die Weisheit in uns auf. Dann ging die Dekade zu Ende. Das Uhrwerk zählte die Sekunden rückwärts, wir klatschten bei null. Ich umarmte einige Ashram-Mitglieder, die in meiner Nähe standen und mir wenig bedeuteten. Als ich wieder im Sand lag, blickte ich am Mond vorbei in die Sterne und erlaubte mir immer noch nicht, melancholisch zu sein. An Gabi wollte ich in diesem Moment auf keinen Fall denken.

Doch dann holte eine Israelin neben mir ihre Gitarre hervor und spielte *Return Again*. Ihre Stimme klang ganz schüchtern, zart und ein bisschen heiser. »Return to who you are, return to what you are. Born and reborn again.« Ich hörte dieses Lied zum ersten Mal. Es kam mir wie das schönste Lied der Welt vor. Plötzlich kamen Tränen hoch. Es war kein Heimweh, keine Trauer über Vergänglichkeit. Es war die Sehnsucht nach mir selbst. War ich dabei, mich zu verlieren? Dann begann ich wieder zu ahnen, was ich bei dem Guru suchte. Ich wollte mich auflösen, um mich neu zu erfinden. In mir schrie eine Stimme: »Geh zurück in deine alte Welt! Es fehlt dir nichts, das du von außen bekommen könntest. Es ist egal, wo du lebst und mit wem.« Aber ich war taub.

Wenn ich heute *Return Again* höre, kommen sofort die Gefühle von damals hoch. Dieses Lied ist so unendlich traurig und schön zugleich. Ich darf es nicht zu oft spielen, sonst verschwimmt das Gefühl und ich weiß irgendwann nicht mehr, warum ich es so geliebt habe.

Der Guru wollte uns sogar beibringen, wie wir das Altern hinauszögern konnten: »Steht morgens eine Stunde vor

Sonnenaufgang auf und atmet frisches *Prana*, tankt Lebensenergie. Achtet den ganzen Tag darauf, nicht zu viel zu essen. Und vermeidet unbedingt Licht – vor allem künstliches Licht. Licht ist Information für den Körper. Information führt zu einem verfrühten Alterungsprozess. Wer bewusst nach diesen Richtlinien lebt, braucht nur noch drei Stunden Schlaf.« Da ich zu dieser Zeit dem Guru alles glaubte, fragte ich ihn, was er den Rest der Nacht lang machte. »I am travelling!«, war seine rätselhafte Antwort.

»Wir sind nur am Anfang«, versprach der Guru. »Ich werde euch schon sehr bald eine kurze Einführung in meine Heilmethoden geben. Wer tiefer in den unermesslichen Schatz meiner spirituellen Tiefe eintauchen möchte, muss für längere Zeit hierbleiben. Die wahre Lehre beginnt, sobald ihr einen Bewusstseinszustand erreicht habt, der würdig ist.«

Am gleichen Nachmittag rief mich der Meister zu sich.

»Wie alt bist du, Timm?«

»39, genauso alt wie du.«

Der Guru lachte. »Yeah! Physisch!«

Er meinte damit, dass wir beide zwar in einem 39-jährigen Körper steckten, sein Geist aber die Weisheit von Hunderten von Generationen gespeichert hätte. Meiner höchstens die Weisheit von einer. Er glaubte so fest an seine Hochwohlgeburt, dass auch in mir keine Zweifel herrschten.

»Wir Menschen spiegeln die Reife von ungezählten Generationen wider. Wir sind durch Wünsche, Hoffnungen, Verzweiflung und vor allem durch Liebe gewachsen. Kein Zufall hat dich zu mir geführt.« Ich war mir noch nicht sicher, was er mir sagen wollte.

»Ich möchte, dass du ein Jahr mit mir lebst.« Mein Herz rumpelte vor Aufregung und Freude wie eine Waschmaschine voller Turnschuhe. Ein Jahr mit dem Meister! Mit ihm! Ich war auserwählt worden.

Er nannte es *Jahr der Transformation*. In diesem Jahr sollte ich alte Programme und Muster ablegen – wie auf der Homepage versprochen. Endlich.

»Du bist ein Rohdiamant«, erklärte er, »der ein bisschen Politur nötig hat. Dann kann das göttliche Licht durch dich hindurchscheinen.« Ich nickte ergeben. Genau das hatte ich mir gewünscht: Der große Meister hatte mich zu sich gerufen und gefragt, ob ich ihn begleiten wollte.

»Wie viel Geld besitzt du?«

Ich habe bis heute niemandem erzählt, dass er mir diese Frage so direkt, so dreist, so früh gestellt hatte. Ich schäme mich bis heute für meine Antwort: »Dreitausend Euro. Aber meine Eltern haben Geld.« Ich war vollkommen im Bann dieses Menschen. Ich hätte alles getan, um bei ihm zu bleiben.

»Ich möchte das Geld deiner Eltern nicht haben«, antwortete er. »Das Jahr der Transformation kostet dich dreitausend Euro.« Ich nickte. Der Deal schien mir fair. Ich wusste, dass ich nie wieder so günstig zwölf Monate lang leben würde. Wenn das Geld aufgebraucht war, würde ich halt wieder anfangen zu arbeiten. Während meiner gesamten Zeit mit dem Guru machte ich mir nicht eine Minute lang Sorgen um die Zukunft. Mir war klar, dass ich nicht bis zu meinem Tod bei ihm bleiben würde – es sei denn, dieser träte frühzeitig ein. Aber ich wollte so viel Weisheit sammeln wie möglich, um meinen eigenen, persönlichen Weg zu finden. In einem verwitterten Hinterstübchen meines Bewusstseins hätte ich auch nichts dagegen gehabt, selbst Guru zu werden. Aber vordergründig plante ich, so lange mit ihm zu leben, bis ich keinen Lebensmanager mehr brauchte. Wenn er mich zu einem geschliffenen Diamanten geformt hatte, könnte ich der ganzen Welt dienen. Doch in Wirklichkeit befriedigte ich lediglich meine Abenteuerlust und lebte meine Freiheit aus.

Der Sog war stärker als alle Vernunft.

Für den nächsten Morgen hatte das Uhrwerk einen Ausflug organisiert. Zwei schneeweiße Taxen warteten vor den Toren des Ashrams. Eins für den Guru und seine Familie, das andere für den Inner Circle. Das Fußvolk quetschte sich in den ashrameigenen Mercedes Transporter. »Wir fahren zu einem heiligen indischen Tempel«, rief die Lichtstimme. »Eigentlich dürfen dort nur Hindus rein« – ihre Stimme wurde jetzt ein flüsterndes Hauchen – »aber dank Guruji werden wir die ersten Nicht-Hindus sein, die einen Fuß in dieses Heiligtum setzen.«

Ich saß hinten auf der Gepäckfläche des Busses auf dem Boden. Neben mir kauerte Eden. *Wie der Garten, oder das Paradies*, dachte ich. *Was für ein seltsamer Name.*

»Der Guru mag dich«, sagte sie auf seltsam vertraute Art.

»Dich auch«, antwortete ich.

»Er mag uns beide«, sagte Eden. »Aber warum nur?« Uns beiden war aufgefallen, dass er sich häufig in unserer Nähe aufhielt und sich um uns zu bemühen schien.

»Manchmal habe ich die Befürchtung, dass mich der Guru lediglich als Deko braucht«, gestand ich Eden.

»Klar«, rief sie. »Wenn ein halbwegs gebildeter, brauchbar aussehender Westler in dieser Kommune lebt, ist die Chance auf mehr Jünger deines Kalibers hoch.«

Ich sah sie erstaunt an. So einfach war das? »Dann gilt das Gleiche für dich. Wir wären die perfekte Staffage.«

»Natürlich.« Eden und ich blickten uns ein bisschen zu interessiert an. Sie hatte etwas Kühles an sich.

»Du willst jetzt bestimmt wissen, warum ich dunkle Haut habe, stimmt's?«

»Weil du schwarze Vorfahren hast?«

Eden lachte laut. »Immerhin hast du Humor. Mein Vater war G.I.; er war in Kaiserslautern stationiert und ist da unten nach seiner Wehrzeit hängen geblieben.«

Während wir über indische Schlaglöcher holperten, erzählte Eden, dass sie einen kleinen Ökoladen in einem Kaff in der Nähe von Kaiserslautern besaß. »Im Moment führt meine Schwester das Geschäft.« Eden guckte nachdenklich aus dem Fenster. Ihre Stimme klang immer ein bisschen zu energisch und dominant. Sie war es offenbar gewohnt, den Ton anzugeben. Sie merkte, dass ich sie musterte. »Du bist einer dieser komischen Typen, die immer so wirken, als ob sie einen durchschauen!«

»Stimmt«, sagte ich und versuchte nur ganz leicht zu lächeln. »Ich versuche rauszukriegen, was du hier machst.«

»Wahrscheinlich möchte ich meinen Eigensinn ein bisschen eindämmen«, gestand sie.

Das kenn ich, dachte ich.

»Zu Hause muss ich immer die Starke sein, die Chefin. Das nervt.« Ich fragte mich, ob sich hinter ihrer rigiden Art ein verletzliches, ängstliches Mädchen verbarg. »Vielleicht sehne ich mich einfach nach Führung oder so etwas. Ich will mal nicht denken, nicht entscheiden, sondern einfach sein.«

Mir tat schon seit einer Viertelstunde der Hintern so weh, dass ich ständig hin und her rutschte. Eden saß ganz ruhig da. »Ich hab die Nase voll davon, ein einsamer Wolf zu sein«, sagte sie. Ihr kleiner Körper machte am Ende eines Schlaglochs einen Satz. Der Wagen ächzte.

»Zum Glück sitzen wir in einem Mercedes.«

Eden hatte ein schönes Lachen. Es war offen, vielleicht ein bisschen zu rau für so eine kleine Frau.

»Dass ich überhaupt hier gelandet bin, ist ein kleines Wunder. Ich war zufällig in Saarbrücken und wollte für mein Geschäft einkaufen, als ich den Guru sah, der dort gerade einen spontanen Satsang gab. Ein Blick in seine Augen genügte und ich wusste sofort: Dieser Mann ist meine Heilung.«

Ich erzählte ihr von Blaufingen, meinem seltsamen Zusammenbruch und der Sehnsucht, die danach aufgestiegen ist.

»Ja, ich hab gehört, dass Blaufingen wahnsinnig toll gewesen sein muss. Leider wusste ich da noch nichts von Sri What, sonst wäre ich bestimmt auch gekommen.«

»Ha!«, rief Mihenta, eine der deutschen Schwestern, auf einmal empört. »Der hat schon wieder keinen Blinker gesetzt! Die lernen's nie!«

»Was lernen die nie?«, fragte Eden. In ihrer Stimme schwang Aggression mit.

»Regelkonform Auto zu fahren, natürlich. Rücksicht zu nehmen«, schimpfte Shihenta, die andere Schwester, erbittert. »Dieses Land ist wirklich zum Heulen!«

»Gottogott«, sagte Eden und wandte sich mir so zu, dass uns die beiden nicht hören konnten. »Können wir nicht Australier oder Dänen oder so was sein? Von mir aus auch Amis. Kein Volk schleppt seine nationalen Prägungen so offenkundig mit sich herum wie unseres.« Ich fragte mich, welche Prägungen die Inder mit sich herumschleppten. Ihrem Fahrstil nach zu urteilen, ziemlich üble.

»Komme ich dir auch deutsch vor?«

Hätte ich Ja gesagt, wäre es eine Beleidigung für sie gewesen. »Nö.«

»Schwein gehabt. Mihenta und Shihenta haben es total schwer in einem Land wie Indien, wo den Leuten Ordnung, Zuverlässigkeit und Pünktlichkeit scheißegal sind. Das sind doch die Eckpfeiler ihrer Zivilisation.«

Ich nickte. »Unserer Zivilisation«, verbesserte ich. »Ich glaube, dass die beiden Indien eigentlich hassen. Sie wollen sich nur beweisen, dass sie auch in einem Land ohne Eckpfeiler klarkommen.«

Nach fast drei Stunden erreichten wir endlich den Tempel. Mein Rücken war steif und mein Hintern taub. Das Uhrwerk hatte uns eine gute halbe Stunde Fahrt prognostiziert. *Wieso hat sie gelogen?*, fragte ich mich still. *Wahrscheinlich um ihre Macht zu demonstrieren; aber vielleicht hat sie es sich auch einfach nur angewöhnt.*

Ächzend quälten sich 14 Gestalten aus dem Transporter. Wie bei jedem Ausflug war die gesamte Belegschaft in Weiß gekleidet. Auch ich hatte mir ein Kostüm schneidern lassen. Natürlich aus feinstem Zwirn, mit langen Ärmeln und pludrigen Hosenbeinen. Ich wäre jetzt gern elegant und lässig an den uncoolen Indern vorbeigeschritten, aber ich kam mir spießig und künstlich vor. Ich war in dieser Kleidung so lächerlich wie ein Inder in Lederhosen.

Der Guru eilte voraus. Zu ihm passte das weiße Gewand. Er hatte es heute extrem eilig. Die Schar Ergebener rannte hinterher. Vertrödelte Zeit war für den Heiland das Schlimmste, schließlich musste er in diesem kurzen Menschenleben die ganze Welt retten. Eden und ich hechelten hinter ihm her. Es war so eng auf den Straßen, dass wir immer stehen bleiben mussten. Wenige Meter vor uns gestikulierte der Guru wild, um sich Platz zu verschaffen. Eden und ich schauten uns an. »Weißt du was?«, fragte Eden. Ich zog die Stirn kraus. »Es gibt da bei Guruji eine dunkle Seite. Da ist irgendwas in seinem Leben, wovon niemand etwas wissen darf. Noch nicht mal Ricarda.« Wir wurden durch das Drängen der Masse auseinandergerissen. Sie rief mir zu: »Vor irgendetwas scheint er Angst zu haben. Er hat ein Geheimnis. Ich komme dahinter!«

Sie würde tatsächlich dahinterkommen. Sehr viel später. Und sehr viel leidvoller, als sie es sich je hätte ausmalen können.

Doch in diesem Moment mussten wir uns auf den Kampf durch Massen konzentrieren. Millionen von Menschen schienen auf den Straßen zu sein. Es roch nach einer Mischung aus Essen, Kot und Abfällen. Ein permanentes Hupen dröhnte, es war lauter als in jeder Disko. Die Überbevölkerung dieses Landes war unerträglich. So etwas wie Privatsphäre gab es hier nicht. Ich sah ein paar Meter von uns entfernt einen Mann seinen Lunghi lüpfen und einen sämigen Haufen auf den zischenden Asphalt legen. Anschließend ging er weiter, als wäre nichts geschehen.

Meine staksigen Gliedmaßen überragten die Inder um Längen. Trotzdem wichen sie nie aus. Sie sahen diese weiße, riesige Gefahr auf sich zurollen und verharrten. Irgendwann wischte ich sie nur noch aus dem Weg, wie Slalomstangen. Auf der Zufahrtsstraße vor dem Tempel lungerten Dutzende von Bettlern herum. Als sie den Guru erblickten, erhob sich ein gewaltiges Gejammer. »Guruji, gimmi, gimmi Guruji, gimmi!« Aber Guruji war nicht in Gimmi-Gimmi-Laune und ranzte einen jungen Bettler an, er möge gefälligst arbeiten gehen. Kurz darauf tat es ihm aber offenbar leid und er nickte dem Uhrwerk zu, ihm hundert Rupien zu geben. Sobald der Guru außer Sicht war, fielen die Bettler über uns her. Einer hatte es besonders auf mich abgesehen. Seine Brust war verbrannt und sein linker Arm stand nach hinten ab. Ich wandte den effektivsten Trick gegen indische Bettler an, den ich kannte: Ich stellte mich kerzengerade vor ihn, setzte eine heilige Miene auf und segnete ihn wie ein christlicher Missionar. Das funktionierte immer. Der Bettler schaute mich konsterniert an und wendete sich ab.

»Was machst du da?«, fragte Eden.

»Och«, sagte ich verlegen. »Ist'n Trick. Hat mir mal ein Engländer beigebracht, der mehr als sechzig Joints am Tag geraucht hat. Angeblich ist ihm die Missionarsnummer im Rausch gekommen.« Eden schüttelte skeptisch den Kopf. Sie schien nicht recht zu wissen, was sie von mir halten sollte. Ich konnte das verstehen, mir ging es nicht anders.

Vor dem Haupteingang des Tempels warteten Zehntausende von Indern auf Einlass. Dieser Zweig des Hinduismus hatte die religiöse Pflicht, einmal im Leben einen Blick auf die »ewige Flamme« im Innern der Kultstätte zu erhaschen. Nur alle 365 Tage öffnete sich die Pforte zum Allerheiligsten.

Wir wanderten den gesamten Tempel entlang. An einem Nebeneingang erkannte ein Pförtner unseren Meister. Er verbeugte sich und küsste seine Füße. Unser Guru hob beschwichtigend die Hände, um anzudeuten, dass diese Ehrerbietung nicht nötig sei. Selbst im größten Gewimmel versuchte ich, ihn immer im Blick zu behalten. Ich wollte sein ganzes Wesen studieren, sein Benehmen adaptieren. Plötzlich trafen sich unsere Blicke. Seiner schien allerdings Eden zu gelten, die direkt hinter mir stand. Warum suchte er ständig ihren Kontakt? Die Tempelpforten öffneten sich, verkrüppelte Menschen verbeugten sich und gewährten uns Einlass. Uralte, gekalkte Mauern umschlossen uns. Die bunten Bodenfliesen waren seltsam warm. Seit zweitausend Jahren wandelten lärmende Hindus auf ihnen. Räucherstäbchen reizten meine Nase. Ich hatte Angst, einen Niesanfall zu bekommen.

Ein uralter Mann führte uns durch gewaltige Hallen und enge Gänge, vorbei an einem tropisch bepflanzten Hinterhof. Durch einen Einlass, der höchstens einen Meter siebzig hoch war, schlüpften wir in das tiefste Innere des Tempels. Wir setzten uns auf den Boden. Ein paar Meter vor uns hingen verstaubte und vergilbte Vorhänge von der Decke. Dahinter flackerte ein Licht. Wir warteten. Von draußen drangen die gedämpften Stimmen der Zehntausend zu uns. Immer wieder erhoben sich Rufe. Es klang wie bei einer Schlägerei. Dann rumpelte es gegen die alte Holztür direkt hinter uns. Was ging da vor?

Mehr als eine Stunde lang saßen wir mehr oder weniger bewegungslos auf dem Steinfußboden. Plötzlich öffnete sich ein Tor hinter uns. Draußen reckte sich ein Meer von Hälsen, um einen Blick auf die vergammelten Vorhänge zu ergattern. Wachen versperrten ihnen den Weg. Als eine Glocke ertönte, ging ein aufgeregtes Zischeln durch die Luft. Eine unsichtbare Hand zog den Vorhang hoch. Aufgeregte Schreie mischten sich unter das Tuscheln und Flüstern. Zum Vorschein kam: ein weiterer Vorhang. Ebenso vergammelt. Wieder Schreien und Rufen. Der nächste Vorhang öffnete sich. Kreischen. Darunter noch ein Vorhang. So ging es insgesamt sieben Mal. Hinter dem letzten fadenscheinigen Vorhang züngelte deutlich die ewige Flamme. Unzählige purpurne Pupillen starrten hypnotisiert auf die alte Gardine. Die Meute schien bereit, durchzudrehen. Endlich lüftete sich der letzte verlotterte Fummel. Eine moderne Aluminiumfunzel mit einer brennspiritusbetriebenen Flamme kam zum Vorschein. Es war totenstill. Die

Masse konnte jeden Moment wahnsinnig werden. Ich suchte hektisch nach einer Fluchtmöglichkeit. Wo war der beste Ort, nicht zermalmt zu werden?

Doch urplötzlich fand der Spuk ein Ende. Die Gardinen schlossen sich genauso unspektakulär, wie sie sich geöffnet hatten. »Dieses Licht brennt seit Menschengedenken«, flüsterte jemand hinter mir. Langsam löste sich der Schwarm aus Gläubigen schweigend und benommen auf. Ich war froh, dass ich nicht geniest und womöglich die ewige Flamme ausgepustet hatte. Ratlos kämpften wir uns zurück zum Mercedes Transporter. Indiens Schlaglöcher warteten auf uns.

In Europa setze ich mich in fremden Städten gern kurz in eine Kirche und genieße die Stille. Ich kann dort dem Lärm der Welt entgehen und mich sammeln. In Indien stellte ich fest, dass jede deutsche Autobahnkirche für mich mehr Heiligkeit versprühte als der spektakulärste Hindu-Tempel. Stille, Andacht und Ruhe bedeuten Indern nichts. Mir leuchtet jedes heimatliche Teelicht schöner als diese ewige Flamme.

In den darauf folgenden Wochen unternahmen wir Dutzende solcher Ausflüge. Wir klapperten ganz Südindien ab; ein Gebiet so groß wie Westeuropa. Immer wieder erlebten wir das gleiche Ritual: Tiefgläubige Hindus empfingen uns mit höchstem Respekt, verbeugten sich und berührten unsere Füße. Unserem Guru huldigten sie wie einem Heiland.

Vor einem besonders alten Tempel warf sich ein noch älterer spindeldürrer Mann dem Guru zu Füßen und streichelte sie minutenlang. Unser Oberhaupt ließ es geschehen.

Anschließend fragte er: »Habt ihr gesehen, wie viel Respekt der alte Guru vor mir hatte? Lernt daraus!«

Der Großteil dieses Tempels lag tief unter der Erde. Wir mussten mehrere Treppen in eine feuchtkalte Steinlandschaft hinabsteigen, um ins Innere zu gelangen. Auf dem Weg dorthin erklärte unser Guru, dass diesen Tempel normalerweise nur Männer betreten durften. Wir aber stürmten mit der gesamten Belegschaft hinein, setzten uns um einen uralten Schrein und durften die Füße des heimischen Gurus berühren. Eine Stunde lang lauschten wir dem Gespräch der beiden Gurus auf Tamil. Es passierte wie immer nichts. Ich kam mir vor wie frierende Staffage, bibbernder Schmuck. Ketzerische Gedanken stiegen in mir auf: Herrschte in Indien ein ungeschriebenes Gesetz, dass das Ansehen eines Gurus mit der Anzahl seiner weißen Anhängerschaft rapide steigt? Ich hatte mittlerweile mitbekommen, dass weiße Frauen dem Schönheitsideal in Indien entsprachen. Modefotos, Werbeplakate oder TV-Spots präsentierten fast ausnahmslos Nicht-Inderinnen. Weiß bedeutet in Indien schön, begehrenswert, rein und erfolgreich. War deshalb die Farbe des Ashrams weiß? Die Kleidung unseres Gurus weiß? Sein gesamter Habitus westlich-weiß?

Diese Besuche entsprachen nicht der Botschaft unseres Gurus. In den Satsangs predigte er: »Kein Gebirge ist heiliger als ein anderes. Alles besitzt einen neutralen Schöpfer, der jedes Atom auf diesem Planeten entworfen hat. Nur wir Menschen behaupten, dass der Himalaya heiliger wäre als alle anderen Gebirgsketten. Oder dass Gold mehr wert sei als Glas. Glaubt daran nicht mehr. Glaubt nichts!« Warum also diese Ausflüge?

In manchen Satsangs hatte er es ganz offen angesprochen: »Ich bin ein sehr gieriger Mensch. Stimmt's?« Dabei hatte er immer das Uhrwerk angeblickt. Sie hatte gelächelt. Beide taten, als ob diese Gier in Ordnung sei. Vielleicht war sie es auch.

Mein Nacken schmerzte. Die Kälte war in meine Glieder gekrochen. Ich sah das Uhrwerk an. Wie es dasaß. Zur Rechten des Meisters. Blond, scheinheilig und gutmenschlich. Diese Frau liebte der Guru am meisten. Deswegen war sie die meistgehasste und gleichzeitig meistbewunderte Person der Gemeinschaft.

Der Guru predigte häufig, dass Liebe das beste Mittel gegen schlechte Gedanken sei. Doch in mir breitete sich eher das Gegenteil von Liebe aus: Verachtung. Ich spürte, wie meine Gedanken immer schwärzer wurden und sich über das Uhrwerk stülpten. Sie entsprach haargenau dem Schönheitsideal der Inder: groß, blond, blauäugig. Ihr Gang perfekt aufrecht. Ihre Schultern und ihr Kinn markant. Sie verkörperte die reichste Klasse des Planeten.

Ich hatte die Nase voll. Ich stand auf, nuschelte, dass mir kalt sei, und lief die runden Steinstufen rauf ans Licht. Die indische Luft empfing mich wie eine Sauna. Der unterirdische Tempel war wie eine Gefriertruhe gewesen. Ich atmete ein paar Mal tief durch und setzte mich unter einen Baum in den Schatten.

Wenige Minuten später stieg der Guru hoch und setzte sich zu mir. »Ich weiß, was in dir vorgeht. Ich kenne diese negativen Gedanken. Du solltest sie nicht zu ernst nehmen.« Ich war vollkommen verblüfft. Er bekam wirklich alles mit. Mir war noch nicht einmal klar gewesen, dass er mein Weggehen bemerkt hatte. »I'm sorry«, flüsterte ich. Nach einer Weile kam auch der Rest der Gruppe aus dem Tempel und verteilte sich auf dem Gelände. Niemand setzte sich zu uns. Die Achtsamkeit der Gemeinschaft überwältigte mich. Ich fühlte mich schrecklich und hatte Tränen in den Augen.

»Deshalb bist du hier, Timm. Damit du lernst, mit solchen Situationen klarzukommen. Deshalb streben wir nach Erleuchtung.« Ich nickte.

»Weißt du, was Erleuchtung ist? Laut Buddhismus handelt es sich dabei um die Befreiung von allem Leid. Um dies zu erlangen, musst du ein tugendhaftes, moralisches Leben führen. Du musst deine Worte und Taten achtsam wählen, dein Geld ehrlich verdienen und deine Aufmerksamkeit auf den gegenwärtigen Augenblick richten.«

»Ich weiß«, entgegnete ich schüchtern und resigniert. »Wie soll das bei mir funktionieren?«

Der Guru wusste, wie: »Insgesamt gibt es acht solcher Punkte, die im Laufe der Zeit dein Denkmuster verändern sollen. Im Idealfall tritt Weisheit ein. Nicht übernommenes Wissen oder intellektuelles Verständnis, sondern eigens erfahrene Weisheit.«

»Und du hilfst mir dabei?«

»Ich will es versuchen.« Dann nahm mich der Guru in den Arm. »Hüte deine Gedanken. Du bist ihr Herr.«

Das Wissen um den achtfachen Pfad gehört in Indien zur Allgemeinbildung, so wie Deutsche wissen, dass Bayern München der Rekordmeister ist. Dieses Wissen allein beschert einem allerdings noch keinen Bundesligavertrag. Ich wusste, dass ich trotz aller Ungereimtheiten und Ärgernisse bei dem Guru bleiben musste. Sonst würde ich nie den Hauch von Erleuchtung spüren.

»Wie lief das bei dir? Wie hast du Erleuchtung erlangt?«

»Ich habe einfach Glück gehabt. Nach meiner spirituellen Erziehung durchlief ich mehrere Phasen. In unregelmäßigen Abständen hatte ich regelrechte Erleuchtungsanfälle erlitten. Ich bin dabei zusammengebrochen, habe zuckend am Boden gelegen und göttliche Farben gesehen; eine Aura aus Licht und Liebe. Erst nach einer totalen inneren Verwandlung bin ich wieder zurück ins irdene Bewusstsein gekommen.« Er machte eine Pause und atmete tief ein. Seine Pupillen verschwanden wieder hinter seinen geöffneten Lidern, sodass man nur das Weiße sah. »Nach meiner letzten, endgültigen Erleuchtung lag ich hilflos im Wald, bis Becki mich fand und nach Hause schleppte. Seither bin ich Becki zu ewigem Dank und ewiger Treue verpflichtet.« Das Uhrwerk näherte sich mit einem Lächeln und sagte, dass es Zeit wäre, zu gehen. Der Guru stand auf und reichte mir die Hand. Er zog mich hoch und meinte: »Du kannst Ricarda jetzt gern umarmen. Sei dankbar, dass sie dir gezeigt hat, in welchen Bereichen du noch nicht klar bist.«

Was blieb mir übrig? Ich umarmte sie. Dabei durchlief mich eine so heftige Energie, dass ich vor Schreck zusammenzuckte.

Viele Monate später erzählte ich meinen Eltern von der Erleuchtungsgeschichte des Gurus. Da mein Vater Arzt war, hielt er mir sofort einen Vortrag: »Erleuchtung? Bei dir piept's wohl. Das sind keine Erleuchtungsanfälle. Das nennen wir in der Medizin Grand Mal; heftige epileptische Anfälle. Der Epileptiker bricht zusammen, bekommt einen Schweißausbruch und zittert oder zuckt stark. Dabei fließt ihm meist Speichel aus dem Mund. Manchmal bildet sich sogar Schaum.« Mein Vater lachte laut auf. »Erleuchtungsschaum, ha! Normalerweise erinnern sich Epileptiker nicht an ihre Anfälle, höchstens an den Anfang. Sie beschreiben eine ›Aura‹, in der sie Farben sehen und merkwürdige wahnartige Vorstellungen haben. Nach einem Grand Mal überkommt den Fallsüchtigen – wie Epileptiker früher genannt wurden – ein Tiefschlaf, der mehrere Stunden anhalten kann. Deckt sich das mit dem, was dir der Patient erzählt hat?«

»Du meinst den Guru?«

»Natürlich!« Mein Vater konnte schnell zornig werden. »Der Begriff *Aura* kommt in jedem medizinischen Buch zum Thema Epilepsie vor. Viele Medikamente gegen epileptische Anfälle haben erhebliche Nebenwirkungen, wie Müdigkeit, Kopfschmerzen und Reizbarkeit; manchmal sogar Verhaltensauffälligkeiten und Konfusion. Hast du vielleicht auch von diesen Mitteln genascht?«

»Hermann!«, rief meine Mutter dazwischen. »Reiß dich zusammen!«

Aber mein Vater war jetzt in Fahrt. »Bei einigen Medikamenten tritt eine Persönlichkeitsveränderung ein. Hierbei nimmt der Patient die Realität gestört wahr, entwickelt Paranoia oder – in raren Fällen – glaubt plötzlich, ein höheres, auserwähltes, gottähnliches Wesen zu sein.« Mein Vater hat vor fünfzig Jahren ein Einser-Examen hingelegt. Bis heute kann er ganze Lehrbücher auswendig zitieren. Bei medizinischen Themen ist er ein sehr analytischer und kühler Mensch. Sonst eher nicht.

Die Zeit im Ashram verging in rasender Geschwindigkeit. Außer an Ausflugstagen gestaltete sich der Tagesablauf immer gleich: Ingwertee um fünf, Sonnenaufgang, Frühstück, Seva, Ausruhen vor Hitze, Mittagessen, Ausruhen vor Hitze, Seva, Abendessen, Satsang, Dachterrasse. Schlafen gegen neun Uhr abends. Wir lebten absolut unbeschwert in den Tag hinein. Jeder von uns war ein fester Bestandteil des Ashrams und bekam Aufgaben zugewiesen. Das System Guru fraß uns auf. So wie jede Firma. Wir alle glaubten, unentbehrlich zu sein. Wir suchten uns Nischen, in denen wir glänzen und dem Chef gefallen konnten. Wir identifizierten uns vollkommen mit ihm und seiner Mission. Er schweißte uns zusammen. Er fütterte unser Ego. Er war die zentrale Schaltstelle von allen und allem.

Manchmal empfand ich Momente totalen Glücks, ohne dass es einen Anlass dazu gegeben hätte. Ähnlich ging es auch den anderen Mitgliedern des Dachterrassenteams. In uns tanzte ein unsichtbares Fest. Ein mentaler Veitstanz, bei dem wir uns immer schneller drehten und ständig schwindliger und weltfremder wurden und gar nicht begriffen, warum. Zweifel flogen wie durch Zentrifugalkraft fort und wir klammerten uns an winzige Details, die uns Sicherheit gaben: die

Sonne, die so gut leuchtete, die Mahlzeiten, die so köstlich indisch schmeckten, die Gemeinschaft, die bedingungslos zueinander hielt. Und wir klammerten uns an den Guru, der Gott sein *musste*.

Ich kann bis heute nicht sagen, woher wir die Sicherheit nahmen, so hingebungsvoll an diese diffuse Idee zu glauben. Aber in uns herrschte völlige Gewissheit – übermütige Gewissheit. Uns verband ein stilles Einvernehmen über unsere göttliche Mission – über unsere eigene Göttlichkeit: An einem solchen Abend auf der Dachterrasse stand Kalle plötzlich auf und reckte seine Arme Richtung Kosmos: »Wem funkeln die Sterne? Uns! Wer führte uns hierher? Wir! Wem haben wir's zu verdanken? Ihm!« Wir lachten und umarmten uns. Ich kannte solche Rauschzustände nur von Cannabis oder Alkohol. Aber hier oben waren wir vollkommen nüchtern. Wir waren berauscht von einer Droge namens Guru.

Kalle fand dafür passende Worte: »Hier bin ich nicht der Skifahrer, Oak nicht der Hippie, Timm nicht der Deutsche. Wir haben hier kein Etikett. Wir sind Inhalt. Wisst ihr, was ich meine?« Jeder wusste genau, was Kalle meinte. Wir waren uns einig, ohne zu wissen, worüber. Vielleicht war die Frage nach dem Sinn des Lebens hier oben erklärt. Ohne Worte. Wir waren Eintracht Ashram, still, tief, klar und vor allem unschlagbar. Wir vereinigten uns im Guru über alle Sprachen, Kasten, Meinungen und Kulturen. Wenn jemand unser neues Paradies bedroht hätte, hätten wir diesen Ashram in eine Festung verwandelt. Wir hätten den Ashram verteidigt mit Kalaschnikows und Panzerfäusten. Wir wären für unseren Guru gestorben.

»Ich würde für euch alles tun«, sagte Oak leise. Wir wussten, ohne es zu sagen, dass es uns allen so ging.

Ich schlief seit ein paar Nächten auf der Dachterrasse. Ich hatte das dringende Bedürfnis, näher an der Natur zu sein. Ich aß fast nichts und redete so wenig wie nötig. Ich kroch abends zwischen neun und zehn Uhr in meinen Schlafsack und wachte meist gegen fünf Uhr auf.

Wie jeden Morgen beobachtete ich die Sterne, die langsam im grauen Dunst verblassten. Ich blieb liegen, obwohl mir kalt und der Schlafsack klamm war. Dies waren die ruhigsten Momente des Tages. Ich spürte Frieden. Ich wollte ihn spüren. Alles andere wäre eine Niederlage gewesen. Meine erste Krise hatte ich in dem unterirdischen Tempel erlitten. Ich wusste, dass es nicht meine letzte Krise gewesen sein würde. Jeden Tag schwor ich mir, nie wegzulaufen. Komme, was wolle. Ich sammelte bewusst Kraft für den Fall, dass es mir später einmal nicht so gut gehen würde. Als hätte ich alles geahnt.

Während ich von der Dachterrasse aus über den Ashram blickte, fragte ich mich, wo Becki steckte. Ich stellte mir vor, sie im Arm zu halten. Wie sie sich wohl anfühlte, wie sie roch? Wie sie – küsste? Ich ertappte mich bei diesem verbotensten aller Gedanken, unterdrückte ihn. Was würde passieren, wenn?

Die Glocke läutete zur Ashram-Versammlung. Der Guru und das Uhrwerk trafen als Letzte ein. Der Guru ging gebückt; er schleppte sich regelrecht zu seinem Platz. Das Uhrwerk zog ihm die Schuhe aus. Ich muss fragend geguckt haben, denn der Guru rief sofort: »Mein Rücken!« Er stöhnte und hielt sich mit schmerzverzerrtem Gesicht den unteren Rücken. »Ich bin vom Dach gestürzt beim Bau eines dieser Häuser. Seitdem macht mir mein Rückgrat Probleme, stimmt's?« Das Uhrwerk nickte mitleidig und streichelte seine Wirbelsäule. »Ich habe mir damals einen Lendenwirbel gebrochen. Das Rückgrat war zerquetscht.« Dann sprang er behände auf, machte ein paar Lockerungsübungen und sagte: »Aber jetzt ist fast alles wieder gut. Stimmt's?«

Ein riesiges Dach aus Holzgebälk und Palmwedeln schützte uns vor der Sonne. Wir saßen auf rot-staubigem Estrich und warteten gespannt. Hinter dem Guru hing eine Tafel mit Ingenieurszeichnungen von feudal wirkenden Apartments. »Diesen Winter fangen wir an, diese wunderschönen Gebäude zu bauen.« Er beschrieb mit dem linken Arm einen Halbkreis, um das neueste Ashram-Projekt zu präsentierten. »Stimmt's?«, nickte er in Richtung Uhrwerk, die eifrig den Kopf in alle Richtungen kippte. Zwei Stunden lang erklärte uns der Guru die Vorzüge dieser »Lofts«: »Sie sind offen, geräumig und bestehen aus feinsten Materialien. Und das für 60.000 Euro. Wenn ihr so etwas im Westen kaufen wollt, müsst ihr das Fünffache davon hinblättern.« Ich nickte und rechnete: zwanzig Apartments – 1,2 Millionen Euro! Davon könnte man ganz Andhra Pradesh wochenlang satt kriegen.

Der Erlöser 2.0 erhob sich. »Follow me!« Wir standen auf und folgten ihm zum nördlichen Ende des Ashrams. Hier sollten die Apartments entstehen.

»Schließt eure Augen! Versucht alles genau vor euch zu sehen: Die Apartments werden in einer U-Form gebaut, mit Pool in der Mitte, Parkanlage und Blumenbeeten.« Wir visionalisierten seine Pläne, damit sie sich materialisieren konnten. Ich sah alles deutlich vor mir. Ein Traum! Das war es! Mein zweites Zuhause. Die perfekte Bleibe für den Winter. Ein kleines Problem gab es allerdings: 60.000 Euro. Meine Eltern? Ich würde lügen müssen – aber es war für etwas Gutes.

Vier Ashramis entschieden sich sofort: »Wir kaufen!«

»Welcome home!«, jubelte der Guru begeistert. Die vornehme Kölnerin, ein Schweizer Pärchen und der schwule Franzose schlugen in die Hand des Gurus ein. Sie waren alle um die sechzig und kannten wie scheinbar jeder Europäer dieses Alters im Ashram keine Geldnöte. Nächste Woche wollten sie überweisen, damit das Bauvorhaben beginnen konnte. Nach dem Meeting ging ich zum Guru: »Guruji, ich werde das Geld zusammenkratzen. Du kannst dich hundertprozentig auf mich verlassen. In einem halben Jahr habe ich es.«

»Take your time, son – lass dir Zeit, Sohn.« Er umarmte mich und ich fühlte mich kurz, als ob ich vor Glück ohnmächtig werden könnte.

Wir sprachen nur noch von den Apartments. Jeder wollte eins kaufen. Doch da die jüngeren Bewohner des Ashrams Arbeiten und Geldverdienen nur vom Hörensagen kannten, gestaltete sich das Beschaffen des Geldes als schwierig. Viele waren Kinder des Wohlfahrtsstaates und arbeitsfreier Tage. Wir überlegten, wie wir uns Apartments teilen könnten. Schließlich hatte jedes Loft drei Zimmer und achtzig

Quadratmeter. Wir zapften alle Ressourcen an. Ich schrieb drei Freunden per E-Mail, dass ich 20.000 Euro bräuchte. Meine Eltern und Brüder würde ich in ein paar Wochen auf dem siebzigsten Geburtstag meines Vaters anpumpen.

Eitel und gierig waren wir. Genau wie unser Guru. Wir waren feige und egoistisch. Wir wollten mehr Macht, mehr Persönlichkeit, mehr Anerkennung, mehr Einfluss, mehr Leben, mehr Mehr.

Ursprünglich hatte ich vorgehabt, höchstens drei Wochen im Ashram zu bleiben und anschließend die Andamanen zu erkunden; eine abgelegene Inselkette zwischen Indien und Thailand, die erst seit Kurzem für Touristen zugänglich ist. Seit Jahren wollte ich dieses »letzte Paradies« besuchen, doch jedes Mal kam etwas dazwischen. In diesem Jahr war es der unwiderstehliche Sog des Gurus.

Alle Ashramis standen im Halbkreis um den Guru herum. Der Sandkasten fungierte an diesem Abend als Kultstätte. Es dämmerte, ein Lagerfeuer brannte. Die ersten Sterne flackerten. Der Guru stand auf einem kleinen Sandhaufen, wie ein Pitcher beim Baseball.

»Die Einweihung ist eine heilige Zeremonie, die seit Jahrtausenden in spirituellen Kreisen vollzogen wird. Mit diesem Ritual werden wir einen höheren Grad des menschlichen Seins erreichen.« Neben dem Guru stand das Uhrwerk. Weiße Schals lagen über ihrem Arm. Wir hatten uns in Reih und Glied aufgestellt und warteten still. Mehr als eine Stunde dauerte es, bis ich schließlich an die Reihe kam.

Der Guru drückte mich sanft an den Schultern herab. Ich ging auf die Knie und berührte seine Füße. Er hielt einen nassen Zweig über mich, Tropfen fielen auf meinen Kopf. Nadeln kitzelten meinen Nacken. Hände legten sich auf mein Haupt. Gemurmel. Zederngeruch. Fließende Energie, mein Kopf zitterte. Der Guru streifte mit seinen Händen meinen Körper ab und zog mich dabei empor. Dann beugte er sich herab und berührte meine Füße. Ich spürte Sand zwischen seinen Handflächen und meinen Fußrücken. Er nahm mich in den Arm, hielt mich mit unendlicher Liebe fest. Ich zuckte wie bei einem Orgasmus. »Hari Om«, kam es aus den Tiefen der Welt und drang als Urlaut durch die Kehle des Heilands. Als er mir einen weißen Schal umhängte, war ich initiiert, eingeweiht, auf Gedeih und Verderb mit dem Guru verbunden.

Ich setzte mich neben das Lagerfeuer und blickte in die Glut. In diesem Moment wusste ich, dass in meinen Adern dieselbe Energie floss, dasselbe Feuer brannte wie in meinem Guru. Alles war eins. Wer zweifelte, wusste nicht, was es bedeutete, initiiert zu sein. Ich saß wieder einmal weinend auf dem Boden. Eine jahrtausendealte Zeremonie schien mir die Angst vor dem Sterben genommen zu haben. Ich war Teil eines uralten Brauchs geworden. Diese Riten lebten ewig und ich somit auch. Magische Momente wie dieser trieben mich zur Guru-Treue. Dabei hatte der Guru selbst außer Schalumhängen, Zweigwedeln und Silbengemurmel nicht viel gemacht. Die Magie entstand in mir, dem Ergebenen selbst. Mein Glaube versetzte Berge, verwandelte Sonnenbrand in Gänsehaut. Er machte mich willenlos und gefügig.

Der Meister klingelte alle arbeitsfähigen Männer zusammen. Wir sollten den Raum über der Küche ausbauen und Schlafplätze und Toiletten herrichten. 15 Ãcariya-Schüler sollten für drei Monate im Ashram leben und bei unserem Guru in die Schule der Weisheit gehen. Ãcariyas sind die höchste spirituelle Kaste Indiens. Sie sind Ratgeber, Weise und Gelehrte.

»Lasst uns ihnen eine Heimat bereiten«, rief der Guru. »Sie sollen eines Tages Großes vollbringen. Wir legen den Samen für diese jungen Männer.« Wir arbeiteten den ganzen Tag, bis am Abend eine Horde Jugendlicher den Ashram eroberte.

»Willkommen, Ãcariyas – Spirituelle nach östlicher Tradition. Eines Tages werdet ihr Indien führen.« Unser Guru begrüßte jeden mit einer langen Umarmung. Sie waren zwischen zwölf und fünfzehn Jahre alt und genauso unreif wie alle Schüler auf der ganzen Welt in diesem Alter. Einige waren schüchtern, andere vorlaut. Im Grunde nette Jungs, die noch viel zu lernen hatten. Da sie kaum Englisch oder Tamil sprachen, war die Kommunikation praktisch unmöglich. Nach drei Tagen herrschte in unserem Ashram eine Atmosphäre wie in der Jugendherberge. Unser Herbergsvater und der gesamte Ashram waren genervt.

Die Ãcariyas lernten den ganzen Tag lang Englisch. Drei Stunden morgens und zwei nachmittags, manchmal sogar abends. Im Ashram lebten englische Muttersprachler, ausgebildete Lehrer und mehrere bilinguale Bewohner. Aber es war ausgerechnet Hardy, der Franzose, der den Ãcariyas Englisch beibrachte. Die Wege des Herrn waren unergründlich. »Welcöm tü Sri Whöt Äschröm!« Der Unterricht fand direkt neben der

Küche statt. Drei Tage, nachdem die Ācariyas angekommen waren, backte ich morgens Brot für die gesamte Belegschaft. Amüsiert lauschte ich dem Kauderwelsch. »Au ööld hare you?« In romanischen Sprachen wird generell das »h« nicht ausgesprochen. Im Englischen benutzen es Franzosen allerdings immer genau da, wo es nicht hingehört, und lassen es weg, wo es sein sollte. »I ham hill« heißt also: »Ich bin krank.« Da Hardy ein liebenswerter Besserwisser war, wagte ich nicht, ihn zu korrigieren. Er hätte es auch sofort dem Guru gepetzt. Stattdessen brachte ich ihm einen Kaffee zur Äppy Hauer.

Ein paar Tage später backte ich gerade Brötchen und hörte dem Englischunterricht zu, als draußen plötzlich Totenstille herrschte. Ich lugte durchs Küchenfenster. Der Guru war erschienen. Mit Uhrwerk.

»Wer ist Rafik?«, fragte der Guru in seinem strengsten Ton. Es musste etwas Schreckliches geschehen sein; vielleicht waren seine Eltern gestorben. Oder etwas noch viel Schlimmeres, jenseits meiner Vorstellungskraft.

Der kleinste und jüngste der aspirierten Gelehrten meldete sich.

»Come«, sagte der Guru. Selbst meine Nackenhaare standen zu Berge. Wie musste es da dem kleinen Rafik gehen?

Rafik war kreidebleich. Er schlotterte regelrecht. Der Guru griff ihm unter die Achsel und zerrte ihn in die Küche.

»Wo warst du heute früh?« Rafik fing an zu weinen. Er machte sich noch kleiner, als er ohnehin schon war.

»Wo!?«, brüllte der Guru jetzt. Rafik konnte nicht reden. Er war wie versteinert. Kein Laut verließ seine dürre Kehle.

Außerdem sprach er kaum Englisch. »I ham hill« wäre hier die perfekte Antwort gewesen. Aber sie hätte ihn auch nicht gerettet, höchstens den Guru verwirrt. Ich setzte mich auf eine Holzkiste und beobachtete das Spektakel unauffällig.

»Du hast die Frauen beim Duschen beobachtet, stimmt's?«

Die Inderinnen hatten einen eigenen Schlafbereich und eine Dusche etwas abseits des allgemeinen Ashram-Trubels. Der früh pubertierende Rafik hatte anscheinend am Morgen mithilfe eines Schemels über den Bretterverschlag gelugt. Die Frauen hatten ihn natürlich erwischt und es dem Guru mitgeteilt.

Nun muss man wissen, dass Indien eines der verklemmtesten Länder unter Gottes Sonne ist. Selbst dem Ehepartner würden sich Inder nie nackt zeigen. Es gibt Ehemänner, die zwölf Kinder gezeugt haben, aber noch nie einen köstlichen Blick auf die Scham ihrer Gattin werfen durften. Und jetzt kam so ein dahergelaufener Schüler und entweihte die Körper junger Inderinnen.

»Was sollen wir mit dir machen?« Rafik stand immer noch steif und sprachlos da. Der Guru nickte dem Küchenmeister zu. Dieser zog ein Filetiermesser aus einer Schublade und wetzte die dreißig Zentimeter lange Edelstahlklinge auf einem Holzbrett. Er grinste. Rafik riss entsetzt die Augen auf und versuchte, wegzurennen. Aber das Uhrwerk war wie immer hellwach und hielt den Sittenstrolch mit eisernem Griff fest. Der Guru ließ sich das Messer geben. »Öffne deinen Lunghi!« Er fuchtelte mit dem Messer vor Rafiks Unterleib herum. Der Junge brüllte entsetzt. Er wusste: Es geht um die Wurst. Endlich legte der Guru das Messer beiseite und fasste den kleinen Kerl sanft an den

Schultern. »Jetzt weißt du, wie sich die Frau gefühlt hat, als du über die Bretterwand geguckt hast, stimmt's?« Der Kleine verstand natürlich kein Wort. Aber an der veränderten Gestik und dem milderen Ton merkte er zumindest, dass er nichts mehr dem Guru opfern musste. Er brach zusammen, küsste die Füße des Grundgütigen und stammelte erbarmungswürdig in einer gutturalen Sprache. Der Guru lächelte und schickte Rafik zurück in den Englischunterricht.

Ich knetete weiter Brotteig und beobachtete aus den Augenwinkeln, wie der Koch mit dem Filetiermesser Rote Bete wie Butter durchschnitt.

Unser Team war mittlerweile offiziell formiert worden. Gemeinsam mit dem Inner Circle hielten wir jetzt täglich Meetings ab und versuchten, der Zukunft auf die Sprünge zu helfen. Doch unsere heiligen Ambitionen bekamen einen kleinen Dämpfer, als der Guru die Geschichte mit dem kleinen Rafik und dem Küchenmesser erzählte. Kalle empörte sich: »Wie kannst du Liebe predigen und dann so etwas tun? Das ist keine Erziehung aus Liebe, sondern aus Hass!« Erstaunt starrten wir Kalle an. Der Guru lächelte liebevoll.

»This is India, Kalle.« Er sprach seinen Namen »Kalleee« aus. »Hinter allem steht Liebe. Auch hinter einer harschen Maßnahme wie dieser. In dem Moment war diese Aktion für den kleinen Rafik und für den Frieden im Ashram die sinnvollste. Der Kleine hat mir heute Morgen sogar Tee ans Sofa gebracht. Voller Respekt und Liebe war Rafik.« Der Guru blickte Eden an: »Stimmt's?« Eden nickte ergeben.

Doch Kalle war nicht überzeugt. »Das wäre er auch ohne diese Maßregelung«, konterte er mit leichter Aggression in der Stimme. Die Augen des Gurus veränderten sich. Sie waren nicht mehr dunkel. Sie sahen aus wie schwarze Löcher in seinem Kopf.

»Ruhe! Was sagst du da?« Seine Stimme donnerte. Es war, als wummerten Basswellen aus riesigen, unsichtbaren Boxen. »Ich bin es nicht gewohnt, dass man mir widerspricht. Wie kannst du es wagen, dir ein Urteil gegen mich zu erlauben. Du warst noch nicht mal dabei. Ich erwarte Respekt!« Wir schwiegen beschämt. Wie konnte Kalle den Meister so provozieren? *Er wird büßen müssen,* dachte ich. Der Guru beendete das Treffen abrupt. Wir gingen beschämt auseinander.

Wenn wir in Satsangs Fragen über Sex stellten, bekamen wir vom Guru immer dieselbe Gegenfrage: »Wieso fragt ihr mich nicht nach dem Sonnenschein oder hübschen Blumen? Warum müsst ihr über Sex reden?« Das war's. Ich fragte Shwyzananda, warum der Guru nicht über dieses Thema sprach.

»Der Guru führt ein sexfreies Leben. Seine vollständige Erleuchtung ist erst nach der Zeugung seiner Söhne eingetreten. Also bezeichnet er sich als unbefleckt. Gurus befinden sich zwar in einem menschlichen Körper, aber können sich von ihm trennen. Da Sex eine rein körperliche Angelegenheit ist, haben Gurus damit natürlich nichts am Hut.« Ich wusste nie, wie ernst er seine Aussagen meinte. Aber sie klangen meist plausibel.

»Aber Sex ist doch der Hauptantrieb des Menschen!«, hatte jemand im Satsang gesagt. Der Guru hatte den Kopf geschüttelt. »Nein, ihr *macht* Sex zum Hauptantrieb. Das ist ein uraltes Erbe der Verbote der Religionen. Jeder von euch hat ein Geheimnis, über das er mit niemandem reden würde. Und es ist ein Sexgeheimnis. Ihr lauft mit einer künstlichen Schuld durch diese Welt. Daher seid ihr nicht frei und wollt euch durch Sex befreien. Wie ein Alkoholiker, der glaubt, durch Alkohol befreit zu werden.« Ich blickte mich im Raum um. Hatte wirklich jeder Mensch ein Sexgeheimnis? Ich konnte für mich nicht widersprechen.

Ich wusste nicht, wie lange wir beschämt schweigend dagesessen hatten, bis der Guru die Stimme erhob: »In diesem Sommer nehmen wir Schweden ein!« Er stellte sich vor seinen Thron und breitete die Arme aus. »Erst haben wir das Grundstück gekauft. Dann ein Haus. Und jetzt halten wir das größte Retreat aller Zeiten in Schweden, stimmt's? Für den Sommer planen wir ein Seminar mit mehr als hundert Teilnehmern. Wir werden beweisen, dass wir die größte Ashram-Gemeinschaft der modernen Geschichte aufbauen können.« Die erste große freie Ashram-Gemeinschaft Europas sollte in Schweden entstehen. Autark, selbstständig und erhaben.

Doch zuvor musste Indien expandieren: »Wir brauchen einen Tempel für mindestens fünftausend Menschen, stimmt's? Dafür brauchen wir eine entsprechend weihevolle Versammlungsstätte.« Der Guru sah die Zukunft offenbar klar vor sich. Wir ahnten sie höchstens.

Beim Community-Meeting am nächsten Tag – es ging immer noch um die Apartments – rannte das Uhrwerk mit einem Handy zum Guru. Jemand wollte ihn sprechen.

»Ein Tempel! Zweitausend Jahre alt? Sie würden ihn vorbeibringen? Sehr gut!« Er gab dem Uhrwerk das Handy zurück. »Ein indischer Geschäftsmann hat auf einer Baustelle einen uralten unterirdischen Hindu-Palast entdeckt und möchte ihn uns vermachen.« Wir jubelten. Ein Wunder! Gurus Wunsch war Gottes Befehl. Aber irgendetwas muss schiefgelaufen sein, denn der Tempel ist bis heute nicht angekommen.

»Wir brauchen einen Strand!«, beschwor der Guru die Götter. Am nächsten Morgen fuhren wir ans Meer. Dieses Mal quetschten sich zwanzig Ashramis in den Mercedes Transporter. Leider war es Chris, der neben mir kauerte. Er stank so sehr, dass ich mein T-Shirt über die Nase ziehen musste. Er stimmte eine traurige skandinavische Weise in der Kopfstimme an. Bei jedem Schlagloch hüpfte das Lied in ungeahnte Tonlagen. Hätte es Luft gegeben, hätte ich gelacht.

Nach einer knappen halben Stunde hatten wir den Strand erreicht – eine Müllhalde direkt am Meer. Überall lagen Dosen, Elektroschrott, vergammelte Nahrungsreste und Autoreifen herum. Es stank schlimmer als im Klärwerk. In einem Straßengraben konnte ich die Reste eines menschlichen Oberkörpers erkennen. Außer dem Guru und mir hatte ihn aber wohl niemand gesehen. Ich schüttelte mich. Ich würde noch nächtelang von dem Torso träumen.

Etwa einen Kilometer wanderten wir am Meer entlang Richtung Norden. Langsam ließen wir den Müll hinter uns.

Ein Mann kam uns entgegen, begrüßte den Guru untertänig und die beiden entfernten sich. Das Uhrwerk folgte ihnen mit ein paar Metern Abstand. Wir gingen schwimmen. *Bloß nicht an den Torso denken!*

Der Indische Ozean ist im Winter häufig rau. Die meisten Inder haben Angst vor dem Meer. Auch aus unserer Gemeinschaft traute sich kaum jemand in die Fluten. Ich wartete, bis ein paar Mutige in die Wellen gesprungen waren, und rannte dann ins Wasser. Hinter der Brandung herrschte wunderbare Ruhe. Auf einmal merkte ich, dass ich zum ersten Mal seit Tagen allein war. Ohne Reden, ohne Denken. Niemand forderte etwas von mir, ich musste nichts erledigen und nicht darauf achten, mich standesgemäß zu benehmen. Ich ahnte, dass ich mich verlieren würde, wenn ich noch länger bei dem Guru blieb. Aber wollte ich mich nicht verlieren? Ich saß in einer Zwickmühle und wartete darauf, dass das Schicksal mich befreite. Das Schicksal würde mich tatsächlich befreien. Wie immer. Sehr viel später. Und anders als erwartet.

Auf der Rückfahrt überraschte uns der Guru mit einer wunderbaren Neuigkeit: »Der Mann am Strand wird uns zwei Morgen Land verkaufen!« Wir jubelten. Ich fragte mich, welchen Teil des Strandes wir wohl kaufen würden.

»Dieser Mann hat immer gewusst, dass eines Tages jemand kommen würde, der dieses besonderen Landes würdig ist. Wir werden einen Zaun bauen, um den Müll draußen zu lassen. Was sagt ihr?« Der Guru streckte die Fäuste gen Himmel. Wir taten es ihm gleich.

Vor lauter Übermut ergriff der Guru selbst das Steuer, obwohl er keinen Führerschein hatte. Aber das machte in diesem Land keinen Unterschied. »Im nächsten Jahr bauen wir an dem Strand ein Haus. Für uns alle.« Wir waren begeistert. Wieder war ein Wunsch in Erfüllung gegangen. Die Wunder häuften sich. Wer jetzt noch zweifelte, war nicht zu retten.

Mitten in der Prärie hielt der Guru den Mercedes Transporter plötzlich an. »Timm! Come, come!« Das Uhrwerk öffnete von außen die Heckklappe. Zehn Menschen mussten über- und untereinander steigen, bevor ich ins Freie gelangen konnte. Hastig ging ich zum Guru. Aber er war verschwunden! Eben saß er doch noch am Steuer. Auch das Lenkrad war weg. Ein Wunder? »Timm, hier!« Der Guru saß auf der rechten Seite. Das Steuer auch. Wir waren ja in Indien. Ich lief um den Transporter herum und öffnete die Tür.

»Ich möchte deine Fahrkünste testen!« Fünf Personen inklusive Guru quetschten sich nach links, damit ich auf der Vorderbank hinter dem Steuer Platz fand.

»Fahr uns nach Hause!« Ich zögerte. Schließlich hatte ich auf der Hinfahrt im Heck auf dem Boden gesessen und nicht einen Meter des Weges verfolgen können. Aber immerhin: Gaspedal, Bremse und Kupplung waren angeordnet wie bei uns. Ich wusste, dass wir uns nördlich von Borus Siam befanden, also ließ ich das Meer links liegen. Ich bog in die Hauptverkehrsstraße der Ostküste Indiens ein. Zweispurig, Schlaglöcher, keine Markierung. Ich hielt mich einfach links. Das schien mir sicher. Als ich zehn Minuten später den ersten Ochsenkarren überholte, war der Guru zufrieden.

»Du bist nicht gerade Michael Schumacher, dafür aber ein sicherer Fahrer!« Ich fand ohne Anweisung zum Ashram zurück. Die zwanzig Ashramis entschlüpften dem Transporter. Einige klopften mir auf die Schulter. Die Rückfahrt hatte doppelt so lang wie die Hinfahrt gedauert, aber das schien niemanden zu stören. Der Guru nickte wohlwollend. »Du wirst mein Chauffeur sein in Amerika, Europa und später auf den Weltmeeren!« Er blickte sich suchend nach dem Uhrwerk um. »Isn't it?!« Doch zum ersten Mal nickte sie nicht geflissentlich, sondern schaute zur Seite und stelzte davon.

Innerhalb der sieben Wochen, die ich jetzt im Ashram war, hatte das Unkraut das Eingangsschild überwuchert und die Büsche neben dem Pool waren ins Wasser gekrochen. Ich fragte mich, ob sich die Wildheit und Gier der Pflanzen auch auf die Menschen übertrug. Am Tag zuvor war eine Ashram-Besucherin fast durchgedreht. Sie hatte unter entsetzlichen Schrei- und Heulkrämpfen geschrien, dass sie es hier nicht mehr aushalte. Der Wildwuchs kann sensible Menschen wahnsinnig machen oder ihr Weltbild komplett verändern. Ich musste ihren Flug umbuchen. Man hasst Indien, oder man liebt es. Oder beides. Aber es gibt niemanden, der sagt: »War ganz nett in Indien.«

Ich habe in diesem roten, staubigen Land fünf Winter verbracht. Insgesamt fast ein Jahr. Nie hat es geregnet. Nicht einen Tropfen. Und jetzt lag ich in meinem Bett und es schüttete, als hätte Krishna einen kosmischen Staudamm geöffnet. Shwyzananda bewunderte das Spektakel. Da er Indien auch in den Monsunmonaten erlebt hatte, war er den Regen gewohnt.

»In Indien muss sich niemand Gedanken um Dreck machen. Im Sommer kommt der Monsun und wäscht alles rein. Monate von Müll, Schmutz, Schlacke, Kot und Unrat nimmt der sintflutartige Regen mit sich, spült alles in die Flüsse, die alles in den unendlich großen Indischen Ozean schütten.« Shwyzananda sprach manchmal gestochener, als die meisten Menschen schreiben können.

Ich musste an den Norden Mumbais denken. Dort hatte ich vor Jahren einen Stadtteil besucht, der in Öl, Säure und Scheiße getaucht gewesen zu sein schien. Es hatte von Krüppeln, Blinden und entstellten Kindern gewimmelt. Ich hatte einen Bettler gesehen, dessen Arme nach hinten und Unterschenkel nach vorne abstanden. Ich erzählte Shwyzananda davon.

»Wer an so einem Ort sein Leben fristet, hat sich anschließend einen Ehrenplatz im Paradies verdient. Dieses Land ist für die meisten Westler absolut schockierend, und sie wollen sofort wieder zurück in ihre Heimat. Das ist gut so, denn dann fangen sie endlich an zu kapieren, in was für einer paradiesischen Welt sie leben. Wer in Indien bleibt und anfängt, dieses Land zu lieben, wird seinen Blick auf die Welt verändern und über die Probleme zu Hause lachen. Aber auch das vergeht wieder. Wie alles. Wie immer.« Shwyzananda war der einzige Westler in diesem Ashram, der echte Weisheit erreicht zu haben schien. Was er sagte, hatte er nicht gelernt, sondern erfahren.

Nach einer knappen Dreiviertelstunde ließ der Regen nach. Eine Stunde danach war auch die letzte Pfütze verdunstet und es sah aus, als hätte es seit Jahren nicht geregnet. Dafür mussten wir in den darauf folgenden Tagen am laufenden Band Äste, Büsche und Sträucher schneiden, um nicht in einer grünen Hölle eingekapselt zu werden. Der Regen war Doping für die Vegetation.

Während ich schreibe und immer tiefer in mein altes Selbst als Jünger eintauche, klingelt mein Handy. Ich erschrecke fürchterlich. Es ist Lila, die elegante Kölnerin. Sie ist verzweifelt. Sie hat dem Guru 60.000 Euro für ein Apartment und 200.000 für das Healing Center gegeben. Das Apartment konnte sie immerhin mittlerweile beziehen. Die Hütte sah zwar nicht unbedingt aus wie versprochen, aber sie steht und ist jetzt nach ein paar Kosmetikbehandlungen wohl auch ganz passabel.

»Der Winter in Indien war schrecklich. Der Guru hat Satsangs gehalten, die länger als drei Stunden dauerten. Das ganze System ist auf Spionage und Diffamierung aufgebaut.« Sie weint leise am Telefon. Über die Verschönerung ihres Apartments sei von morgens bis abends gelästert geworden. »Jetzt bin ich zurück in Köln und sehe, dass mein Konto leer ist.« Sie hatte weitere 80.000 Euro als Kredit überwiesen und eigentlich hätte das Geld längst wieder auf ihrem Konto sein müssen. Selbst diese einst so gurutreue Frau sieht mittlerweile ein, dass dieser Mensch nicht erleuchtet sein kann. Das Geld kann sie wohl abschreiben. Aber das sage ich ihr lieber nicht. Sonst holt sie sich womöglich noch einen Anwalt und versucht, einen Mann in Indien zu verklagen, dessen richtigen Namen sie noch nicht einmal kennt.

Ein befreundeter Ashram aus Tirumvannamalai lud uns ein, ein Hindu-Fest mit ihnen zu feiern. Tiru gilt als heilige Stadt. Hier steht einer der ältesten Tempel Indiens, in dessen Umkreis sich unzählige Ashram-Gemeinden gebildet haben.

In der befreundeten Gemeinschaft lebten keine Westler. Etwa fünfzig Inder, meist ganze Familien, wohnten in einem bescheidenen Gebäude einen Kilometer außerhalb des Stadtzentrums. Unter einem provisorischen Zelt heizten zwei Feuer riesige Suppentöpfe an. Roher Reis und Gemüse lagen auf dem Boden, Reisblätter und Pappbecher standen im Dreck. Chris rührte mit Holzlöffeln, groß wie Ruder, in den Pötten herum. Vielleicht waren es auch echte Ruder.

Gefeiert wurde der Tag der Sadhus. Sadhus sind Bettelmönche, die ihr Leben der Armut verschrieben haben. Es gelten strenge Regeln für diese Männer: Sie dürfen nie für längere Zeit am selben Ort bleiben. Sie müssen immer weiter ziehen. Sie dürfen nie mehr besitzen, als sie am Leib tragen können – also einen orangefarbenen Umhang und einen Beutel für persönliche Habseligkeiten wie Zahnbürste, Handtuch und ein Stück Seife. Selbst Schuhe sind ihnen verboten. Ihre Füße sind von Schwielen und Pusteln übersät. Wer im Sommer über indische Straßen läuft, kann auch über Kohlen gehen. In der indischen Kultur gehört es zum guten Ton, ein Zehntel seines Einkommens den Armen und Sadhus zu spenden.

Dutzende von Sadhus strömten in den Ashram. Ich ruderte gemeinsam mit Chris und Shwyzananda in den Suppentöpfen und beäugte die Mönche. »Sie sind die Basis der indischen Unabhängigkeit«, erklärte mir Shwyzananda. »Solange das ganzes Volk diese Bettler verehrt, ist es nicht zu verwestlichen. Die meisten Inder würden lieber auf ein Handy verzichten, als den Bettelmönchen nichts zu spenden. Sie verehren diese Menschen zutiefst.«

»Wie wird man Bettelmönch? Und wer?«, wollte ich wissen.

»Das wird man freiwillig. Es muss eine Art übermenschlicher Sog sein, sich zu diesem Leben hingezogen zu fühlen. Es gibt ein paar Westler, die ein Leben als Sadhu gewählt haben. Aber sie sind kaum zu erkennen. Guck dich um!« Fast alle Sadhus hatten Rastalocken und Vollbart, ihre Haut war gegerbt und gezeichnet von den Qualen eines Bettellebens. Höchstens ein Paar blaue Augen deuteten auf eine westliche Herkunft hin, aber es gibt auch Inder mit hellen Augen.

Wir verteilten Bananenblätter mit Reis und Gemüse vor den Bettelmönchen und füllten Pappbecher mit Wasser zum Säubern und Trinken. Dabei traf mein Blick den des Uhrwerks. Sie beobachtete mich immer. Sie schien nur darauf zu warten, dass ich einen Fehler machte. Oder war sie einfach verknallt? Vielleicht sollte ich ihr zuzwinkern.

Als die Sadhus satt waren, zogen sie weiter. Sie wussten selbst nicht, wohin. Sie redeten nicht. Wandernde Bettelmönche haben etwas unendlich Trauriges. Ich fragte mich, warum uns der Guru mit zu dieser Veranstaltung genommen hatte. Eine Showeinlage – die Reichen bedienen die Armen? Eine Respektsbekundung? Eine jährliche Zeremonie? Ich fühlte mich fehl am Platz. Die Aktion hatte etwas Künstliches. Ich sollte keine indischen Bettelmönche bedienen. Vielleicht sollte ich einer von ihnen sein.

Jetzt durften auch wir essen. Der Guru setzte sich neben mich. Ich wollte aufspringen und ihn bedienen, aber er hielt mich zurück.

»Was hältst du von den Sadhus?«, fragte er mich. Er musste mich beobachtet haben.

»Ich weiß es nicht«, antwortete ich verlegen. »Sie haben etwas furchtbar Trauriges. Ist es nötig, ein solches Leben zu führen?«

Der Guru blickte mich vollkommen verständnislos an. »Aber sie sind doch Sadhus! Diese Menschen haben kein Ziel. Nur das Jetzt. Ein Sadhu ist jemand, der frei ist und keinem etwas schuldet!«

Für Nicht-Inder scheint es schwer nachvollziehbar, welche Bedeutung diese Mönche für das Land haben. So wie andere Nationen nicht verstehen, was wir Deutschenn bei Bildern des Mauerfalls empfinden. Sadhus scheinen in Indien so etwas wie die historisch-kulturelle Lebensversicherung zu sein. Es gab sie schon immer und es wird sie immer geben. Trotzdem bekam ich keinen rechten Zugang zu dieser Welt.

Ein Schrei jagte plötzlich durch den Ashram. Kein gellender Schrei, sondern eher eine Mischung aus Wiehern und Bähen. Chris rannte wie von der Tarantel gestochen davon. Aber nur »wie«, denn das faustgroße Biest hatte ihn nicht gestochen. Er war gerade dabei gewesen, Stuhlreihen aufzubauen, als ihm die Spinne über die Hand gelaufen war. Nun hüpfte er auf den Zehenspitzen durch den Raum, schüttelte die rechte Hand und schrie immer wieder panisch: »Tarantula, Tarantula!« *Wie viele Taranteln und noch schlimmere Tiere muss ein Sadhu wohl in seinem Leben ertragen?*, fragte ich mich still.

Da Tiru vor Westlern wimmelte, eignete sich die Stadt bestens für Sri-What-Publicity. Das Uhrwerk rollte Plakatwände auf und breitete Infomaterial auf einem Tisch vor dem Eingang aus. Zwei Stunden später saßen hundert Zuhörer und eine Tarantel auf Stühlen und lauschten der Philosophie des Meisters. Einige Besucher verließen die Halle nach einer halben Stunde. Ich empfand Unverständnis für so viel Ignoranz und Unhöflichkeit. Den Guru schien das nicht weiter zu stören. Oder war er daran gewöhnt, dass Menschen seine Wahrheitsverkündung vorzeitig verließen?

Ich schaute mich um. Der Satsang langweilte mich. Alle Geschichten kannte ich bereits. Wie musste es den Lichtwesen gehen? Oder war jeder Satsang neu, auch wenn er den gleichen Inhalt bot? Gab es Ebenen, die sich erst beim dritten, vierten oder fünften Zuhören öffneten?

Die meisten Besucher dagegen hörten die Weisheiten zum ersten Mal. Die Frauen trugen bunte Saris und die Männer seidene Hemden und Pluderhosen. Die meisten waren zwischen 35 und 55, dem besten spirituellen Alter.

Eine hübsche junge Frau mit roter Zauselfrisur und prall gefülltem Batiktop fragte den Guru nach männlicher und weiblicher Energie und wie er die Rolle der Geschlechter in der Gesellschaft einschätzen würde. Endlich keine Frage nach Erleuchtung! Der Guru lehnte sich zurück und machte sich auf dem Thron breit.

»Good question!« Dabei schaute er mich an, denn er schien genau zu wissen, dass mir diese Frau gefiel.

»Die Geschlechterrolle ist die Hauptrolle, die wir spielen.« Sein Blick sprang zwischen der Frau und mir hin und her. Ich hoffte, dass sie davon nichts mitbekam.

»Diese Rolle wird von der Kindheit bis zum Tod gespielt, stimmt's? Wenn du mit diesem Typen hier deine Kleider wechselst«, sagte er und zeigte auf mich, »wechselst du dann auch dein Geschlecht?« Die Frau sah mich überrascht an. Sie wirkte verunsichert. Ich sicherlich auch.

Der Guru antwortete sich selbst: »Auch wenn er dein wunderschönes Batikoberteil tragen würde, wäre er ein Mann, stimmt's?« Sie nickte.

»Und es würde nicht zu seiner Rolle passen, stimmt's?« Ich nickte.

»Deinem Körper ist es egal, was er trägt. Genau wie dem Batiktop. Aber dein Denken wird reagieren!« Er machte eine rhetorische Pause und blickte in die Runde: »Stimmt's?« Alle nickten. »Soweit ich weiß, seid ihr alle Freiheitssucher. Ihr sucht die totale Freiheit. Die vollkommene Freiheit. Nur eine Freiheit, die wollt ihr nicht haben: Freiheit der Geschlechter!« Niemand nickte. Alle fühlten sich ertappt.

Der Guru gab allen Freiheitssuchern Zeit zum Nachdenken. Die Lichtstimme spielte ein paar Akkorde, Chris sang das Gayatri-Mantra und der Guru schloss die Augen, wohl wissend, dass er eine gute Performance hingelegt hatte. Die Frau mit dem Batiktop lächelte mich scheu an und ging. Sie verneigte sich vor dem Guru, der seine Augen geschlossen hielt und ein leises Grinsen aufsetzte.

Schräg vor mir saß die Frau des Gurus, Eleonore. Sie hatte die Hände gefaltet und schaute scheu auf ihre gekreuzten Beine. Sie spielte die klassische indische Rolle der Ehefrau, die sich ihrem Ehemann unterordnet. Wieso predigte der Guru die Befreiung von Geschlechterrollen, wenn seine eigene Beziehung so sehr darin verankert war? Ich fragte nicht nach. Es ging mich vielleicht auch nichts an.

Mitten in der Nacht kamen wir wieder in unserem Ashram an. Am nächsten Morgen um sechs Uhr sollte mein Flieger nach Thailand gehen. Ich packte hektisch meine Sachen. Das Taxi wartete bereits. Ich wollte mich von niemandem verabschieden. Ich wollte den Abschied nicht mit falschen Umarmungen und oberflächlichen Worten zerstören. Außerdem hasste ich Verabschiedungen. Ich hatte Angst vor ihnen. Von Kindesbeinen an. Aber das ist eine andere Geschichte.

Fast hätte ich den Flug verpasst. Da ich mein Ticket online gebucht hatte, besaß ich keinen Ausdruck oder Beleg. Der Polizist vor dem Flughafen wollte mich ohne Ticket nicht aufs Gelände lassen. Ich versuchte ihm zu erklären, dass wir im E-Zeitalter lebten. E wie E-Ticket. Elektronisch. Es hatte keinen Sinn – bis ich dreihundert Rupien zückte.

Intermezzo I

Als ich auf der Khaosan Road in Bangkok stand, schien ich dem Bann des Gurus entwischt zu sein. Ich kam zu mir. Ganz langsam. Mein Selbstbewusstsein kehrte im wahrsten Sinne des Wortes zurück. Ich war wieder unterwegs. Oder immer noch? Ich war entwurzelt und es fühlte sich herrlich an. Am Abend sollte ich Gabi vom Flughafen abholen. Wir hatten drei Wochen, uns zu finden. Mich zu finden.

An einem Straßenstand im belebtesten Touristenviertel Bangkoks bestellte ich einen Red Snapper und eine Cola. Das erste Tier und die erste Cola seit Wochen. Der Trubel weckte mich auf und befreite meinen gurugetränkten Blick. War es wirklich möglich, dass der Guru meinen Willen beeinflusst hatte? War er Herr meiner Sinne?

Ich weiß die Antwort bis heute nicht. Mit dem Abstand von mehreren Jahren bin ich mir zwar sicher, dass niemand gegen seinen Willen gelenkt werden kann, aber wer im Bann eines Gurus steht, ist bereit, sich lenken zu lassen. Sonst wäre er auch nicht dort gelandet. Bei meinen Recherchen habe ich mit vielen ehemaligen Ashramis gesprochen, die mich immer wieder vor einer schwarzen Macht warnten; viele meinten, dass der Guru besessen sei. Wovon genau, konnte natürlich niemand sagen. Einige erkannten im Nachhinein das Böse in ihm. Doch sie alle hatten vorher auch an das Gute geglaubt, an seine Göttlichkeit. Sie haben also nicht den Glauben an ihn verloren, sondern den Glauben an das Gute. Ihr Glaube an das Böse blühte jetzt umso intensiver.

Ich glaubte gar nichts mehr; sah den toten Red Snapper vor mir und wusste, dass sein Schicksal irgendwann auch meines sein würde. Mit dem Unterschied, dass ich vermutlich nicht verspeist werden würde. Doch selbst das wäre egal.

Gabi und ich tourten drei Wochen durch das schönste Land der Welt. Wir liebten uns. Alles war perfekt. Nichts fehlte. Und trotzdem kehrte ich zurück zu dem Guru. Zu viele Fragen waren offen. Gabi hätte gern meine Euphorie für eine neue Möglichkeit des Lebens geteilt. Aber sie brauchte das nicht.

In dem Moment, in dem sie hinter der Kunststoffwand des Terminals am Flughafen von Bangkok verschwand, war mir absolut klar, dass ich besser mit ihr in der Lufthansa-Maschine nach Hamburg sitzen sollte. Doch ich konnte nicht anders. Es gab noch etwas zu klären. Es gab noch etwas zu erfahren. Es gab kein Zurück mehr.

Indien II

Dieses Mal stand tatsächlich ein Taxi für mich am Flughafen. Ein alter, lieb aussehender Mann mit verdreckter Stoffhose wartete sehnsüchtig auf »Tim Cruise Sri What«. Zumindest stand das auf seinem Schild. »American?«, fragte er mich in der Hoffnung, das »i« in meinem Vornamen wäre ein »o«. War es aber nicht. Aussehen wie der mit dem »o« tat ich auch nicht.

»No, Lipperland.« Er zog bewundernd die Brauen hoch.

»Very nice, – Lipp-ööh-land?« Er sagte es mit einem Zögern. Allzu viele Menschen aus dem nordrhein-westfälischen Kreis Lippe hatten bisher sicherlich nicht seinen Weg gekreuzt.

»Yes, very nice. But India very nice also.«

»Yes, very nice India. Sri What?«

»No, Timm Kruse.«

»Ah. American.«

»Yes.«

In einem Land, in dem es 23 offizielle Amtssprachen und Hunderte von Dialekten gibt, Tausende von Glaubensrichtungen und Göttern und außerdem unzählige Klassen- und Kulturunterschiede, ist kein Raum für noch mehr Fremdes. Etwas Fremdes, das hier nicht hingehört und worum die Inder nicht gebeten haben: wir. Wir sind einfach über dieses Land hergefallen. Erst die Engländer, dann die Spirituellen.

Da ich mich nun auskannte, erreichten wir den Ashram ohne Umwege. Drei Stunden Taxifahrt für nicht einmal 15 Euro inklusive Trinkgeld.

Als ich im Ashram ankam, saßen das Team und der Inner Circle in einem neuen Konferenzraum beisammen und schmiedeten Pläne. Jeder umarmte mich zur Begrüßung. Der Guru fragte, wie Thailand gewesen sei. Sofort war ich wieder ein Stück Knete in seinen Händen. Ich beschrieb Thailand, wie wunderbar es dort sei.

»Aber nichts im Vergleich zu Indien, der Mutter aller Länder. Vor allem nicht vergleichbar mit der Atmosphäre hier im Ashram. Ihr leuchtet alle. Wirklich, es ist unglaublich. Wenn man von der Welt da draußen hierher zurückkehrt, sieht man, wie wunderbar dieser Ort ist.«

Ich erinnere mich ganz genau an diese Situation. Wohl auch, weil ich mich im Nachhinein so sehr dafür schäme. Aber ich konnte nicht anders. Ich wollte gefallen. Ich wollte, dass mir der Guru, der Ashram und seine Bewohner gefielen. Wenn der Guru unter Fallsucht litt, litt ich unter Gefallsucht.

Beim Mittagessen bat mich Shwyzananda, ihn zu füttern.

»Es ist ein Experiment. Ich muss in die Rolle des Gefütterten schlüpfen, um wieder Lust am Essen zu finden.« Er meinte es ernst. Ich hatte noch nie jemanden gefüttert. Kinder hatte ich keine und spirituelle Übungen lagen mir nicht. Am Anfang hatte ich Angst, etwas falsch zu machen; zu viel auf den Löffel zu häufen, zu heiß oder zu schnell zu füttern. Aber mit der Zeit gewöhnte ich mich daran. Mitten in der Übung kam die Köchin heraus, setzte sich an unseren Tisch und beobachtete uns lange. Schließlich umarmte sie mich und lächelte. Es sah aus, als hätte sie Tränen in den Augen. »Es ist gut, dass du wieder da bist, Timm.«

Shwyzananda hatte den letzten Bissen heruntergeschluckt, lächelte ebenfalls und sagte: »Yes. Very good, Timm.« Hatte ich eine Prüfung bestanden?

In den nächsten Tagen fühlte ich mich trotzdem fremd. Gabis Bodenständigkeit hatte abgefärbt. Alles Spirituelle kam mir wieder künstlich vor. Die Scheinheiligkeit der Lichtwesen war so offensichtlich, dass es mich grauste. Aber am meisten litt ich, weil sich der Guru von mir fernzuhalten schien. Ich fragte Shwyzananda, ob es dafür einen Grund gäbe, oder ob ich es mir einbildete. Er schaute mich lange an und nickte dann bedächtig. »Ich glaube, dass er es mit allen Wiederkehrern so hält. Solange jemand energetisch nicht integriert ist und persönliche Krisen durchläuft, ignoriert er ihn. Er möchte nicht mit Egokram belästigt werden.« Wieder verstand ich die Ashram-Welt nicht. Wieso sollte ich energetisch nicht integriert sein? Welche Krise durchlief ich? Was für Egokram? Offensichtlich erkannte der Guru etwas in mir, das ich selbst nicht spüren konnte. Ich hatte mich damit abzufinden, dass er mich vorläufig mied. Das schien meine spirituelle Aufgabe für die kommenden Tage zu sein.

Es gab eine weitere seltsame Veränderung: Der Guru schäkerte mittlerweile ungehemmt mit Eden. Niemand sprach über sein merkwürdiges Verhalten. Noch waren alle von seiner Heiligkeit überzeugt. Lästern über den Guru hätte einen absoluten Tabubruch bedeutet. Zu Eden selbst hatte ich seit meiner Rückkehr praktisch keinen Kontakt mehr. Sie wirkte vollkommen verschlossen, hatte sich total verändert. Auch meine drei Zimmergenossen kamen mir seltsam vor: Kalle lachte kaum noch, Oak lief ständig mit ernster Miene durch den Ashram und kümmerte sich von morgens bis abends um die Permakultur, Shwyzananda saß den ganzen Tag im Office und schrieb E-Mails. Nebenbei bastelte er heimlich am Layout eines Tantra-Buchs. Eines Morgens zog er mich zu sich und zeigte mir Fotos von absurd verrenkten Menschen. »Gell, s'sch besser, wenn's niemand erfährt?«

Zwei Norwegerinnen auf der Suche nach innerer Schönheit besuchten unseren Ashram. Als ich sie das erste Mal sah, flüsterte ich Chris zu: »Mein Gott, wie hübsch sind deine Landsfrauen!«

Er blickte mich milde verächtlich an. »Weißt du, so beurteilen wir Menschen hier nicht. Wir gucken auf die inneren Werte.«

»Innere Werte? Ich sehe ein paar äußere Werte, die mich ziemlich nervös machen.« Aber darüber konnte er nicht lachen.

Da das Uhrwerk die erste Ansprechpartnerin der Besucher war, wandten sich die Neuen früher oder später an das Team, um ein wenig Menschlichkeit zu erfahren. Eine Österreicherin, die später ein Apartment kaufen würde, wollte alles über unseren Meister wissen: »Wie alt ist er? Ist er ein richtiger Mensch? Muss er auch aufs Klo gehen?« Diese Frau hatte studiert und leitete eine Yoga-Schule. Sie trug einen spirituellen Namen. Ihr sechstes Lebensjahrzehnt neigte sich dem Ende zu. Daher hatte sie sich einem Facelifting unterzogen. Die Narben hinter ihren Ohren fielen kaum auf, dafür aber ihr Gesichtsausdruck: Die Augen hatten etwas Chinesisches, die aufgespritzten Wangen etwas Slawisches und ihr Mund etwas Schreiendes. Sie wirkte, als wäre sie dauerhaft zu Tode erschrocken. Dazu sprach sie mit einer säuselnden Fiepsstimme.

Im Satsang hatte der Guru sie gefragt, warum sie hier sei.

»Damit man mich lieb hat«, war ihre verblüffende Antwort. Die ganze Community starrte diese bemitleidenswerte Person an. Ihre Rettung wäre die Erkenntnis gewesen, dass es gar nicht nötig ist, geliebt zu werden. Aber wer sollte sie zu dieser Erkenntnis bringen? Der Guru jedenfalls nicht. Ihm waren diese ganzen komplizierten, älteren Menschen zuwider. Frauen über 45 konnten ihm gestohlen bleiben.

Die Österreicherin war verheiratete Mutter und leitete neben ihrer Yoga-Schule auch noch ein Kleidergeschäft in Klagenfurt. Für den Guru wollte sie alles aufgeben.

»Go home«, sagte er vor dem versammelten Team zu ihr. »Geh zurück nach Hause zu deiner Familie und lebe dort ein glückliches Leben. Bitte!« Abends kam die Frau zu mir. Sie musste meinen mitleidigen Blick gesehen haben.

»Und, gehst du jetzt zurück?«, fragte ich sie.

»Nein!«, war ihre empörte Antwort. »Ich weiß, dass Guruji mich nur testen will. Selbstverständlich bleibe ich!«

Über verschlungene Wege hatte eine Osteuropäerin den Weg zu uns gefunden. Sie war eindeutig Alkoholikerin. Ihre Haut war rötlich, die Haare dünn. In ihre Tränensäcke hätte je ein Pinneken Korn gepasst. Sie war zum Guru gekommen, um ihre Sucht in den Griff zu bekommen. Svetlana (ich hoffe, sie hieß nicht wirklich so, denn ich habe ihren wahren Namen vergessen) hatte von Natur aus slawische Wangenknochen. Dazu einen kleinen Bierbauch und die Körperhaltung eines geprügelten Hundes. Sie sprach fließend Englisch und war eine sehr eifrige spirituelle Schülerin. Drei Wochen blieb sie treu im Ashram, trank keinen Schluck, erholte sich und bekam eine gesunde Gesichtsfarbe. Sie wirkte weniger hektisch und öffnete sich immer mehr. Sie half in der Küche, im Garten und beim Saubermachen. Jeder hatte Svetlana ins Herz geschlossen. Dann verschwand sie plötzlich. Drei Tage lang war sie wie vom Erdboden verschluckt.

Dann, mitten in der Nacht kam sie zurück, über und über mit Erbrochenem besudelt. Sie schrie laut im Ashram herum: »Fuck you all! Fuck you all!« Hardy, der gerade unter einem Busch meditierte, schnappte sich Svetlana, hielt ihr die Hand vor den Mund, steckte sie unter die eiskalte Dusche und redete beschwichtigend auf sie ein. Da die Dusche direkt unter unserem Zimmer lag, konnte ich alles mit anhören.

»Fickt euch alle!« Sie schrie und fluchte, dass die Kacheln von den Wänden zu fallen drohten. »Fickt euren Ingwertee! Morgen gibt's Gin zum Yoga. Ihr Arschpopler. Und euren Gesang, euer Scheiß-Mantra. Ihr pseudoinspirierte Spiri-Zombies! Euer lächerliches heiliges Getue geht mir so auf die Eierstöcke. Und euer Erlöser erst recht, dieser größenwahnsinnige Psycho. Was mache ich eigentlich hier am Arsch der

Welt?« Dann hörte ich, wie ihr Erbrochenes gegen die Duschwand klatschte.

Nachdem Svetlana ihren Rausch ausgeschlafen hatte, packte sie ihre Sachen und verließ klammheimlich den Ashram. So sehr schämte sie sich. Dabei wäre ihr niemand von uns böse gewesen. Obwohl natürlich das Uhrwerk an ihrem Verschwinden mitgewirkt haben konnte.

Der Guru bestellte einen Yoga-Lehrer. Telepathisch. Eines Morgens stand Gopaji auf der Matte; ein junger, schlanker, wohlerzogener Inder. Er sprach fließend Englisch und hatte elastische Knochen und gummiartige Bänder im Leib. Unser Guru verabreichte ihm sofort eine Einweihung und ernannte ihn zum obersten Yoga-Lehrer der Region. Auf der Homepage wurde Gopajis Eintreffen als Sensation behandelt; Apostel versah die Seite sogar mit einem extra Yoga-Button. Ab sofort konnten bei uns Yoga-Seminare, Yoga-Heilung und YogaYoga gebucht werden.

Am Morgen nach seiner Ankunft präsentierte Gopaji uns seine Verlobte Gopala. Sie war umwerfend hübsch, höchstens 18, sprach kein Wort Englisch und wirkte schrecklich schüchtern. Sie war ebenfalls Yoga-Lehrerin und von zu Hause abgehauen. Da beide aus verschiedenen Kasten stammten, war es ihnen nicht gestattet, zu heiraten. Die beiden Yogis wollten, dass unser Guru sie traute. Er hörte sich ihre Geschichte schweigend an. Dann nickte er und fragte, wann sie heiraten wollten.

»Morgen!«, war Gopajis spontane, aber feste Antwort. Gopala kannte dieses Wort offenbar und nickte begeistert.

»Morgen«, murmelte der Grundgütige, wiegte das Haupt in alle Richtungen und befahl dann dem Uhrwerk: »Morgen!«

Gopaji und Gopala lagen sich weinend in den Armen. Der Guru winkte mich zu sich. »Was denkst du?«

Ich musterte die beiden Verliebten und sagte: »Let's do it.«

Der Guru grinste mit einem Mundwinkel. »Lasst uns das Drama besiegeln.«

Ich freute mich immer sehr, wenn mich der Guru um Rat fragte. Ein paar Wochen nach meiner Rückkehr hatte er aufgehört, mich zu meiden, und mich nach und nach zu seinem ersten männlichen Ansprechpartner gemacht.

Am nächsten Tag bereiteten alle Ashram-Mitglieder ein gewaltiges Fest vor. Wir schmückten den Versammlungsort mit Blumen und Girlanden. Die Küche zauberte ein Festmahl auf den Tisch. Unsere kleine Ashram-Band probte den ganzen Tag indische Hochzeitsmärsche. Wir nähten Tischdecken, schrubbten die Terrasse und gestalteten alles so hübsch, dass man denken konnte, wir würden unseren Heiland persönlich vermählen. Der halbe Ashram zupfte stundenlang Jasminblüten, bis wir ganze Tröge voll davon hatten. Zum Schluss zogen wir unseren feinsten weißen Zwirn an und warteten.

Als es dämmerte, erschien das hochheilige Paar. Beide waren in traditionell bunte indische Kostümen gekleidet. Die Haare des Bräutigams waren frisch frisiert, eine Nelke steckte hinter seinem rechten Ohr. Die Braut trug eine kleine, silberne Krone und gelbe Blüten schmückten ihren Hals. Sie sah umwerfend aus – wäre da nicht ihr Blick gewesen. Sie schien todunglücklich zu sein; als würde sie jede Sekunde anfangen zu heulen. Der Bräutigam hingegen trug das Haupt stolz erhoben, seine Schritte waren fest, die Hände verschränkt hinter dem Rücken. Die Band spielte ein trauriges indisches Volkslied. Einige Ashram-Mitglieder hatten tatsächlich Tränen in den Augen.

Unser Guru erwartete die Brautleute wie ein Priester. Wir hatten in der Mitte der Terrasse eine Empore zusammengezimmert, auf der zwei thronartige Stühle standen. Sie setzten sich darauf und blickten unsicher in die Runde. Einer nach dem anderen wandelten wir mit gefalteten Händen am trauten Paar vorbei und verneigten uns demütig. Der Guru breitete seine Hände über ihren Köpfen aus. Er murmelte ein tamilisches Gebet, das nach und nach zu einer zarten Melodie wurde. Wir falteten die Hände. Die überwältigende Präsenz unseres Gurus und seine Verbindung zum Göttlichen schwebten über uns. Jeder war sich der Besonderheit des Augenblicks bewusst. Ich schloss die Augen vor Rührung. Als ich sie wieder öffnete, hatte der Guru seine Hände auf die Köpfe von Braut und Bräutigam gelegt. Dann bedeutete er den beiden mit einer kurzen Bewegung seines Kinns, aufzustehen. Er malte ein Kreuz in die Luft und gab ihnen damit auch seinen christlichen Segen. Anschließend murmelte er noch ein paar Zeilen, hängte Girlanden um ihre Hälse und schüttelte ihnen auf sehr westliche Art die Hände. Ein Jasminblütenregen krönte die Feier. Chris war auf eine Palme geklettert und streute die Blüten über das Paar und die Gäste. Damit war die Hochzeitsfeier offiziell beendet. Einen öffentlichen Kuss hätte sich ein indisches Brautpaar niemals gegeben.

Der Guru eröffnete das Buffet. Ich setzte mich neben Shwyzananda. Auf meine Frage hin erklärte er, warum die Braut so schrecklich traurig geguckt hatte: »Das ist eine alte indische Tradition. Die Miene soll Vater und Mutter ehren. Damit zeigt die Tochter ihre tiefe Trauer, ihr Elternhaus verlassen zu müssen. Auch wenn diese Tradition in unserem Fall keinen Sinn macht – die Eltern sind ja nicht hier –, muss sie beibehalten werden.« Den Rest der Erklärung konnte ich nicht verstehen, weil Shwyzananda Dal in seinen Mund stopfte.

Eines Morgens kam eine Schar grauer Eminenzen in unseren Ashram. Der Ältestenrat des Nachbardorfes wollte unseren Guru treffen. Seltsamerweise bat unser Meister mich, bei dem Gespräch dabei zu sein. Was wenig Sinn machte, denn es fand auf Tamil statt.

Die Männer schienen den höchsten Kasten anzugehören. Fast alle waren westlich gekleidet und mit Schmuck behängt. Trotzdem war ihr Benehmen für mich recht gewöhnungsbedürftig. Während des Gesprächs rülpsten, furzten und popelten sie ununterbrochen. Ohrenschmalz wurde zwischen Fingern gerollt und ins Gebüsch geschnipst. Genitalien wurden ausgiebig gekratzt. Zum Glück geben sich Menschen in diesem Land nicht die Hand; es wäre mir zuwider gewesen. Nach einer halben Stunde Debattieren verabschiedeten sich die Männer. Sie sahen nicht zufrieden aus. Der Anführer der Bande ließ zum Abschied noch einmal seinen Anus sprechen. Er spreizte die Knie und verzog das Gesicht, als hätte ihm jemand gesagt, dass seine Frau schon wieder eine Tochter zur Welt gebracht hätte. Dann donnerte eine Gaswolke aus seinem Körper, dass der Staub unter ihm aufwirbelte. Als er sich gelegt hatte und die Männer verschwunden waren, gingen der Guru und ich langsam durch den Ashram.

»Es ging um Probleme im Dorf, stimmt's? Sie wollen einen großen Tempel bauen und die höheren Kasten sollen sie unterstützen. Aber ich glaube nicht an Tempel. Sie sollten das Geld lieber an die Armen geben als an nicht existierende Götter.«

»Warum musste ich dabei sein?«

»Damit sie wissen, dass ich westlich orientiert bin. Ich hab denen erzählt, dass du hier für das Geld verantwortlich bist und keine Feige für einen Hindu-Tempel ausgeben würdest, stimmt's?«

Ich zog die Stirn kraus. »Was ist mit unserem Tempel?«

»Ah, das ist was anderes. Außerdem kostet er uns nichts. Und er hat einen schönen Effekt.«

Eifrige Tage und Wochen strichen in das rote Land, bis der Guru mit einer neuen Idee zu mir kam: Er wollte sein Leben auf einem Boot verbringen und die Welt bereisen und bereichern.

»Du bist Segler! Erzähl mir alles über die Meere«, bat er mich. Ich hatte Anfang des Jahrtausends die halbe Welt umsegelt und jahrelang auf einem Segelboot gelebt. Immer wieder musste ich ihm von meinen Seeabenteuern berichten. Von Stürmen, Äquatortaufen, über Bord gegangenen Franzosen, der Südsee und der Freiheit der Meere.

»Was war die größte Erkenntnis, die du auf dem Meer gewonnen hast?«, fragte der Guru.

»Vielleicht, dass das Meer rund ist. Dass man die Perfektion der Ozeane irgendwann spürt.«

»Das Meer ist wirklich rund?«

»Absolut. Ein perfektes Rund, wenn man da draußen ist.«

Da er mich nun für einen veritablen Seemann hielt, wusste er endlich, was er mit mir anzufangen hatte. Er bestellte sich ein Lehrbuch über Boote und lernte alles über Navigation und Seemannschaft. Als ich ihm erklärte, dass normale Motorboote nicht über Ozeane fahren können, weil ihnen unterwegs der Treibstoff ausgehen würde, war er zutiefst enttäuscht.

»Es muss eine Lösung für das Spritproblem geben. Segeln ist nicht meine Sache.«

Wie auf Bestellung tauchte Ralf-Jürgen im Ashram auf. Er wollte unbedingt Ralf-Jürgen genannt werden. Nicht Ralf. Nicht Jürgen. Ralf-Jürgen. Er war Deutscher, Anfang fünfzig und Ingenieur bei Audi. Unser Mann! Er würde natürlich den Wunsch des Gurus erfüllen und endlich einen Motor entwickeln, der Meerwasser in Super bleifrei verwandelte.

»Wie du das machst, Ralf-Görgan, ist mir egal. Hauptsache ich kann die Welt per Motorboot umrunden. Ralf-Görgan, jetzt weißt du, warum du hier bist!«

»Nee«, antwortete Ralf-Jürgen. »Ich bin hier, weil ich seit Jahren Single bin. Um endlich eine Partnerin zu finden, habe ich mich der Spiritualität zugewandt.«

»Isn't it?!«

»Doch. Ich bin dabei an eine Organisation geraten, die Poojas einfordert.«

»Was sind Poojas?«, fragte ich dazwischen.

»Poojas sind Spenden, die dem Wohltäter spirituell zugute-
kommen sollen.«

Also hatte Ralf-Jürgen Zehntausende von Euro an Poojas
gespendet.

»Leider bin ich immer noch Single.« Er blickte traurig erst
mich und dann den Guru an. Dass er am falschen Ort war,
würde Ralf-Jürgen später begreifen. Er kaufte nach wenigen
Tagen ein Apartment. Eingezogen ist er nie.

Ralf-Jürgen war nicht der Typ, neue Verbrennungsmotoren
zu erfinden. Er war eher der Typ, der den ganzen Tag im Ash-
ram-Café saß und auf eine Partnerin wartete. Das Café gab es
erst seit ein paar Tagen. Es war der neueste Coup unseres
Gurus. Er hatte dem Laden den Namen »Punks & Monks«
gegeben. Ein weiterer Beweis unserer Weltoffenheit. Außer
Ralf-Jürgen, der täglich zwölf Stunden im »Punks & Monks«
verplemperte, verirrten sich in der ersten Woche keine Gäste
ins Café. Eigentlich war es gar kein Café, sondern lediglich
der aufgehübschte Tresen für die Essensausgabe. Es sah aber
immer noch besser aus als sämtliche von Indern betriebene
Cafés in der Gegend.

Manchmal setzte ich mich zu dem einsamen Ralf-Jürgen.
Er war ein beinahe distanzlos offener Mensch, der sofort über
sich und seine Probleme sprach. Dabei wirkte er sonst vollkommen verklemmt.

»Ich traue keinem mehr.« Ralf-Jürgen hatte einen Fuß auf
den Oberschenkel gelegt und fummelte beim Erzählen an seinem pilzzerfressenen Nagelbett herum. Zwischendurch nippte
er an einem Latte Macchiato. »Einmal war ich in Ägypten

und habe einen Kamelausflug in die Wüste gebucht. Ich bekam einen Guide und ritt mit ihm und seinem Kamel ungefähr zehn Kilometer Richtung Westen. Als die Stadt nicht mehr zu erkennen war, zerrte er mich vom Kamel, haute mir eins auf die Fresse, zog mein Portemonnaie aus meiner Tasche und ritt davon. Ich musste mit blutender Nase zurücklaufen.«

»Und seitdem traust du niemandem mehr?«, fragte ich.

»Nee. Keinem.«

»Und dem Guru?«

»Doch, klar. Dem schon.«

Ich brauchte kaum noch Schlaf. Fünf Stunden genügten vollkommen. Ich wanderte nachts durch den Ashram und streichelte die Hunde. In einer solchen Nacht beäugte ich gerade die Sterne, als ich von Weitem Partymusik hörte. Sie kam aus dem Haus des Gurus. Ich hatte mich bisher nie in die Nähe seines Domizils gewagt. Fremde Häuser und Wohnungen zu betreten hat immer etwas Intimes und ich wollte die Privatsphäre des Gurus nicht stören. Doch jetzt folgte ich der Musik und stand lauschend ein paar Meter vor dem Haus. Plötzlich ging die Tür auf. Eleonore, die Frau des Gurus, lächelte mich an. »Möchtest du reinkommen?« Ich nickte schüchtern und betrat das Heiligtum.

Auf einem Flokati saßen der Guru, Chris und die Lichtstimme. Im Hintergrund saß der Vater des Gurus in seinem Rollstuhl. Ich war dem alten Mann noch nie so nah gekommen. Er hatte den Ruf eines Heiligen. Seine Augen waren geschlossen. Langsam nickte er mit dem Kopf im Takt.

»Gimme a faster rhythm, Chris!«, verlangte der Guru. Chris rockte los. Bis vor ein paar Jahren war der Norweger Leadsänger und Gitarrist einer Heavy-Metal-Band gewesen. Seltsamerweise passte dieser Einfluss genau in den Moment. Chris war echt. Die Lichtstimme hatte die Augen geschlossen und wartete offenbar auf göttliche Inspiration. Dann kam's dem Guru. Eine Melodie, zart, kaum hörbar. Sein Kehlkopf rumpelte. Die Lichtstimme nahm die Fetzen eines ersten Takts auf, wiederholte, variierte. Der Guru brummte. Ein Refrain entstand. Alle drei fanden wie von Geisterhand musikalisch zusammen, alles passte. Der Himmel komponierte. Gott führte das Ensemble. »Thoughts of you and thoughts of me. Lies of us and both not true. Love's an ever wandering tree, truth is me and faith is you.« Harmonie verpackt in Grazie, Rock und Schwingung aus seiner geweihten Sphäre. Ich war verzückt.

Nachdem innerhalb von dreißig Minuten ein ashramistischer Evergreen entstanden war, sah ich mich ein bisschen im Wohnzimmer um. Überall lagen Spielsachen herum. Plastikkanonen, Gummigeschosse, He-Man, Batman, Spiderman und Star-Wars-Figuren. Ansonsten war alles blank gewienert, frisch gesaugt und geschrubbt. Ich fragte mich gerade, wie sie hier heimlich eine Putzfrau halten konnten, als das Uhrwerk auftauchte. Mit Schrubber und Putzeimer bewaffnet feudelte sie die Treppe herunter. In fließenden Bewegungen glitt sie Stufe für Stufe geräuschlos nach unten. Sie war tatsächlich Tag und Nacht für ihren Meister im Einsatz. Als die Treppe vollkommen gewienert war, löste sie die Bremse des Rollstuhls und schob den Großvater an uns vorbei. Plötzlich öffnete der alte Mann die Augen und machte mit einer Hand ein Zeichen. »Er möchte dich umarmen«, sagte das Uhrwerk. »Mich?«, fragte ich überrascht. Uhrwerk und Großvater nickten gemeinsam. Ich stand auf und beugte mich hinab. Papi, wie ihn alle nannten, rieb seine Wange an mir. Dann legte er seine Hand aufs Herz und nickte. Das Uhrwerk rollte ihn davon.

Nach ein paar Minuten merkte ich, dass es Zeit war zu gehen. Ich verabschiedete mich unauffällig und legte mich schlafen.

Fünf Stunden später hatte das Uhrwerk wieder Ingwertee zubereitet und Kissen im Kreis verteilt.

»Du machst Filme, stimmt's?« Der Guru blickte mich mit tiefen Augen an. »Ja«, antwortete ich und wollte gerade erklären, dass ich diese Tätigkeit für ihn aufgeben würde.

»Make a film for me!« Ich schaute wenig begeistert aus meiner gebatikten indischen Wäsche in seinen weißbrotflockengesprenkelten Bart.

»Mach einen Film über mich und den Ashram. Für unsere Homepage, stimmt's?« Nach anfänglicher Skepsis ergriff mich Begeisterung. Endlich wusste ich, warum ich Fernsehjournalist geworden war und mir jahrelang Bildsprache und Filmkomposition einverleibt hatte: um für meinen Guru einen richtig guten Film zu produzieren.

Sofort ratterte die Maschine zwischen meinen Ohren. Der Plot stand: Hauptfigur ein kleiner Junge, der seinen Guru samt Ashram vorstellt. Der rote Faden natürlich: unser Guru. Das

Argumentziel für den Zuschauer: in *dem* Ashram muss ich meinen nächsten Urlaub verbringen. Und zwar so bald wie möglich. Emotionales Ziel: Begeisterung, Verzückung, Ekstase. Ich setzte mich sofort ins Office und schrieb ein Drehbuch. Ein knackiger Zweiminüter, wild geschnitten. Wer den Spot sehen würde, könnte gar nicht anders, als sofort in den Sri-What-Ashram auszuwandern.

Zwei der treuesten Anhänger unseres Gurus waren ein Finne und sein zwölfjähriger Sohn. Sie waren Angehörige der Sámi, einer Minderheit im Norden Europas mit eigener Sprache und Kultur. Zusammen brachten sie locker fünf Zentner auf die Waage. Die beiden verbrachten sämtliche Schulferien im Ashram und spendeten ihr Geld und ihre Zeit dem Gottgleichen. Sobald der Kleine von der Schulpflicht befreit wäre, wollten sie ihm ihr ganzes Leben widmen. Die beiden Sámi fanden die Filmidee wonderful. Da der kleine Sámi fließend Englisch sprach, war er der perfekte Protagonist.

Drei Tage nach meinem Antrag war Apostel bereit, mir die Ashram-Cam zu leihen; eine Kamera im Wert von mehreren Tausend Euro. Der Guru musste sie überzeugt haben, das Hightech-Gerät einem Wüstling wie mir zu überlassen, denn erst nach einer zweistündigen Einweisung durfte ich es in die Hand nehmen. Der Akku war leer, die Chipkarte voll. Eine Woche später war der Akku geladen und eine neue Chipkarte eingelegt. Auf Apostel war Verlass, man musste ihr nur Zeit lassen. Die Dreharbeiten konnten beginnen.

Ich gab dem kleinen Sámi den Text. Erste Szene: Er steht in wallendem indischem Tuch vor der Satsang-Halle, beugt sich ganz dicht vor die Kamera und flüstert: »This is my Guru«, und zeigt hinter sich. Die Kamera fährt im Zeitraffer in das Gebäude. Bild vom Guru beim Satsang.

»So gaht dss nüht!«, zischte mir das Uhrwerk plötzlich aus dem Nichts ins Ohr. Ich war so in die Dreharbeiten vertieft gewesen, dass ich sie nicht hatte kommen hören, und erschrak fürchterlich. Der kleine Sámi war noch gar nicht dazu gekommen, seinen Satz aufzusagen, als die Schweizerin mir verbat, beim Satsang zu drehen: »Guruji befindet sich während des Satsangs in einer anderen Sphäre und darf auf gar keinen Fall gestört werden. Du musst dir etwas anderes einfallen lassen.«

»Aber ihr dreht doch auch während der Satsangs. Ihr macht sogar Bilder mit Blitzlicht«, erwiderte ich.

»So nüht«, zischte sie.

Der kleine Sámi weinte, das Uhrwerk stand mit verschränkten Armen vor mir, Apostel verlangte die Kamera zurück und der Guru glaubt bis heute, dass es an einer schwarzen Macht läge, warum in seinem Ashram alles in die Hose geht.

Frustriert suchte ich Trost bei dem großen Sámi und schimpfte über das Uhrwerk und ihre Machenschaften: »Seit Wochen geht das jetzt so. Die sind doch eine Schande, diese Inner-Circle-Weiber. Der Ashram wäre eine solche Wohltat ohne diese scheinheiligen Geistwesen.« Er brummte unbeteiligt, nahm seinen immer noch weinenden Sohn bei der Hand und schritt bärenartig in die Satsang-Halle. Ich folgte. Der Meister würde eine Lösung wissen.

Als ich den Raum betrat, blickte mich der Guru direkt an. Er war mitten im Satsang: »Ihr lebt eine Lüge, stimmt's? Ihr könnt über eure Spiritualität nicht mit eurer Familie oder euren Freunden reden. Ihr versteckt sie. Dabei wandert ihr den spirituellen Pfad, um euch zu befreien. Aber die Befreiung zu verstecken funktioniert nicht!«

Ich dachte die ganze Nacht lang über seine Worte nach. War das die Antwort auf meinen Konflikt mit dem Uhrwerk? Würde ich es schaffen, mein normales und mein spirituelles Leben miteinander zu vereinbaren? Ich wollte beide miteinander verknüpfen, aber das ging nicht. Entweder ich lebte in meinem alten Leben weiter wie bisher oder ich änderte alles auf einmal. Beides ein bisschen zu leben war unmöglich. Ich konnte nicht als TV-Journalist in einem Ashram funktionieren. Wahrscheinlich musste ich das ganze Filmprojekt abbrechen. Denn ich würde niemals einen Film machen können, ohne auf mein voriges Leben zurückgreifen zu müssen. Es ist mein sich ständig wiederholender Hauptkonflikt, diese Zerrissenheit zwischen einem angepassten gesellschaftlichen Leben und einem Leben frei von Konsum, Monatsgehalt und Schulden. Mit dem Guru-Film hatte ich versucht, beide Welten zu verbinden. Es gab nur entweder – oder. Im Ersten lief *Terminator*, im Zweiten *Drachenläufer*. Ich zappte ständig hin und her, um am Ende beide Pointen zu verpassen. Beide Filme waren grandios. Ich musste mich entscheiden. Und zwar schnell. Denn in drei Tagen ging mein Flug zurück in die Nicht-Spiritualität. Am Tag meines Abschieds holte die Lichtstimme ihre Gitarre heraus und sang für mich – sie, die mich immer wie Scharlach behandelt hatte, spielte plötzlich eines meiner Lieblingslieder für mich. Viel später erfuhr ich, dass jedes Teammitglied so verabschiedet wurde, aber in diesem Moment bildete ich mir ein, dass sie diese Zeremonie extra für mich veranstaltet hätten.

Der ganze Ashram begleitete mich bis zum Tor, wo ein Taxi auf mich wartete. Ich umarmte jeden Einzelnen von ihnen. Eden sagte mir, dass ich zu einem Freund geworden sei. Shwyzananda bedankte sich für mein Dasein, Kalle lachte und sagte, wir würden uns nie wiedersehen. Das Uhrwerk schaute mich unergründlich tief an und umarmte mich mit einer Heftigkeit – war es Liebe? – die mich überforderte. Die Schwestern Mihenta und Shihenta strichen mir über den Kopf und sagten: »Komm wieder, Kleiner.« Mein schwuler Franzose küsste mich rechts und links und tat, als wolle er meinen Mund nicht küssen. Apostel lächelte gekünstelt mit zur Seite geneigtem Haupt. Die Lichtstimme muss ich in dem Trubel ganz vergessen haben. Dann kam er an die Reihe. Der Mann, für den ich bereit war, alles aufzugeben. Er blickte mir unendlich tief in die Augen und nahm mich fest in den Arm. Wie einen uralten Freund. Er drückte seine Daumen auf mein drittes Auge und fing an, ein Mantra zu murmeln. Dann hängte er mir einen weißen Schal um, strich mit seinen Händen meinen gesamten Körper ab und berührte meine Füße. Eine Gänsehaut kroch an mir herauf. Ich war so voller Energie, dass ich das Gefühl hatte, zu schweben. »Come back!«, kam es dunkel über seine zotteligen Lippen. Er konnte mit mir machen, was er wollte. Ich war ihm verfallen. Bis zu diesem Moment war ich zerrissen und unsicher gewesen, ob ich wiederkommen würde. Doch ohne ein Wort leistete ich einen Schwur. Ich würde wiederkommen. Dann für immer.

Auf der Fahrt zum Flughafen hielt ich immer wieder den Schal vor meine Nase und roch daran. Er roch nach dem Leben, das ich führen wollte. Er roch nach Freiheit. Und nach Zedernöl.

Intermezzo II

Es war höchste Zeit, nach Hause zu kommen. Ich musste dringend Zeit mit Gabi und Lilly verbringen, bevor wir uns völlig entfremdeten. Außerdem waren da noch ein paar berufliche Dinge zu erledigen. Mein Schreibtisch brauchte mich. Und es gab einen weiteren ziemlich wichtigen Punkt, warum ich zurückkehren musste: mein Vater! Er feierte seinen siebzigsten Geburtstag.

Ich war nervös. Ich hatte den groben Plan, den Guru in zwei Wochen in Schweden zu treffen. Aber wie sollte ich das meinem Vater erklären? Wie brachte ich Gabi und Lilly bei, dass ich das kommende Jahr nicht da sein würde? Wie machte ich Freunden und Kollegen klar, dass ich einen Traumjob in einer öffentlich-rechtlichen Anstalt aufgab, um der unbezahlte Chauffeur eines Gurus zu werden?

Die Geburtstagsfeier meines Vaters fand in Warnemünde im Hotel Dreizack statt. Dieses 18-stöckige Scheusal war zu DDR-Zeiten Hauptversammlungsstätte der Stasi gewesen. Hier hatte Stasi-Chef Mielke entschieden, was Recht und was Ordnung war. Hier hatten Apparatschiks Spione ausgetauscht, auf Staatskosten Nutten bestellt und Menschen auf Mordmission geschickt. Warum meine Eltern dieses grässliche Hotel ausgesucht hatten, wusste ich nicht. Ich stellte keine Fragen mehr. Ganz kurz fragte ich mich, ob es einen Zusammenhang zwischen dem Ashram und totalitären Staaten gäbe. Aber nur ganz kurz.

Nur der engste Familienkreis war geladen. Zwölf Menschen, die nach diesem Wochenende verwirrt, traurig und verzweifelt wieder nach Hause fahren würden.

Meine Brüder und ich hatten das Lied *Hang Down Your Head, Tom Dooley* in *Heute, da wirst du siebzig* umgedichtet: »Dein Ält'ster is'n Spießer, der Zweite spirituell, der Dritte glänzt als Trinker, du brauchst'n dickes Fell.« So ähnlich ging es weiter über zwanzig lange Strophen. Leider war mein Vater an diesem Abend nicht in Witzlaune. Mein verlängerter Indienaufenthalt war ihm ein Dorn im Auge. Mehr als drei Monate in einem fremden Land zu verbringen, ohne sich um Freundin und Tochter zu kümmern, befand sich außerhalb seiner Toleranzgrenze. Und er wusste noch nichts von Guru, Ashram und Kündigung. Mein Vater war patriarchischer Natur. Für ihn war es schwer, Wege jenseits seiner Norm zu akzeptieren.

Das Fest kam nie richtig in Fahrt. Unser Kreis war zu klein, die Laune des Oberhaupts zu schlecht und der Alkoholkonsum zu dürftig. Gegen halb zwei verabschiedete sich mein Vater untheatralisch.

In dieser Nacht schlief ich schlecht; Wein, Knoblauch und das bevorstehende Bekenntnis lagen mir im Magen. Als beim Frühstück alle versammelt waren, nahm ich allen Mut zusammen: »Ich muss euch was sagen.«

»Oje!« Mein Vater kannte mich.

»Ich werde ein Jahr lang mit einem Guru um die Welt reisen.« Nun passierte etwas, das ich nicht für möglich gehalten hatte: Mein Vater sackte in sich zusammen. Er erstarrte. Für ewige zwanzig Sekunden blickte er durch mich hindurch, die Lippen leicht geöffnet. Er atmete nicht. Es herrschte Totenstille. Bis es langsam Zeit wurde, wieder zu atmen. Für uns alle. Nur für meinen Vater nicht.

»Scheiße«, entwich es mir. Alle rissen ihre Köpfe weg von mir hin zum Jubilar. Hatte ich meinen Vater getötet? Doch plötzlich atmete er mit einem gutturalen Knacklaut tief ein. Leben kam zurück in die alte Bude. Er hustete kurz und starrte mich mit leeren Augen an. Das schwarze Schaf der Familie war ich schon immer gewesen. Aber nun war ich ein schwarzes Kriechtier. Er sagte kein Wort. Meine Mutter unterdrückte ihre Tränen und brachte schluckend heraus, sie hätte gewusst, dass so etwas kommen würde. Mein Onkel faselte von Osho und seinen »Untaten«. Meine Tante fragte, ob ich noch richtig tickte. Mein großer Bruder schmiss mir Verantwortungslosigkeit an den Kopf und mein kleiner Bruder fand, ich hätte mir einen besseren Zeitpunkt für mein Geständnis aussuchen sollen. Sie hatten recht. Alle. Und bis heute schäme ich mich für die Sorgen, die ich ihnen bereitet habe. Aber wenn man Reisende nicht aufhalten kann, wie sollte das bei spirituell Suchenden gehen?

Auch Gabi nahm Abstand von mir. In den paar Tagen, die wir vor dem Geburtstag meines Vaters zusammen verbracht hatten, hatte ich ihr viel von Indien erzählt. Ich wollte sie anstecken mit meiner Begeisterung. Sie hatte mich verstanden und zu mir gehalten. Aber die Reaktion meiner Familie ließ auch sie erwachen: »Du gehst zwar nicht fremd wie die meisten Kerle, aber du suchst dein Glück außerhalb unserer

Beziehung. Welche Zukunft haben wir da?« Wir fuhren schweigend zurück. Als wir zu Hause ankamen, entlud sich Gabis Groll gegen mich, gegen den Guru und gegen die ganze spirituelle Welt. »Spirituelle Menschen denken, sie seien Vorreiter, die sich ins Unbekannte trauen. Aber sie sind auch diejenigen, die in ihrer alten Welt nicht zurechtkommen und keine Verantwortung übernehmen. So wie du!« Ich wollte ihr entgegnen, dass es keine Verantwortung gäbe. Aber ich wusste, dass dieses Argument in unserer Gesellschaft so verboten ist, dass sich niemand traut, es zu durchdenken. Außerdem war Gabi noch längst nicht fertig mit mir: »Wer in Deutschland wie ein Rowdy Auto fährt, wird das überall in der Welt tun. Wer undiszipliniert oder unstet ist, wird das in jeder Gemeinschaft der Welt sein. Wer schlechte Augen hat, braucht auch in einem Ashram eine Brille.« Ich hörte ihre Argumente, aber ich verstand sie zu diesem Zeitpunkt nicht. Mit viel Liebe versuchte meine Familie, mir beizubringen, auf welche Abwege ich mich begab. Doch ich unterstellte ihnen Egoismus und dachte, sie wollten nicht, dass ich mich veränderte. »Wenn ihr mich alle so scheiße findet, ist es doch egal, wenn ihr mich verliert«, sagte ich zu Gabi.

Da ich mich selbst verlieren wollte, bestand keine Möglichkeit zur Verständigung. Es regierten Wut, Erbitterung und Unverständnis.

Schweden I

Als die Stena Scandinavica von Kiel in Richtung Göteborg ablegte, stand niemand am Kai und winkte mit einem Taschentuch. Auch Gabi nicht. Ich stand auf dem Deck der gewaltigen weißen Fähre und blickte hinab. Ein paar Hafengebäude zogen vorbei, dann der Puff, der NDR, das Schloss und der Landtag. Die Stadt blühte. Es war Ende April und so warm wie im Sommer.

Das größte Abenteuer meines Lebens wartet, redete ich mir ein. Backbord schwamm mein Vaterland vorbei, ganz warm, lebendig und frisch. Wie eine Liebe, die sich auflöste. Steuerbord lag die neue Heimat. Und ein neuer Heiland. Ich war ein verlorener Sohn, ein verantwortungsloser Partner, ein mieser Bruder und ein treuloser Freund. Ich glaubte fest, dass all dies nichts zählte. Schließlich folgte ich einem erleuchteten Meister.

Achtzehn Stunden später legte die Fähre in Schweden an. Mit dem Zug fuhr ich von Göteborg nach Lillestad. Von dort aus waren es zwanzig Kilometer bis zu meinem Guru. Im vergangenen Jahr hatte unsere Gemeinschaft dort ein Haus gekauft, keine zwei Kilometer vom Meer entfernt. Hier entstand nun der europäische Ashram.

Das Uhrwerk hatte am Telefon versprochen, mich abzuholen. Es war dunkel und ich fror. Zweifel stiegen auf. In meiner Brust brannte es. Es fühlte sich an wie Heimweh. Oder Liebeskummer. Kein Mensch verirrte sich an diesem Dienstagabend auf den Bahnhofsvorplatz dieser grauen schwedischen

Kleinstadt. Ich wartete bereits seit drei Stunden, als ein Audi A8 auf mich zurollte. Das Uhrwerk blinkte mir mit dem Fernlicht. Die Innenbeleuchtung ging an und der Kofferraum öffnete sich automatisch. Ich legte meinen Rucksack neben einen Haufen Werkzeug und stieg auf den Beifahrersitz. Das Uhrwerk umarmte mich nachlässig-pflichtbewusst.

»Der Wagen gehört einem großen Gemeindemitglied. Er ist Unternehmer und hat uns das Fahrzeug bis zum Herbst zur Verfügung gestellt.« Kein Wort über ihre Verspätung. Das zwischenmenschliche Klima im Wagen passte sich der Außentemperatur an. Wir rauschten durch die schwedische Nacht. Bald sah ich das Meer im Mondlicht aufblitzen. Wir verließen die gepflasterte Straße und rumpelten fast wie in Indien über Schotterpisten.

Nach einer halben Stunde erreichten wir ein zweistöckiges, typisch schwedisches Wohnhaus mitten im Wald. Fenster leuchteten durch Bäume und Büsche. Es war holzverkleidet, mit qualmendem Schornstein und Platz für mindestens zwei Großfamilien.

Das Uhrwerk machte den Achtzylinder aus. Mit dem Erlöschen der Halogenscheinwerfer erschien der Guru. Er stand vor dem überdachten Hauseingang, war in eine Wolldecke gehüllt und dampfte aus der Nase, so kalt war es. Temperaturen um den Gefrierpunkt sind für Inder eine körperliche Qual. Er umarmte mich schweigend. Zederndüft. Wie immer. Kein »Welcome home«. Der Guru wirkte müde und sagte mit schleppender Sprache, dass er jetzt mit dem Uhrwerk allein sein wolle. Sie gingen Richtung Wald. Ich stand allein unter

Sternen. Wo sollte ich schlafen? Gab es etwas zu essen? Wie ging es weiter? Aber um mich ging es hier nicht, sondern um das große Ganze. Und um den Guru. Vielleicht war das aber auch das Gleiche.

Im Hausflur roch es nach Kinderkäsefüßen. In der Küche fütterte die Lichtstimme den Vater des Gurus. Wir umarmten uns. Papi verzog seinen Mund. Es hätte als warmes Lächeln interpretiert werden können, wenn seine rechte Gesichtshälfte nicht wie tot herabgegangen hätte. Die Lichtstimme führte mich in den zweiten Stock. Auf dem Boden lag eine Matratze. Sie zeigte mir das Badezimmer und entschwand. Kinder und Ehefrau des Gurus würden nebenan schlafen.

Ich breitete meinen Schlafsack aus. Sterne funkelten durch ein Fenster in der Dachschräge. Ich führte Tagebuch; keine Nuance dieser Reise durfte verloren gehen. Schreiben war meine Zuflucht. Da meine Schrift geradezu unleserlich war, bestand keine Gefahr, dass jemand mein Tagebuch finden und entziffern könnte. Ich schrieb, was ich fühlte: *Wenn das hier alles nur ein Spiel sein soll, dann hat man vergessen, mir die Spielregeln zu erklären.*

Die Nacht war traumlos. Vogelgezwitscher weckte mich. Wolken drückten auf die Atmosphäre. Ich duschte schnell, zog Jeans und Kapuzenjacke an und schlich die Treppe hinunter. Noch schien niemand wach. Ich kochte Kaffee, saß allein in einem fremden Leben. *Wieso predigt der Guru, dass drei Stunden Schlaf genügten, wenn er seine Lehre selbst nicht lebt?*, fragte ich mich. In diesem Moment betrat er die Küche.

»Timm!«, rief er mit voller, warmer Stimme. »How are you?« Er spürte meine Zweifel anscheinend sofort. Wir umarmten uns lange.

»Die letzte Nacht war sehr lang«, erklärte er mir. »Wir haben bis um drei Uhr morgens an Projekten gefeilt. Wir wollen hier in Schweden einen Ashram für mindestens fünfzig Mitglieder aufbauen.« Ich war froh, wieder bei ihm zu sein. Wenn ich ihn ansah, fühlte ich mich zu Hause.

»Ich zeig dir was!« Wir gingen in den Garten, blieben nach ein paar Schritten im Nebel stehen. Es herrschte eine unglaubliche Stille. Höchstens ein Hauch von Wind, ein paar entfernte Vögel.

»Siehst du dieses Land?« Mit ausgestrecktem Arm beschrieb er einen Halbkreis. Winnetou-Musik erklang in meinem Kopf. »Hier bauen wir unsere schwedische Gemeinschaft auf.« Das Land war etwa so groß wie ein norddeutscher Dorfplatz, umrandet von einer Bruchsteinmauer. Dahinter lag ein düsterer Wald. Richtung Süden öffnete sich das Grundstück.

»Ohne Nebel hast du freien Blick auf die See. Am Waldrand bauen wir kleine Häuser für die Gemeinschaftsmitglieder. Bis zu zwanzig Schwedenhäuser wollen wir hochziehen. Jedes soll 120.000 Euro kosten. Wer ein solches Haus kauft, hat ewiges Wohnrecht in einem der Ashrams. Neben Indien und Schweden wollen wir außerdem in Kalifornien eine Community aufbauen. Nächste Woche fliegen wir in die USA, um die Lage zu inspizieren. Und eines Tages Australien!«

Ich sah mein neues Leben vor mir: im Winter Indien, Frühjahr Kalifornien, Sommer in Schweden, Herbst in Australien.

Mir fehlten nur die 120.000 für eine Schwedenhütte und ein paar Tausender für die Flüge jedes Jahr. Aber ich war so von dem Konzept überzeugt, dass keine Zweifel existierten.

»Auf diesem Stück Land bauen wir eine Satsang-Halle für hundert Menschen. 150 Quadratmeter für unser großes Retreat im August.«

»Und wer soll das bauen?«

»Wir! Die ganze Gemeinschaft!«

Der Guru führte mich in eine Scheune. Sie lag ein paar Meter neben dem Wohnhaus. Im rechten unteren Teil befand sich ein Zimmer mit Isolierung und Heizung. Es war vollgestellt mit Trommeln, Schaukelpferden und Spielzeug. Im linken Teil der Scheune befanden sich die Überreste eines Schweine- oder Kuhstalls. Es stank. Eine schmale Stiege führte auf den Dachboden. Hier stapelten sich Gartenmöbel, Tische und Stühle für eine Riesen-Community. Die Scheune maß etwa zwanzig mal acht Meter. Der Guru plante einen Anbau im hinteren Teil. Die ehemaligen Ställe sollten in Luxuszimmer und der Dachboden in einen Schlafsaal umgebaut werden. »All das werden wir nach unserer Amerikareise bauen.«

Neben der Scheune befand sich eine Garage. Auch hier stapelten sich Gerümpel, Werkzeuge und Maschinen bis unter die Decke. »Vielleicht könntest du das hier aufräumen, stimmt's?« Ich spürte meine Augenbrauen gegen meinen Haaransatz prallen.

»Jetzt?«, fragte ich ängstlich.

»Später, nach dem Frühstück.«

Der Erhabene schritt zurück zum Wohnhaus. In seinem Gesicht las ich Erstaunen. Er musste mich für einen fleißigen Deutschen gehalten haben. Diese Annahme hatte ich soeben zerschlagen. Dabei wollte ich meinem Meister so gern gefallen. Also blieb ich vor der Garage stehen, holte meine Wollhandschuhe aus der Jacke und machte mich an die Arbeit. Eine Stunde später hatte ich die komplette Garage ausgeräumt. Der fleißige Deutsche in mir war doch durchgebrochen. Auf dem Platz vor der Garage stapelte sich der Schrott. Anschließend fing ich an, alles wieder ordentlich einzuräumen. Kleinteile sortierte ich in ein großes Eisenregal. Äxte, Schaufeln und Besen hängte ich an die Wand. Funktionstüchtige Großgeräte wie Rasenmäher, Pflüge und Motorsägen stellte ich auf den Boden.

Da ich seit achtzehn Stunden nichts gegessen hatte, knurrte mein Magen. Ich wollte gerade ins Haus gehen und nach etwas Essbarem suchen, als das Uhrwerk auftauchte.

»So gaht's nüht!«, wieherte sie. »In die Garage kann man zu leicht einbrechen. Die wertvollen Gegenstände müssen in der Scheune untergebracht werden.« Dass ich nichts umgelagert, sondern lediglich aufgeräumt hätte, interessierte sie nicht. Vorher hätte kein Einbrecher ahnen können, dass in diesem Chaos wertvolle Gerätschaften gelagert worden wären. Jetzt hingegen könnten sie sich bedienen wie in einem Werkzeughandel.

Ich nahm die größte Axt von der Wand, hackte dem Uhrwerk erst die Arme, dann die Füße ab. Als sie blutspritzend am Boden lag, spuckte sie mir ins Auge und schlug einen

Waffenstillstand vor. Ich setzte die Axt ganz langsam auf ihren Kehlkopf und fragte, ob ich hacken oder schneiden solle. Sie überlegte, meinte, wir sollten ab sofort ein bisschen besser zusammenarbeiten, und hüpfte erhobenen Hauptes auf ihren Stümpfen davon.

Meine Fantasie rettete mich vor dieser Person. Wieder einmal nahm ich mir vor, mit dem Guru zu reden. Aber ich traute mich bis zum Schluss nicht. Beide strahlten eine solche Autorität und Souveränität aus, dass es mir unmöglich schien, mich gegen sie zu erheben.

Ich brauche immer wieder neue Beweise, dass dieser Irrsinn tatsächlich passiert ist. Denn mittlerweile kommt mir alles surreal vor. Wie ein schlechter Witz. Über seltsame Kanäle erreicht mich ein Video von dem Festival in Blaufingen. Dunkel erinnere ich mich, dass mich damals ein Fernsehteam interviewt hatte. Der freundliche Redakteur hat mir tatsächlich diesen Film zugeschickt. 45 Minuten, in denen nicht viel passiert, außer schlechter Kameraführung, absurden Schnitten und Unschärfen. Doch die letzten Worte des Films gehören mir. Mein Gesichtsausdruck ist so heilig, dass mir schlecht wird. Ich säusele seligen Unsinn: »Er konnte meine Gedanken lesen. Seine Augen sind so unendlich tief. Ich habe in ihnen die Unendlichkeit gesehen.« Diese pathetischen, wirren Brocken stammelte ich kurz nach meinem Zusammenbruch mit den Heul- und Lachkrämpfen. In dem Film sieht man den Guru unter dem Magnolienbaum sitzen. Er umarmt eine Frau, die völlig ergriffen in Tränen ausbricht. Der Guru hält die

Frau an den Schultern fest. Als sie sich nicht beruhigt, hebt er ihre Hände in die Luft und versucht sie zum Jubeln zu animieren. Als könnte er ihre Tränen nicht ertragen. Die Frau guckt verwirrt, dass er sie nicht einfach weinen lässt. Ich habe mir diese Szene bestimmt zwanzig Mal angesehen. Irgendetwas stimmt darin nicht. Ich komme aber nicht dahinter. Es erinnert mich an den Chaplin-Streifen aus den Zwanzigern, in dem eine Passantin ganz offensichtlich mit einem Handy am Ohr durchs Bild läuft. Ist auf dem Festival in Blaufingen etwas ebenso Unmögliches passiert? Oder bilde ich mir alles ein?

Die Lichtstimme hat Mittagessen gekocht. Dal, ein indisches Linsengericht, die Leibspeise des Vollkommenen. Ich wagte zu fragen, welche Pläne wir hätten. Das Uhrwerk schaute mich an und steckte sich einen Löffel Dal zwischen die schmalen, blutleeren Lippen. Nachdem sie die Linsen mindestens 27 Mal in absolutem Bewusstsein zerkaut hatte, ließ sie sich zu einer Antwort herab: »We have no plans.«

Spirituelle Menschen behaupten gern, keine Pläne zu haben. Schließlich ist es ein Zeichen von Achtlosigkeit gegenüber dem jetzigen Moment, sich mit der kommenden Zeit zu beschäftigen. Ein koketter Hinweis auf ihr gesteigertes Bewusstsein. Ich fragte das Uhrwerk, ob wir nicht in die USA fliegen würden. Schließlich hatte ich achthundert Euro für die Flüge überwiesen. »Nein«, war ihre schlichte Antwort. Sie sah ihrem Gegenüber beim Sprechen nie in die Augen, sondern fixierte das sogenannte dritte Auge dazwischen, um autoritär und unpersönlich zu wirken. Das ist ein alter

Managertrick, der auch der »böse Blick« genannt wird. Er soll einschüchtern und gefügig machen. Fast niemand kann dem bösen Blick standhalten. Auch ich nicht. Ich kaute Dal, fühlte mich schlecht und wünschte mich weit weg.

Nach dem Mittagessen wuchtete ich Gerätschaften von der Garage in den ehemaligen Schweinestall. Wie befohlen. Plötzlich stand das Uhrwerk wieder neben mir. Ich zuckte leicht zusammen.

»Ich bekomme noch dreihundert Euro von dir. Für die Flüge. Wir mussten so häufig umbuchen, dass der Preis ziemlich in die Höhe gegangen ist.« Sie sagte es freundlich, direkt und fast ohne Schweizer Dialekt.

»Ich dachte, wir fliegen nicht.«

Sie schaute mich völlig erstaunt an. »Doch. Morgen.«

Ich zog bedächtig meine Wollhandschuhe aus, holte mein Portemonnaie aus der Jeans und drückte ihr dreihundert Euro in die Hand. Ich hatte in Deutschland tausend Euro abgehoben. Sie starrte unverhohlen auf die restlichen Geldscheine in meiner Börse. Ich sagte kein Wort. Ich wusste, dass es ein Test war. Vielleicht hatte der Guru sie geschickt, um zu sehen, wie ergeben ich war, wie sehr ich am Geld hing. Devotion war das Zauberwort.

Wir starrten uns gegenseitig aufs dritte Auge, bis sie ein verunsichertes »Danke« murmelte und davonging. Doch dann drehte sie sich um. Sie sah plötzlich ganz anders aus. Viel netter.

»Wir fliegen morgen früh nach Barcelona. In drei Tagen nach Kanada.« Sie lächelte. Es war das erste echte Lächeln, seit ich sie kannte. Vielleicht hatte ich tatsächlich irgendeinen Test bestanden. Vielleicht reichten aber auch dreihundert Euro, um ihre Mundwinkel nach oben wandern zu lassen.

In meinem gewohnten Umfeld hätte ich dem Uhrwerk das Geld nie und nimmer gegeben. Warum sollte ich für ihre Fehler aufkommen? Aber hier war alles anders. Mein Geld war auch ihr Geld. Alles sollte allen gehören. Außerdem hatte mich der Guru nie wieder auf die dreitausend Euro für das Jahr meiner Transformierung angesprochen. Somit hatte ich das Geld eingeplant – es war egal, wofür es draufging. Manchmal freute ich mich auf den Moment, in dem ich kein Geld mehr haben würde. Spätestens Ende des Sommers würde mein Konto leer sein. Dann gäbe es tatsächlich keine Pläne mehr für die Zukunft.

Das Uhrwerk kleidete sich auch in Schweden in indische Saris. Ihre Beine und Achseln waren haarig. Benutzte sie weder Rasierer noch Deo, weil es abscheuliche, westliche Hilfsmittel für künstliche Schönheit waren? Aber war indische Kleidung in Schweden nicht ebenfalls künstlich?

Diese Fragen gingen mir durch den Kopf, als plötzlich ein Gegenstand gegen meine Stirn donnerte. Ich sah den jüngsten Sohn des Gurus um die Ecke huschen. Ich schlich um die andere Seite der Garage und packte ihn von hinten. Er hielt ein Pusterohr in der Hand und hatte die linke Backe vollgestopft mit Erbsen. Ich presste seine Wangen zusammen, bis er schreiend den Mund öffnete und ein paar klebrige Erbsen herausfielen. Ich hielt ihn im Schwitzkasten, hob ein paar Erbsen auf und stopfte sie ihm in die Nase. Er sagte kein Wort, ließ alles mit sich geschehen. Wieso wehrte er sich nicht? Ich lachte, um ihm zu zeigen, dass es kein Ernst war. Plötzlich griff er hinter sich und quetschte meine Genitalien. Ich schrie auf und sackte zusammen. Der Kleine lief gehässig lachend davon.

Am Vormittag hatten Guru, Uhrwerk und Lichtstimme genau festgelegt, wo Beete und Gärten für Anbauflächen entstehen sollten. Jeden einzelnen Abschnitt hatten sie scheinbar ohne System in Schlangenlinien angeordnet.

»Das soll kosmische, freie Energie zum Schwingen bringen und die Natürlichkeit des Wachstums unterstützen«, erklärte mir der Guru.

Der Vollkommene und ich zerrten eine uralte Einmannmotorfräse zum Umpflügen von Äckern aus der Garage. Um das Monstrum über den Acker zu lenken, musste ich es mit den Händen im Gleichgewicht halten und auf zwei Rädern balancieren. Der Eigenantrieb zog mich übers Grundstück – ob ich wollte oder nicht.

In sieben unterschiedlich großen Feldern sollten Mais, Zucchini, Kürbisse, Bohnen, Kartoffeln, Sonnenblumen und Kräuter angebaut werden. Im August, wenn das große Retreat stattfinden sollte, musste alles perfekt aussehen. Die Besucher sollten glauben, dass wir uns bald selbst ernähren könnten. Von der Selbstversorgung ist die Community bis heute weiter entfernt als von der Erleuchtung.

Die einzelnen Felder waren mit Stöckchen umzäunt. Ich folgte stur den Kennzeichnungen, fräste Quadratmeter für

Quadratmeter in den lehmigen schwedischen Mutterboden. Als es dämmerte, hatte ich etwa ein Viertel der zu beackernden Fläche umgepflügt. Meine Hände bestanden aus Schwielen, mein Rücken aus Schmerz. Ich stellte den röhrenden Motor aus, ließ mich auf Ackerschollen fallen und beobachtete meinen nebligen Atem.

Eigentlich war alles gut. Ich hatte eine Aufgabe, bekam regelmäßig etwas zu essen und würde morgen nach Barcelona und dann sogar weiter nach Kanada fliegen. Irgendwann musste sich doch Harmonie einstellen. Ich hatte alles auf diese eine Karte gesetzt. Und diese Karte hatte gefälligst das Ass zum Royal Flush zu sein. Ich war schon immer ein schlechter Verlierer gewesen.

Beim Abendessen saß die hohe Familie beieinander. Der Guru mit Frau und Söhnen, dem Großvater und den beiden Lichtwesen. Das Pflaster an meiner Stirn sorgte nicht für Aufsehen. Der Kleine schaute mich während des ganzen Essens nicht einmal an. Er wusste nicht, dass ich Kinder niemals verpetzen würde. Ich kam mir vor wie ein Störenfried. Die Lichtstimme fütterte Papi, die Jungs bewarfen sich mit Essen, der Guru sprach am Handy mit jemandem in Indien und das Uhrwerk beobachtete heimlich die Ehefrau des Gurus, die verzweifelt versuchte, ihren Kindern Benehmen beizubringen.

Der Heilige legte auf. Er schien ungehalten, riss sich aber zusammen. Schließlich war ein Gast anwesend. Ein Blick auf die Jungs genügte. Sie hörten sofort auf, mit Essen zu werfen, und taten, als wären sie brave Kinder. Die Stille war unerträglich.

»Timm, du möchtest wissen, warum wir in Schweden indisches Essen zu uns nehmen, stimmt's?« Er konnte tatsächlich Gedanken lesen.

»Klar.«

»Erinnerst du dich an meine Lehre, dass Licht uns altern lässt? Licht ist Information, die der Körper verarbeiten muss. Diese Arbeit kostet Energie, was den Körper altern lässt. Dasselbe gilt für Nahrung. Jeder neue Geschmack muss vom Körper erst verarbeitet und verdaut werden.«

Ich habe auf meinen Reisen um die Welt immer alles gegessen, was Straßenstände zu bieten hatten. Selbst Insekten habe ich probiert. Nun fragte ich mich, ob mir das geschadet hatte. Faltenfrei war ich jedenfalls nicht.

Spanien

Um halb fünf Uhr früh weckte mich das Uhrwerk. Sie klopfte einigermaßen rücksichtsvoll an meine Tür und rief meinen Namen. Eine Stunde später saßen der Guru, die Lichtstimme, das Uhrwerk und ich im Auto und ließen uns von Eleonore, der Frau des Gurus, zum Flughafen nach Göteborg bringen. Außer uns war niemand um diese Uhrzeit unterwegs.

Als wir abhoben, ging die Sonne über Schweden auf. Der Flieger war fast leer. Der Guru legte sich quer über drei Sitze und schlief ein.

In Barcelona holte uns eine etwa fünfzigjährige Frau ab. Sie war in bunte Tücher gehüllt, wirkte esoterisch und schien nicht in der Lage, auch nur ein Wort Englisch zu sprechen. Bevor der Guru auf dem Beifahrersitz eines geländegängigen Mitsubishi Pajero Platz nahm, breitete das Uhrwerk ein seidenes weißes Tuch aus. Nichts durfte die holde Gestalt des Gottgleichen beflecken. Wir fuhren etwa zwei Stunden durchs spanische Hinterland. Kurz fragte ich mich, ob wir auf den Jakobsweg zusteuerten. Unsere Fahrerin sah aus, als würde sie bei täglicher Wandermeditation über hügeligen Wiesengrund spirituelle Ekstase erleben.

Hier blühten die Orangenbäume. Es herrschten T-Shirt-Temperaturen. Ich fing langsam an, mich wohlzufühlen.

Als wir über einen holprigen Bergweg durch Weinberge fuhren, tauchte am Horizont eine Villa auf. Wir hatten das Ziel erreicht. Davor warteten vier Gestalten, alle in Weiß gekleidet. Ich erkannte Hardy wieder. Neben ihm hielt eine vornehm gekleidete ältere Frau die Hände vorm Gesicht gefaltet. Sie blinzelte gütig. Ein Paar um die vierzig stand hinter ihnen. Je näher wir kamen, desto tiefer neigten sich ihre demütigen Blicke und Häupter.

Der Pajero hielt auf einem Schotterparkplatz. Ich sprang galant aus dem Wagen und öffnete dem Guru die Tür. Er tat, als sei diese Geste völlig übertrieben, und ließ sich die Füße von unseren vier spanischen Gastgebern küssen. Auch diese Ehrerbietung wehrte er mit einer Handbewegung ab. Es menschelte sehr. Die vier Gastgeber empfingen auch uns, seine Gefolgschaft, mit höchstem Respekt und tiefen Verneigungen.

Als sie uns in die Villa baten, standen sie Spalier wie bei Hofe. Schwungvolle Arme wiesen uns den Weg in die herrschaftlichen Gemächer, in denen wir uns wie zu Hause fühlen sollten. Für Guru-Anhänger war es die größte Ehre, ihren Meister persönlich bei sich beherbergen zu dürfen. Die Villa war tatsächlich hochherrschaftlich. Über drei Etagen verteilten sich Zimmer und Säle, alle verschiedenfarbig eingerichtet. Der Guru erhielt eine Luxussuite auf dem Dachboden. Ich schleppte drei Koffer dorthin. Hier stand ein weißes Himmelbett. Die Bettpfosten waren frisch in der Farbe unseres Meisters gestrichen worden; ich konnte den Lack noch riechen. Der Guru legte sich rücklings aufs Bett, das Uhrwerk kniete sich ans Fußende und begann, seine Ballen zu massieren. Ich stellte lautlos die Koffer ab, verneigte mich und ging rückwärts wie ein Page. Der Guru sah mir erstaunt hinterher. So kannte er mich nicht. So wollte er mich vermutlich auch nicht kennen.

Mein zugeteilter Schlafplatz war eine Couch in der Suite des Franzosen. Hardy beobachtete mich unauffällig, während ich meinen Schlafsack ausbreitete und ein Buch aus meiner Tasche kramte.

»Qu'est-ce que tu lis?«, fragte er mich neugierig. Was ich lesen würde. »Krausser«, antwortete ich. »Den besten deutschen Schriftsteller seit dem Krieg.«

»Ah bon«, entgegnete er. »Wovon handelt es?«

»Von Sex, Musik und vor allem vom Leben.«

»Oh, là, là.«

Da Schweigen nicht zu seinen Stärken zählte, fing Hardy an, von sich zu erzählen: »Beim Satsang heute Abend werde ich dolmetschen. Ich bin schon ein bisschen aufgeregt. Aber als Halbspanier spreche ich zum Glück drei Sprachen fließend.« *Fließend hieß nicht akzentfrei,* dachte ich bei mir und fragte ihn mit betont französischem Akzent: »Au öld hare you?«

Er schaute mich irritiert an und fuhr fort: »Außerdem spreche ich ein paar Brocken Deutsch und Italienisch. Eigentlich bin ich es gewohnt, vor Publikum zu referieren. Schließlich bin ich auf der Sorbonne erzogen worden, habe Ökonomie studiert, halte mir eine Alibi-Ehefrau, um Ressentiments gegen Schwule aus dem Weg zu gehen, und mache Millionen mit dem Verkauf von Lebensmitteln.« Ich zog erstaunt die Brauen hoch.

»Ich habe Permakultur in Kanada groß gemacht. Dutzende von Farmern aus ganz Amerika gehen bei mir in die Lehre. Die Seminare allein bringen ein Vermögen ein. Dazu die Einträge meiner tausend Hektar großen Farm.«

Er erzählte weiter, dass sich der Guru vor drei Jahren bei ihm gemeldet hätte. Wegen der Permakultur natürlich. Nach der ersten Begegnung sei Hardy dem Guru vollständig verfallen.

»Ich war vorher nicht spirituell, hatte nie etwas mit Gurus oder ähnlichen Gestalten am Hut. Aber irgendwas hat er bei mir ausgelöst. Was genau, weiß ich auch nicht. Auf jeden Fall bin ich seit drei Jahren mehr mit dem Guru unterwegs als auf meiner Farm in Kanada. Je l'aime!«

Seine Lebensweise hatte er trotzdem nicht aufgegeben. Bis auf seine gefärbten Haarspitzen hatte Hardy Stil. Er trug dezent teures Rasierwasser und kleidete sich in weiße Flanellanzüge, die ihm hervorragend standen. Sein Schuhwerk stammte aus Italien, die Uhr aus der Schweiz und sein Teint aus Florida.

Ich wollte Hardy über den Inner Circle ausfragen. Aber er wiegelte ab. »Sie sind okay«, war seine klare Meinung.

In solchen Momenten schämte ich mich für meine schlechten Gedanken über das Uhrwerk. Hatte sie nicht ebenfalls alles aufgegeben, um dem Guru in vollkommener Hingabe zu dienen?

»Du musst dich in ihre Situation versetzen«, riet mir Hardy. »Sie haben keinen inneren Raum für Nettigkeiten anderen gegenüber. Sie fühlen sich dem Guru mit Leib und Seele, Haut und Haaren verpflichtet. Sie sorgen sich 24 Stunden am Tag um ihn und stellen alle persönlichen Bedürfnisse zurück. Meiner Meinung nach befinden sie sich auf einer höheren Ebene, die wir gar nicht einschätzen können.«

Ich dachte über seine Worte nach. Mich hatte Abenteuerlust zu dem Guru getrieben, nicht Hingabe. Ich nahm mir vor, mich zu bessern und den Inner Circle in mein Herz zu schließen.

Eine knappe Stunde nach unserer Ankunft saßen etwa fünfzig Menschen auf Meditationskissen und warteten voller Spannung auf den Meister. Der Raum war mindestens hundert Quadratmeter groß. Von der Stuckdecke hingen Lüster, die Wände waren mit Edelholz vertäfelt. Die Gastgeberin entzündete ein paar mannshohe Kerzen. Ganz langsam kehrte Stille ein. Die ersten Gitarren-Riffs schwangen durch den Saal. »Come, come, liberation within, come, come, natural beauty«, sang die Lichtstimme auf ihre unfassbar schöne Art und Weise. Viele schienen das Lied bereits zu kennen und stimmten ein. Als sich die Tür leise öffnete und der Guru lächelnd eintrat, bekam ich eine Gänsehaut. Er sah mich und zwinkerte mir zu. Er wusste alles, spürte meine Zerrissenheit und meine bösen Gedanken.

Alle drehten sich zu ihm um, ein leichtes Raunen ging durch den Raum. Der Guru war wie immer in Weiß gekleidet, sein Haar geölt oder gesalbt. Hinter ihm schritt das Uhrwerk. Ihre gesamte Aufmerksamkeit war auf ihn fokussiert. Sie hatte etwas von einer lautlos-devoten Giraffe. Mit Grazie.

Die Lichtstimme beendete die Musik und der Guru betastete die Sitzfläche seines Throns.

»Very good«, sagte er in einem Ton, als hätte er solch ein edles seidenes Sitzkissen nicht verdient.

Langsam ließ er sich auf den Thron gleiten. Das Uhrwerk zog seine Sandalen aus und legte seine Füße wie immer auf ein Brokatkissen.

Es folgte die obligatorische Frage, ob jemand eine Frage hätte. Hardy übersetzte. Jemand meldete sich. Ein katalanischer Wortschwall überschwemmte den Gebenedeiten. Er lachte laut auf, versuchte die Laute zu imitieren, bis er sich verschluckte und an einer Mischung aus fürchterlichem Lachkrampf und Hustenanfall fast erstickte. Das Publikum war erstaunt. Einen Erleuchteten hatten sich die meisten ganz anders vorgestellt.

»Ihr sprecht hier sehr schnell, stimmt's?« Hardy übersetzte. Es folgte dieses verunsicherte Lachen, das im Publikum einsetzt, wenn es die Schuld für eine komische Situation bei sich selbst sucht.

Der Guru zeigte auf den Mann, der die Frage gestellt hatte: »So, was hat er gefragt?«

»Ob du erleuchtet bist«, antwortete Hardy.

»Diese Frage wird mir ständig gestellt. Ich finde sie mittlerweile eher öde. Aber es scheint doch mehr an Erleuchtung dran zu sein, als ich dachte, stimmt's?« Er lachte allein. Spanier schienen ein schwieriges Publikum zu sein. Also sprach er lauter und eindringlicher und bediente sich einer seltsamen Zeichensprache. Seine Hände machten hektische Bewegungen, die Finger waren verkrampft. Er hielt seinen altbewährten Vortrag über die Natur der Erleuchtung, aber das Publikum reagierte immer noch nicht.

»Ihr solltet nicht versuchen, jemand anderes zu sein. Seid authentisch!«, rief er jedem Einzelnen von uns zu. »Vergesst Erleuchtung. Seid ihr selbst!«

Eine alte Dame stand von ihrem Platz auf. Guckte lange den Guru an. Und ging. Langsam. Hinaus. Ich hatte ein Déjà-vu;

kannte diese ganze Szenerie irgendwoher. Als die Frau die Tür hinter sich schloss, hörten wir ein gellendes, fiependes Lachen. Sie schien den Satsang als eine Art kosmischen Witz verstanden zu haben.

Im Saal herrschte Verwirrung. Durfte man jetzt mitlachen oder nicht? Erst als der Guru leicht seine Mundwinkel nach oben verzog, begannen einige Zuhörer Lachgeräusche von sich zu geben. Doch ganz sprang der Funke nicht über. Der Guru teilte den Zuschauern mit, dass sie lachen dürften, wann immer sie wollten. Hauptsache sie wären authentisch. Dann traute sich aber doch niemand. Der Meister nickte unauffällig der Lichtstimme zu. Sie trällerte sofort ein Liedchen und alle sangen erleichtert mit.

Unsere gütig blinzelnde Gastgeberin hatte eine Festtafel für den Guru und seinen Anhang vorbereitet. Mir kam es immer noch seltsam vor, dass ich dazugehörte. Auf Tellern und Schälchen lagen Muscheln und Fisch, dazu Tapas, Reis, Couscous, Pasta, Ratatouille, frisches Brot, Oliven, Käse, Knabberzeug, Eingelegtes und Ausgekochtes. Am Tafelkopf stand wieder ein prächtiger goldener Thron.

Die Ankunft der Entourage aus Guru und Lichtwesen war für mich die reine Erlösung. Ich hatte eine Viertelstunde lang auf den Heiligen gewartet, in der unsere spanische Gastgeberin mir in gebrochenem Englisch seltsame Geschichten von Engeln und übernatürlichen Wesen erzählt hatte. Ich hatte 128 Mal höflich genickt und mich dabei aufs Zählen konzentriert. Hardy war mir keine Hilfe gewesen, da er ebenfalls an Engel,

Elfen und alle anderen Fabelwesen glaubte. Er behauptete, dass es in Island sogar einen staatlichen Elfenbeauftragten gäbe. Ich erzählte ihm Ähnliches aus meinem Land: »Keine Geschwindigkeitsbeschränkung auf der Autobahn und legale Prostitution.« Jähes Entsetzen. Die Gastgeberin sagte mit einem besonders langen, mitfühlenden Lidschlag: »Und das in einem freien Land!«

»Timm, bitte setze dich!« Der Guru zeigte auf den Thron. Als ich mich sträubte, nahm er mich bei der Hand und führte mich zum goldglänzend-heiligen Stuhl.

»Please«, sagte er ein zweites Mal und drückte mich sanft hinunter. Ich zierte mich nicht weiter und setzte mich. Schließlich wollte ich ein folgsamer Jünger sein. Unsere Gastgeberin vergaß für einen Augenblick, gütig zu blinzeln, und starrte stattdessen mit offenem Mund. Ich fragte mich, ob ich von hier aus eine Olive hineinwerfen könnte. Wenn wir ihr jetzt erzählt hätten, dass ich der Guru und er der Jünger sei, hätte sie es sofort geglaubt. Einen Satsang wie vorhin hätte sowieso kein echter Guru gehalten. Um die Verwirrung komplett zu machen, fragte ich: »How are you?«, und imitierte Stimme und Akzent des Gurus. »Very good, thank you«, antwortete sie und schaute sich verunsichert lächelnd um.

Der Allmächtige setzte sich neben mich auf einen normalen Stuhl und schüttelte belustigt den Kopf. Er streckte den Bauch heraus – im Nachhinein das beeindruckendste Manöver des Tages. Die anderen nahmen ebenfalls Platz. Die Gastgeberin fragte, ob wir Alkohol tränken.

»No«, sagte der Guru, »we are in good spirits already.«

Die Dame des Hauses war nun vollends überfordert und füllte eine Karaffe mit Rioja. Sie goss sich verzweifelt und leicht zitternd ein Glas ein und trank. Im Stehen. Sie hatte Tränen in den Augen.

»Ich versteh das alles nicht!«

Unser Guru war sofort das personifizierte Mitgefühl. »Dein Glaube an Gurus, Therapien und Behandlungen ist – ein Glaube. Und sonst nichts.« Ob unsere Gastgeberin verstand oder nicht, konnte ich an ihrer Miene nicht ablesen.

»Außer den Menschen gibt es keine Wesen, die irgendetwas praktizieren!«, rief der Guru lachend. »Wir sind nicht auf diesem Planeten, um in einer Höhle zu sitzen und auf Erleuchtung zu warten. Wir sind hier, um zu leben. Befreiung ist kein Konzept! Wenn unser Glück nicht mehr von außen abhängig ist und wir aufhören, nach Befreiung zu fragen, sind wir befreit.«

Das Pärchen am anderen Ende des Tischs flüsterte miteinander.

»Sorry«, warf der Mann schüchtern an. Er trug ein dunkles Seidentüchlein um den Hals. »Wenn ich ein wirklich freies Leben leben würde, wäre mein Umfeld wahrscheinlich nicht sehr glücklich mit mir. Richtig? Sie könnten nicht verstehen, wenn ich meine Heimatstadt verlassen oder zu arbeiten aufhören würde.«

Der Guru nickte und stellte die entscheidende Frage: »Wer ist dein Umfeld?« Das Rätsel stand schweigend im Raum. »Du hast etwa 15 Menschen um dich, die dir wirklich wichtig sind, stimmt's? Für diese 15 Leute verbiegst du dich und betrügst den Rest der Welt. Die ganze Welt, das ganze Leben ist betrogen, um von diesen 15 Menschen akzeptiert zu werden. Was für eine Lüge!« Der Guru legte die Hände wie zum Gebet in den Schoß. Alle schlossen die Augen. Es ist so einfach, dachte ich. Und doch so schwer.

Als Tischherr am Kopfende der Tafel eröffnete ich das Buffet, indem ich meinen Teller volllud. Bescheidenheit gehört nicht zu meinen Stärken. Aber der Guru behauptete selbst von sich, dass er gierig sei, also gab es keinen Grund, mich zu verbiegen. Als alle satt waren, erhob erneut der Guru das Wort.

»Wisst ihr, was das Problem mit der Befreiung ist? Unsere größte Angst ist nicht, zu versagen«, erklärte uns der Allwissende. »Unsere größte Angst ist es, mächtig zu sein. Da wir alle als Kinder aufs Kleinmachen und Kleinbleiben getrimmt wurden, haben wir vergessen, brillant, großartig und fantastisch zu sein. Deshalb ist es unsere größte Angst, göttlich zu sein, befreit zu sein. Wir sind nur aus einem Grund auf dieser Welt: um den Glanz Gottes zu manifestieren. Isn't it?« Jeder wusste, was er meinte. Ich ging in mich, versuchte meine Göttlichkeit zu spüren.

Plötzlich erhob sich der Meister. Er verbeugte sich vor der Gastgeberin und schritt davon, dicht gefolgt vom Uhrwerk. Als der Guru die Tür erreicht hatte, drehte er sich noch einmal um. »Befreit euch von eurer Angst und ihr werdet die Welt befreien. Timm, du kümmerst dich um alles, stimmt's?«

Ich blieb zurück mit einer gütig blinzelnden Gastgeberin, einem seltsam schüchternen Pärchen und einem schwulen Franzosen. Mein Guru und seine beiden Gehilfinnen hatten es vermutlich nicht mehr ausgehalten. Allzu seltsam war der Abend verlaufen. Die Gastgeberin schenkte mir ein Glas Rioja ein. Die ganze Geschichte hier in Katalonien hätte jetzt enorm Fahrt aufgenommen, wenn ich mir ordentlich einen hinter die Binde gekippt und anschließend mit der jüngeren Frau oder gar dem Gallier kopuliert hätte. Aber das alles passierte nicht. Ich erklärte mit moralisch hochgezogenen Augenbrauen, dass wir keinen Alkohol tränken, und blickte starr auf das dritte Auge der nicht mehr Blinzelnden. Sie erklärte, dass sie auch praktisch nie tränke, machte eine halbe Drehung nach links und stellte die Karaffe in der Küche ab.

»Erzähl uns etwas über den Guru«, bat mich die schüchterne jüngere Frau. Ich entgegnete, dass ich erst seit Kurzem bei dem Meister weilte und vieles selbst noch nicht verstünde.

»Aber wie fühlt es sich an, ihm so nah zu sein?«

Ich wusste nicht, was ich sagen sollte. Dass es stressig war? Dass wir keine Minute Ruhe hatten? Dass wir immer unterwegs waren? Stattdessen erklärte ich die Unterschiede zwischen Indien und der westlichen Welt.

»Guruji trifft hier auf eine andere Grundenergie. Inder liegen Gurus zu Füßen. Hier wird unser Meister eher scheel angeguckt mit seinem weißen Umhang und den zotteligen Haaren. Das Phänomen seiner Göttlichkeit ist nicht Bestandteil unserer Kultur. Wir verehren Mercedes, Manager und Megapixel. Anders als in Indien sind wir weit davon entfernt, ein gehobenes Bewusstsein als Erfolg zu erachten. Daher braucht selbst so ein großer Meister wie unser Guru im Westen eine Art Eingewöhnungszeit.« Das verstanden alle.

Die schüchterne Frau nickte und schaute mich lange nachdenklich an. »Aber warum reist du mit ihm herum? Was bringt dich dazu, einem anderen Mann zu folgen?«

Ich hatte so eine Frage befürchtet. Es war mir noch nicht einmal gelungen, meine Beweggründe meiner Familie zu erklären. Wie sollte das bei Fremden gehen? Ich erzählte die Geschichte aus Blaufingen, auch wenn sie sehr intim war. Als ich bei dem Weinkrampf ankam, stiegen mir erneut Tränen in die Augen. Unsere Gastgeberin blinzelte nun besonders hingebungsvoll. Die uns umschwirrende Göttlichkeit schien für einen Moment zum Greifen nah. Als könnten wir Gott atmen hören. Ich verabschiedete mich lautlos und ging auf mein Zimmer. Vor der Wohnzimmertür sah ich gerade noch das Uhrwerk um die Ecke huschen. Hatte sie uns belauscht?

Es war stockdunkel, als ich am nächsten Morgen aufwachte. Anfang Mai waren die spanischen Tage noch nicht lang. Im Haus rührte sich nichts. Ob der Rioja wohl noch … Ich zwang mich, den Gedanken nicht weiter zu verfolgen. Auch wollte ich mich nicht erneut fragen, warum der Guru mehr als drei Stunden Schlaf benötigte. Ich beschloss, einen Spaziergang durch die Weinberge zu machen. Unterwegs begegneten mir Einsamkeit, Weite und ein paar Ziegen. Ich war froh, allein zu sein.

Die gütig Blinzelnde und das Uhrwerk deckten den Frühstückstisch, als ich zur Tür hereinkam. Der Guru saß bereits mit aufgestützten Ellbogen an der Tafel. Heute hatte er den Thron beansprucht. Neben Eiern, Bohnen und Olivenpaste gab es auch kleine Würstchen – English Breakfast auf Spanisch. Die Dauerblinzelnde schien noch nicht verinnerlicht zu haben, dass wir uns vegetarisch ernährten. Auch die Karaffe Rioja stand wieder auf dem Tisch.

Unser Guru empfand es als unerträglich, wenn tote Landtiere in seiner Nähe platziert wurden. Bei Meerestieren war er nicht so streng. Aber das Uhrwerk hatte wie so häufig eine Lösung parat: Sie stellte einen fächerartigen Trockenblumenstrauß genau vor die kleinen Schweinswürstchen. Somit hatte sie dem Guru den Anblick des Todes in Wurstform erspart, ohne die Gastgeberin zu beleidigen.

In einem Gespräch in Indien hatte mir der Guru erklärt, dass die Menschheit stillschweigend Tausende von Tötungsanlagen für Tiere betreibe und das blutige Massenmorden ständig vertusche. »Tiere leben in der Hölle. Wir sind ihre Teufel.«

Die Schüchterne (die übrigens nur halb so schüchtern war wie ihr Partner) wollte vom Wohlgeborenen wissen, wie Transformation vonstattenginge. Der Guru schaute ihr lange in die Augen: »So.« Er hielt sie mit dem Blick magisch fixiert. Nach etwa zehn Sekunden Starren erklärte er, dass Transformation eine sehr, sehr schwierige Angelegenheit sei.

»Überlege dir, wie ein Hund lesen und schreiben lernen könnte. Unmöglich, isn't it? Wer könnte ihm das beibringen?«

»Niemand?«, antwortete die Schüchterne schüchtern.

»Korrekt«, nickte der Guru lobend. »Jetzt stell dir vor, es gibt ein Wesen, das so weit über uns steht wie wir über dem Hund. Was könnte dieses Wesen uns beibringen?«

»Nichts?«, fragte die Schüchterne jetzt ein Stückchen weniger schüchtern. »Falsch!« Die Schüchterne war jetzt wieder schüchtern. »Dieses Wesen könnte uns menschengerechte Dinge beibringen; so wie ein Hund apportieren und bei Fuß gehen lernen kann. Was könnten Menschen von diesem Wesen lernen?« Der Guru blickte in die Runde.

Er beantwortete solche Fragen nie. Er ließ sie im Raum stehen und gab uns Zeit, eine Antwort zu finden. Auch behauptete er nie, dass er die Antwort wüsste oder selbst das höhere Wesen sei.

»Timm!«, holte mich der Guru aus meinen Gedanken. »Reich mir mal die Würstchen. Ich muss sie probieren!« Er blickte mich ernst an. Kein Hauch von Ironie auf seinem Gesicht. Ich holte den Teller hinter den Trockenblumen hervor. Er griff mit den Fingern ein Würstchen und steckte es in den Mund. Er kaute intensiv mit geschlossenen Augen und schluckte das verwurstete Stück Schwein mit einem lautlosen Nicken herunter. »Good, isn't it?« Er ermunterte die beiden Lichtwesen, ebenfalls Tier zu probieren. Da sie ihrem Meister niemals einen Wunsch hätten abschlagen können, probierten sie und gaben sich überrascht vom angenehmen Geschmack der toten spanischen Wildsau. Unsere Gastgeberin war ganz aufgeregt, dass ihre Delikatesse nun doch noch Anklang fand, und meinte, sie hätte fürs Abendessen noch Singvögel in der Kühltruhe.

Wir stiegen in einen Kleinbus, den Hardy organisiert hatte. Der Franzose setzte sich ans Steuer. Der Meister beäugte ihn. Unfallfrei erreichten wir die Innenstadt Barcelonas. Unsere

Gastgeberin lotste uns weiterhin gütig blinzelnd in ein Parkhaus. Es war fürchterlich eng. Hardy verlor die Übersicht und schrammte gegen eine Wand. Der Wagen war eingeklemmt. Rechts die Wand, links eine Säule.

»Lass Ricarda ans Steuer!« Der Guru nickte in Richtung Uhrwerk. Hardy zögerte. Ein schlechtes Zeichen. Schließlich stieg er aus. Das Uhrwerk setzte sich ans Steuer. Sie schien das Lenkrad zu streicheln. Die Kupplung verharrte für eine Sekunde genau auf dem Schleifpunkt, dann ruckte der Wagen. Ein leichtes Knacken und wir kamen frei. Es herrschte allgemeine Bewunderung für die Fahrkünste des Uhrwerks.

»Es geht nur darum, präsent zu sein«, sagte sie bescheiden.

Ich konnte mich nicht zurückhalten: »Oder geht es nur darum, ständig perfekt sein zu müssen?« Sie ignorierte mich. Der Guru schaute mich erstaunt an. Hardy schüttelte missbilligend den Kopf. Vielleicht über sich selbst.

Als wir über einen Nebeneingang auf der Rambla landeten, müssen wir ausgesehen haben wie eine Theatergruppe oder ein Flashmob. Wir promenierten über einen riesigen Boulevard mit exquisiten Restaurants, noblen Geschäften und Hunderten von Straßenkünstlern. Engel, Musiker, Bettler und Taschendiebe versuchten an das Geld der Touristen zu kommen. Mittendrin wir. Acht in Weiß gekleidete Gestalten, die freudig neue Eindrücke aufnahmen und so taten, als wären sie neu auf diesem Planeten. Wir zogen mehr Aufmerksamkeit auf uns als die Gaukler. Passanten starrten uns unverhohlen an. Einige schienen uns absichtlich anzurempeln. Immerhin steckte uns niemand Geld zu.

Ich schämte mich. Immer wieder stellte ich mir vor, ein Bekannter käme zufällig vorbei und würde mich sehen. Die Möglichkeit war natürlich minimal. Aber sie existierte. Ich war angespannt und wünschte mir einen Vollbart, um bloß nicht erkannt zu werden. Er spross zu langsam. Die weiße Kleidung kam mir wie ein Test vor. Stand ich zu meinem neuen Leben? Das neue Outfit war das Symbol für meine neue Zugehörigkeit. Es sollte eine Ehre sein, wie der Meister durch die Welt zu schreiten. Ich schämte mich für meine Scham.

Plötzlich stand der Guru neben mir. Er hatte bemerkt, dass ich ein wenig abseits unterwegs war.

»Distanzierst du dich?«, fragte er unverhohlen.

»Nö, nö, ich gucke mich nur um.«

»Timm«, sagte der Guru. Er war stehen geblieben und guckte ernst. »Wenn du in deinem Leben eine Veränderung haben möchtest, dann benimm dich so, als hätte die Veränderung bereits stattgefunden.« Er ging weiter zu den anderen. Ich brauchte einen Moment, um den Satz zu verdauen.

Wir waren in Zeitdruck. In zwei Stunden sollte der Satsang in der Buddha-Halle beginnen. Vorher mussten wir unbedingt die Casa Batlló des katalanischen Architekten Antoni Gaudí besichtigen; ein Gebäude aus Drachenschuppen, Totenköpfen und Echsenmäulern. Mit offenem Mund stand unser Meister vor diesem Wunderwerk der Baukunst.

»Das wollte ich schon mein Leben lang sehen. Ich habe schließlich Architektur studiert, und Gaudí ist der größte Architekt aller Zeiten, isn't it?« Der Guru hatte studiert?

Manchmal beschlich mich das Gefühl, dass ich noch gar nichts über ihn wusste.

Da der Eintritt 23 Euro kostete und mein architektonisches Interesse begrenzt war, setzte ich mich auf eine Parkbank auf der anderen Straßenseite. Unser Guru war enttäuscht, dass ich seine Begeisterung für Architektur nicht teilte. Aber er ließ mich verschnaufen. Ich legte mich auf die Bank und schlief sofort ein. Ich träumte von einem Bach aus Steinen und einem Wasserfall aus Findlingen, der mich langsam zermalmte. Die Steine quetschten sich in Zeitlupe in meine Haut und Knochen. Immer tiefer, bis ein leises »Tock, Tock« ertönte. Als ich die Augen öffnete, stand Hardy vor mir und tippte mit seinem Reiseführer gegen die Bank.

»T'as bien dormi, ma poulette? Hast du gut geschlafen, mein Hühnchen?« So nannte er mich neuerdings, noch dazu in der französisch-weiblichen Form. Ich erzählte ihm nichts von meinem Traum oder meinen Gefühlen. Meine Instinkte sagten, dass der Guru überall seine Spione haben könnte.

Die Buddha-Halle war ein simpler Mehrzweckbau. Hier fanden Yoga-Übungen, Meditationen und spirituelle Veranstaltungen statt, zu denen ich in meinem früheren Leben nie gegangen wäre. Heute stand *Sri What – Kenner der Wahrheit* auf dem Programm. Wir trafen eine halbe Stunde vor Beginn der Veranstaltung ein. Ziemlich knapp, um alles vernünftig vorzubereiten. Das Uhrwerk lief auf Hochtouren. Gnadenlos verbreitete sie Stress. Was wir durch unsere Unpünktlichkeit verursacht hatten, sollten andere wieder richten. Mir zischte sie zu, ich sollte mich um Kleingeld kümmern und die Kasse übernehmen. Ich rannte auf die andere Straßenseite in eine Bank, um zweihundert Euro zu wechseln.

»Dinero pequeño!«, verlangte ich in gebrochenem Spanisch. Die Frau hinter dem Schalter erbleichte und fing an zu zittern. Hektisch riss sie Schubladen auf. Dann schien sie plötzlich zu bemerken, dass ich kein Bankräuber war, sondern lediglich Kleingeld benötigte. Sie lächelte den Zweihunderteuroschein in meiner Hand glücklich an.

Zwei Minuten später hockte ich auf einer Metallkiste hinter einem Plastiktisch und verkaufte Tickets – das Stück für dreißig Euro. Die Wahrheit hatte ihren Preis. Zumindest in Europa. In Indien dagegen sind Satsangs kostenlos. Höchstens zwanzig Leute verloren sich in die gewaltige Halle. Es standen Stühle für mindestens zweihundert Wahrheitssuchende bereit. Ich wollte gerade die Kasse schließen, als ein junger Besucher fragte, ob es einen Studententarif gäbe. An seinem Akzent erkannte ich sofort einen Landsmann und meinte, er könnte auch umsonst rein. Das Uhrwerk saß bereits neben dem Guru; niemand würde meine Großzügigkeit bemerken.

Zwischen Guru und Lichtstimme war ein Platz für mich reserviert. Mit gefalteten Händen setzte ich mich. »Come, come, liberation within, come, come, natural beauty«, stimmte die Lichtstimme an. Ich sang aus voller Kehle mit. Vollkommen selbstvergessen muss ich immer lauter geworden sein, denn der Guru raunzte mir plötzlich zu: »Timm!« Ich öffnete die Augen, sah seine beschwichtigende Handbewegung und den maßregelnden Blick des Uhrwerks. Meine Gesichtsfarbe hob sich nun herausragend von meinem weißen Schal und Umhang ab.

Im Satsang sprach der Guru wieder über den Affen im Elviskostüm. Ich fand heraus, dass ich mein Gähnen unterdrücken konnte, indem ich die Zunge mit aller Kraft gegen den Gaumen presste. Nach anderthalb Stunden schienen alle erleichtert, raus in die Dunkelheit zu dürfen. Als der Saal praktisch leer war, nahm ich allen Mut zusammen und fragte den Guru flüsternd: »Guruji, bitte halte mich nicht für respektlos. Aber warum erzählst du immer wieder dieselbe Geschichte?«

»Weil es eine gute Geschichte ist«, lautete seine profane Antwort. Er sah mich an, als fände er meine Frage ziemlich blöd. Ich ging zurück an meinen Plastiktisch. Der junge Deutsche stellte sich zu mir.

»Seit wann lebst du bei Sri What?«

Ich erzählte ihm vom Treffen in Blaufingen, meiner Indienreise und wie ich jetzt hierhergekommen war.

»Du hast einfach alles hingeschmissen und bist ihm gefolgt?«

»Ja«, sagte ich selbstbewusst, denn er schien mich zu bewundern, »ich habe gekündigt und meiner Familie gesagt, dass ich für ein Jahr mit einem Guru unterwegs sein würde. Und jetzt bin ich hier.«

Er stellte sich vor – Peter. Er sei zufällig in Barcelona zu Besuch bei ein paar Freunden. Er fragte, ob er einfach so nach Indien kommen könnte.

»Klar« – ich wusste, wovon ich sprach – »einfach so. Du musst es nur machen.«

Er fragte mich nach Visum, Versicherungen und anderen Details, aber ich musste jetzt Flyer verteilen. Also gab ich ihm meine E-Mail-Adresse. Kaum war er weg, fragte mich das Uhrwerk, was ich ihm da aufgeschrieben hätte.

»Meine E-Mail«, antwortete ich ein bisschen genervt.

»Du hättest ihm die info@-Adresse des Ashrams geben müssen. Deine private Adresse geht ihn nichts an.«

»Es ist meine Adresse. Und er wollte persönlichen Kontakt.«

»Nein«, keifte sie in sehr gutem Hochdeutsch. »Wir möchten selbst zu neuen Mitgliedern Kontakt aufnehmen. Das geht nicht über irgendwelche Privatadressen! Und Persönlichkeit ist hier nicht wichtig.« Sie schnappte sich ein paar Flyer, setzte ein Lächeln auf und verteilte sie in ihrer aufgesetzten Verbindlichkeit. Von Peter habe ich bis heute nichts gehört. Er ist nie im Ashram aufgetaucht. Vielleicht hatte er das Uhrwerk beobachtet. Oder den Zettel verloren.

Die gütig Blinzelnde wendete sich an den Großmeister und teilte ihm in ihrem gebrochenen Englisch mit, dass sie einen Tisch in einem Nobelrestaurant in der Nähe reserviert hätte. Sie gierte geradezu nach seiner Gunst, aber immer wieder nickte er bloß, wenn sie ihm etwas mitteilen wollte. Vielleicht biederte sie sich zu sehr an.

Das Uhrwerk erklärte der Gütigen, dass unser Meister nicht in Restaurants speisen würde, da es unmoralisch wäre, mit

Essen Geld zu verdienen. »Guruji lässt sich nicht einladen. Er nimmt auch keine Geschenke an, da er als Guru nicht existiert«, erklärte das Uhrwerk ohne emotionale Regung in ihrer mechanischen Stimme. »Wenn du ihm etwas schenken möchtest, muss es für die gesamte Gemeinschaft von Nutzen sein.« Die Gütige entschuldigte sich tausendfach und verneigte sich. Wir könnten natürlich auch nach Hause in ihre Villa fahren und dort speisen.

»Singvögel?«, fragte der Guru mit Unschuldsmiene. »Let's go home«, schlug er seinen Sarkasmus versteckend vor und ging voran in Richtung Parkhaus.

Unsere Gastgeber waren in ihrer katalanischen Heimat berühmte Heiler. Ich machte einen großen Fehler und fragte sie nach dem Abendessen, wie sie genau heilen würden. Die gütig Blinzelnde sprang sofort auf: »I show you!« Sie nahm mich bei der Hand und führte mich zu einer Behandlungsliege. Ich sollte mich auf den Rücken legen. Ihre Hände strichen über meinen Körper.

»Ich fühle etwas. Hier.« Sie hielt die Hand über meine linke Niere. »Hast du ein Problem mit jemandem aus deiner Familie?«

»Wer hat das nicht?« Alle blickten mich an. Ich erzählte, dass ich zurzeit ein paar Schwierigkeiten mit meinem Vater hätte. Er sei nicht unbedingt ein großer Guru-Fan.

»Oh ja, ich kann es fühlen«, flüsterte die Gute inbrünstig. »I feeeel it.« Sie legte die Hände auf meine Brust. »Wir müssen dein Herz-Chakra öffnen.« Jetzt verlagerte sie ihr gesamtes Matronengewicht auf meinen Brustkorb. Ich wusste, dass ich es länger aushalten würde als sie. Nach zehn Sekunden verminderte sie den Druck, hauchte ein weiteres »I feeeel it« und ließ mit einem Ruck meinen Brustkorb wieder in Ruhe. Ihre Hände schnellten gen Himmel. Eine Verbindung! Jetzt könne ich mit meinem Vater Frieden schließen. Ich müsse jetzt so liegen bleiben, bis meine innere Energie voller Frieden wäre. Ich ließ alles geschehen und musste ein Grinsen unterdrücken. Wenn mein Vater mich so sähe. Vielleicht hatte ich tatsächlich mit ihm Frieden geschlossen.

Nach dem Abendessen saßen der Guru, die gütig Blinzelnde, das Uhrwerk und Hardy in einem Nebenraum beisammen. Sie sprachen über die Apartments in Indien. Ich verabschiedete mich, ging auf mein Zimmer und schrieb in mein Tagebuch: *Seltsamer Abend. Habe fast das Gefühl, dass wir auf einer Verkaufstour sind. Ich sollte nicht so profanen Stuss über die Guru-Welt denken. Was weiß ich schon!?*

Kanada

Im Jumbo nach Toronto saß ich neben dem Guru. Die Maschine war ausgebucht. Acht Stunden Flug lagen vor uns. Der Guru hatte die Augen geschlossen. Ich nahm an, dass er meditierte.

Ich wollte meinen Bildschirm anschalten, aber leider funktionierte er nicht. Ich hörte zwar einen Ton, sah aber kein Bild. Der Guru bemerkte die Störung und begann, hoch konzentriert auf meinen Monitor zu starren. Ich erwartete Funken. Oder einen Laserstrahl. Aber eine Minute lang passierte gar nichts. Der Guru musste den zweiten Gang einlegen. Er legte eine Hand auf den Monitor, atmete tief durch die Nase ein. Drei Sekunden vergingen. Ich war felsenfest überzeugt, dass der Bildschirm jetzt das klarste Bild zeigen würde. Wie hätte er dieser Energie widerstehen können? Der Wunderbare nahm die Hand ruckartig von dem Monitor und hielt sie gen Himmel. Das musste er sich bei unserer spanischen Gastgeberin abgeguckt haben. Es passierte … nichts. Wir waren beide schrecklich enttäuscht.

Am Flughafen in Kanada warteten wir mehr als zwei Stunden auf unser Einreisevisum. Besonders auf den Guru hatte es der Grenzbeamte abgesehen. Er stellte ihm Hunderte von Fragen und versuchte offensichtlich, ihn zu provozieren. Doch der Guru blieb ruhig, antwortete leise und zeigte keine Emotion. Schließlich ließ der Mann unseren Guru passieren. »Pakistani!«, grinste unser Meister und wedelte glücklich mit seinem Reisepass.

Wir reihten uns wieder in Schlangen ein. Ich stand nach verschiedenen Kontrollen vor den anderen an, als ein Flughafenmitarbeiter vor mir einen neuen Zugang öffnete. Ich winkte dem Meister. Er drängelte sich an wartenden Amerikanern vorbei. Ein Bürger der neuen Welt fauchte ihn an: »Sie haben keinen Respekt!« Der Mann war dick, trug eine Lederweste und Stiefel. Er fühlte sich dem fremden, dunklen, zotteligen Mann offenbar überlegen. Bis ihn der Blick des Gurus traf. Ich konnte es aus meiner Perspektive nicht sehen, doch seine Augen mussten Funken geschlagen haben wie das Höllenfeuer. Denn der Mann schreckte zurück, als hätte er gerade einen schrecklichen Autounfall gesehen. Er senkte den Blick, verbeugte sich und drehte sich wie ferngesteuert um.

Vor der Flughafenhalle erwartete uns die Mutter des Uhrwerks. Sie war um die sechzig, machte einen bodenständigen Eindruck. Sie begrüßte den Guru mit gefalteten Händen und einer Mischung aus Knicks und Verneigung. Ihre Tochter küsste sie auf beide Wangen, ohne ihr dabei zu nahe zu kommen. Sie trug einen spirituellen Namen, den ich nie richtig verstand.

Ich schob zwei voll beladene Trolleys mit Gepäck vor mir her und folgte der Mutter durch die Flughafenkatakomben zu unserem Mietwagen. Sie präsentierte uns stolz einen Dodge Ram Van, ein schwarzes Monster mit acht Zylindern und 475 PS. Sie hielt die Schlüssel zwischen Zeigefinger und Daumen und wackelte kokett mit ihnen. Die Hand des Uhrwerks schnellte in Lichtgeschwindigkeit vor und entriss der verblüfften Mutter den Schlüssel, ehe ich auch nur einen Muskel zucken konnte. Es gab keine Diskussion, wer fahren durfte. Auch keine Blicke – außer von der Mutter, die der Tochter niemals eine solche Geschwindigkeit zugetraut hätte.

In drei Stunden sollte unser erster Satsang in Kanada beginnen. Mittlerweile war es später Nachmittag, es nieselte. Kanada schien nicht gut drauf zu sein. Während der Fahrt kamen meine Erinnerungen an dieses Land hoch. Vor zwanzig Jahren war ich zuletzt hier gewesen. Damals war ich mit meinem jüngeren Bruder in einem Dodge Ram Van unterwegs gewesen. Wochenlang hatten wir selbst geangelten Fisch gegessen, uns im Meer gewaschen, Whiskey am Lagerfeuer gesoffen und mit Indianern gekifft. Es waren unvergessliche wilde, freie Wochen gewesen. Wir hatten bestimmt, wo wir hinwollten, wie lange wir blieben und wann es weitergehen sollte. Wir hatten uns wie Götter gefühlt.

Die Mutter des Uhrwerks lotste uns in einen Waldweg. Nach knapp zwanzig Minuten, in denen wir kein einziges Gebäude sahen, gelangten wir zu einem riesigen Holzhaus an einem See. Etwa zwanzig Kanadier stürmten aus dem Haus. Sie redeten durcheinander und schienen in heller Aufregung. Wir stiegen aus; alle scharten sich um den Meister. Es herrschte ungezügelte, kindliche Freude. Plötzlich stand Oak vor mir. Ich war vollkommen verblüfft. Das Uhrwerk hatte mir natürlich nichts gesagt. Wir umarmten uns und sprangen im Kreis. Ich spürte sofort die alte Verbundenheit. Jetzt wusste ich wieder, warum ich mit einem Guru unterwegs war: Wegen dieser Art von Herzlichkeit.

Kanada war das genaue Gegenteil von Spanien. Niemand benahm sich heilig oder sonderlich würdig. Fast alle trugen

Holzfällerhemden, Jeans und Turnschuhe. Sie machten zwar viel Aufhebens um den Guru, aber keines um sich selbst.

Die Männer trugen die Koffer, die Frauen schwirrten um uns herum und stellten Tausende von Fragen. Wie die Reise war, ob wir hungrig oder müde seien. Oak führte den Guru und das Uhrwerk zu einem turmartigen Anbau. Ich folgte eine lange Wendeltreppe nach oben. Sie hatten für den Guru eine Kemenate in einem Rundzimmer eingerichtet. Auch hier war alles weiß. Das Uhrwerk fing sofort an, die Koffer auszupacken, und wies dezent darauf hin, dass der Geheiligte jetzt Ruhe bräuchte.

Oak zeigte mir sein Zimmer unter dem Dachstuhl des Haupthauses. Ein Klappbett war für mich reserviert. Ich breitete meinen Schlafsack aus und wollte mich gerade hinlegen und ein bisschen ausruhen, als die Lichtstimme anklopfte.

»Wir müssen jetzt den Satsang vorbereiten.«

Also quälte ich mich wieder hoch und folgte ihr und Oak ins Wohnzimmer, wo ein Dutzend Jünger bereits herumräumte. Wir bereiteten wie immer einen Thron vor, legten indischen Edelbrokat über einen uralten Ohrensessel, arrangierten Stühle und Sitzkissen. Die Atmosphäre durfte die Seele des Herabgestiegenen auf keinen Fall negativ beeinflussen, erklärte das Uhrwerk den Räumenden.

Als der Satsang begann, hing ich schief auf einem Sitzkissen und lehnte an der Wand neben dem Kamin. Es war neun Uhr abends und wir waren seit 25 Stunden auf den Beinen. Knapp dreißig Menschen hatten den Weg durch die Einöde gefunden. Sie stellten die üblichen Fragen über Erleuchtung und Erlösung. Der Meister erzählte wieder die Geschichte mit dem Affen im Elviskostüm. Ich blickte heimlich zu Oak und den beiden Lichtwesen. Aber sie schienen weder gelangweilt noch genervt, immer die gleiche Geschichte zu hören, sondern lauschten mit ganzem Interesse. Ich konnte mir das nicht erklären. Irgendwann schlief ich ein. Dann wachte ich mit einem Satz auf. Mein Herz pumpte wild. Ich brauchte ein paar Sekunden, um mich zu orientieren. Der Guru erklärte gerade, dass man alles immer mit ganzer Kraft und ganzem Willen machen müsste.

»Sei kein Weinbauer, sei ein Weinstock. Sei kein Schriftsteller, sei ein Buch. Sei kein Künstler, sei ein Gemälde! Der Winzer, der Schriftsteller und der Maler wollen Anerkennung. Ihre Werke aber sind frei. Versuche nicht etwas oder jemand anderes zu sein. Sei du selbst!« Damit schloss der Meister den Satsang. Ich ärgerte mich, dass ich vielleicht einen wichtigen Teil seiner Lehre verpasst hätte. Aber vermutlich würde er diese Geschichte früher oder später noch einmal erzählen.

Es schlug Mitternacht, bevor alle den Guru umarmt und verabschiedet hatten. Wir richteten alles wieder so her, wie wir es vor unserem Besuch vorgefunden hatten. Es war Wochenende, und ich fragte mich, wie Gladbach wohl gespielt haben könnte. Ich hätte jetzt gern die Sportschau geguckt, einen schönen Milchkaffee getrunken und selbst gebackenes Brot mit Kochkäse und Senf gegessen. Und Gabi im Arm gehalten. Wie weit alles weg war. In meiner Brust machte sich ein beklemmendes Gefühl breit. Hatte ich etwa Heimweh? Nach vier Tagen?

»Lasst uns zusammenpacken. Wir ziehen weiter!« Ich konnte es nicht fassen. Der Guru wollte weiter. Wohin?

»Es ist besser, in einem Schloss aufzuwachen, stimmt's?«

Ich packte meine Sachen ohne Murren. Die Hoffnung, den Dodge fahren zu dürfen, hielt mich wach. Zehn Minuten später hatten wir unser gesamtes Gepäck in dem Geländewagen verstaut. Das Uhrwerk setzte sich ans Steuer. Ich zwang mich zur Ruhe, öffnete dem Guru die Tür, verabschiedete mich freundlich von allen und stieg hinter dem Uhrwerk in den Wagen.

Sie programmierte das GPS. 146 Kilometer – zwei Stunden Fahrt. Ich bot an, dass ich sie ablösen könnte. Der Guru nickte, schloss die Augen und schlief ein. Ich starrte in die dunkle, kanadische Nacht.

Das Uhrwerk war eine hervorragende Autofahrerin. Sie fuhr zügig, blickte voraus, agierte nie hektisch oder ruppig. Sie schien immer hellwach zu sein, selbst nach dreißig Stunden ohne Schlaf. Der Dodge schwebte durch Quebec. Es gab nichts, worüber ich mich ernsthaft hätte beschweren können. Nur mein Ego ließ mich nicht in Ruhe.

Wir bogen in einen Schotterweg ab, und ich verstand, was der Guru mit »Schloss« gemeint hatte. Zinnen hoben sich gegen den Sternenhimmel ab. Ein Eisenzaun umsäumte das Grundstück. Das Uhrwerk stieg aus und drückte auf einen Klingelkopf. Ein paar neblige Minuten später öffnete ein Gespenst die Pforte. Ein Gerippe im weißen Gewand. Als die Scheinwerfer sie erwischten, verwandelte sich die Spukgestalt in eine alte Dame im Hermelinmantel – die Schlossherrin. Man sah ihre Noblesse sofort.

Wir rauschten an ihr vorbei einen Kiesweg herunter. Das Uhrwerk stellte den Wagen neben dem Schloss ab und gab mir die Schlüssel.

»Ab jetzt bist du für den Wagen zuständig.«

Ich sagte nichts. Die Schlossherrin eilte mit trippelnden Schritten auf uns zu. »Guruji!«, rief sie von Weitem. Ihre Stimme war mädchenhaft und entzückt. Sie fiel unserem Meister um den Hals. Der lachte laut auf, schüttelte das dürre Persönchen von sich und dankte für die Ehre, wieder in diesem Schloss Gast sein zu dürfen.

Arm in Arm wandelten sie durch eine riesige Eichenpforte. Ich schleppte unser Gepäck ins Foyer. Uralte Ritterrüstungen beäugten uns. An den Wänden prangten Ölgemälde der einstigen Schlossherren. In einer Glasvitrine hing eine orangefarbene Robe. Darüber befand sich eine Galerie aus Bildern von Osho und einer wunderschönen Frau. Auf Befehl des Uhrwerks schleppte ich den Koffer des Gurus in seine Suite im dritten Stock. Der Guru war bereits oben angelangt und lag auf einem prächtigen Himmelbett. Die Arme hinter dem Kopf verschränkt, die Beine weit auseinander. Das Uhrwerk kniete wie immer nach längeren Reisen am Fußende und massierte seine Ballen. Wo nahm sie die Kraft her? Es war drei oder vier Uhr früh. Ich war zum Umfallen erschöpft. Ich ließ mir von der Lichtstimme mein Zimmer zeigen. Die Schlossherrin stand oben am Geländer und musterte mich.

»Bist du ein ehrlicher Mann, Timm?«, fragte sie in einem Tonfall, der ihre Zweifel an meiner Person nicht versteckte.

»Ich hoffe doch«, antwortete ich unsicher.

Sie nickte mit zusammengezogenen Brauen. »Wollen wir mal sehen.« Sie entschwand durch eine Tür am Ende des Ganges.

Am nächsten Morgen schien die Sonne, Vogelgezwitscher weckte mich. Es dauerte ein paar Sekunden, bis ich erkannte, wo ich war. Im Haus war es mucksmäuschenstill. Ich stand leise auf und schlich nach draußen. Das Schloss war überwältigend. Ein Bächlein floss gurgelnd vorbei. In weiter Ferne funkelten schneebedeckte Berge. Ich setzte mich auf eine Bank neben dem Bach und genoss die Ruhe und die dünnen Sonnenstrahlen. Plötzlich knackte es hinter mir. Die Hausherrin erschien und ließ sich ächzend nieder. Sie lächelte mich an.

»Erzähl mir von dir. Die meisten Deutschen sind gebildet. Ich nehme an, das ist auch bei dir der Fall?« Ihr Englisch war fast britisch. Keine Spur von amerikanischem Kaugummislang. Ich erzählte ihr in knappen Worten meine Vita. Abitur, geisteswissenschaftliches Studium mit Sprachen. Bis vor ein paar Monaten Fernsehjournalist.

»Also bist du ein berühmter Mann in deiner Heimat?« Ich erklärte, dass neunzig Prozent der Fernsehjournalisten Wasserträger der TV-VIPs wären und ich eher zu den Wasserträgern gehörte.

»Warum?«, fragte sie. »Du hast etwas, das andere neugierig macht. Mich zumindest. Das müsste doch im Fernsehen auch so sein.«

Ich wusste, dass sie mir nur schmeicheln wollte. »Warum ich nicht zu den VIPs gehöre? Weil ich nie mit ganzem Herzen Journalist war.«

Sie nickte, blickte in den Bach und hing ihren Gedanken nach. Plötzlich sagte sie: »Ja, von ganzem Herzen. Darum geht's. Hättest du gern einen guten Kaffee?« Ich nickte. Wir gingen ins Haus. Die Tür schien immer offen zu sein.

Im Foyer fiel mir wieder der Glaskasten mit der orangefarbenen Robe auf. »Oshos Gewand«, erklärte sie. »Ich bin Osho über ein Jahrzehnt lang gefolgt.« Sie holte einen Schlüssel aus einem Versteck hinter der Vitrine und schloss auf.

»Berühr das mal, Timm«, sagte sie mit einem ekstatischen Hauchen in ihrer Stimme. »Du wärst damit der erste Mann, der das Gewand meines Meisters berührt, seit er seinen Körper verlassen hat.« Also berührte ich. Es fühlte sich samtig an und ein bisschen staubig. Sie zeigte auf die Fotos. »Das bin ich.« Sie nahm einen Bilderrahmen in ihre Hände und drückte ihn gegen ihr Herz. »Ich liebe dieses Bild. Ich war so hübsch und andächtig. Nur Osho hatte Platz in meinem Herzen.« Dann stellte sie das Foto abrupt wieder weg, schloss die Vitrine ab und ging davon. Ich folgte ihr durch verwinkelte Flure in die Küche.

Als der Kaffee fertig war, begann sie zu erzählen. »Ich war das einzige Kind eines ehemaligen kanadischen Premierministers. Ich bin in purem Luxus aufgewachsen, habe in Yale studiert und hätte jeden Job der Welt haben können. Aber ich habe immer gewusst, dass es mehr auf dieser Welt gibt als Geld, Macht und Du-weißt-schon. Ich wollte unbedingt herausfinden, was. Also bin ich nach Indien gegangen und in Oshos Ashram in Pune gelandet. Da bin ich nach wenigen Wochen eine ziemlich enge Vertraute des Meisters geworden. Ich war jung, hübsch, extrem gut gebildet und talentiert.«

Jetzt war sie etwa Ende siebzig. Ihr Haar violett gefärbt. Sie bestand aus Haut und Knochen; bei fast einem Meter achtzig Körpergröße wog sie höchstens fünfzig Kilogramm. Ihre Augen waren stahlblau, die Lippen dünn. Auf den Fotos war sie unfassbar attraktiv. Sie hatte vermutlich vielen armen Osho-Anhängern das Herz gebrochen. Ihre Ausstrahlung war immer noch unglaublich; sie wirkte autoritär, ohne es sein zu wollen. Sie war nicht weise, sondern wissend. Ihre Lebenserfahrung verlieh ihr etwas Absolutes, Rigoroses.

»Mit Osho starb auch ein Teil von mir. Seit seinem Tod 1990 altere ich wie eine ausgerissene Blume. Es ist zum Kotzen.« Dies sagte sie auf Latein – ad nauseam. Fluchen in der Muttersprache gehört sich nicht für Premierministerstöchter. »Sri What habe ich vor drei Jahren bei einem Satsang in Montreal kennengelernt. Ich habe sofort erkannt, dass dieser Mann erleuchtet ist. Allein seine Aura ist so großartig, dass ich bei meiner ersten Begegnung am ganzen Körper Gänsehaut bekommen habe.« Im kommenden Winter wollte sie unbedingt noch einmal nach Indien reisen und für ein paar Wochen im Ashram leben.

»Ich habe keine Verwandten. Das Schloss ist ein einziger Klotz am Bein. Heizkosten und Reparaturen verschlingen fast 50.000 Dollar im Jahr. Aber ich werde euch überraschen. Beim Frühstück mit unserem geliebten Guru werde ich euch eine sehr gute Nachricht mitteilen.«

Ein Jahr nach dieser Begegnung ruft mich die alte Dame verzweifelt an und fragt, ob ich glaube, dass »Guruji« erleuchtet ist. Sie habe von meinem Schicksal gehört und wüsste nicht mehr weiter. Ich erkläre ihr, dass das Modell Erleuchtung für mich generell nicht mehr passt. Zu ihrem großen Unglück hat sie in dieses Modell mehr als 100.000 Euro gesteckt.

»Jetzt mache ich mir große Sorgen, dass das ganze schöne Geld flöten ist.«

»Darauf können Sie einen lassen, Ma'am.« Ich rede nicht mehr um den heißen Brei herum. Seit dieser ganzen Geschichte bin ich stocknüchtern.

Die beiden Lichtwesen erschienen in der Küche. »Guruji ist hungrig.« Zehn Minuten später stand ein First Class Breakfast auf dem Tisch und ein verschlafener Guru schlang ein Milchbrötchen nach dem anderen herunter. Er redete kein Wort und schien tief in Gedanken versunken.

Das hielt unsere Gastgeberin allerdings nicht davon ab, ihren tollen Einfall zu präsentieren: »Guruji, ich habe gute Neuigkeiten für dich.«

Der Guru versuchte seine Langeweile zu verdecken, unterdrückte ein Gähnen, schaute auf und entgegnete: »Lass mich raten: Du willst uns dein Schloss schenken!« Die alte Dame saß mit offenem Mund da. Wie konnte er das wissen?

»Ich danke dir, aber was soll ich mit einem Schloss, meine geliebte Tochter? Schon im vergangenen Jahr klagtest du, wie teuer das Schloss wäre und dass du es verkaufen oder in einen spirituellen Ort verwandeln wolltest, stimmt's? Wenn du hieraus eine Begegnungsstätte machen möchtest, dann tu das!«

»Wem soll ich denn hier schon begegnen?«

Die arme alte Frau saß an ihrem üppig gedeckten Tisch und wirkte fürchterlich verzweifelt. Seit fünfzig Jahren suchte sie nach dem Sinn des Lebens. Außer der Erkenntnis, dass sie alterte wie eine ausgerissene Blume, hatte sie nichts gewonnen. Sie hatte immer nur verloren. Lebenszeit vor allem. In diesem Moment war sie wunderschön, ungeschminkt und traurig. Ohne Alter. Ohne Filter. Sie schien jenseits von Zeit und Raum und Körper zu sein. Sie stand auf, entschuldigte sich und hastete davon.

Der Guru blickte ihr mitfühlend hinterher. Er hob die Schultern und schob sich ein weiteres Milchbrötchen hinter den Bart. Uhrwerk und Lichtstimme taten es ihm nach und beförderten getrocknete Feigen in ihre Schlünde.

Mittags kamen Oak und Hardy an. Sie waren beide sehr aufgedreht und konnten gar nicht glauben, dass wir in einem Schloss untergebracht waren. Oak bezog die andere Seite meines Doppelbetts, Hardy erhielt ein Einzelzimmer.

Als wir allein waren, schüttete ich Oak bei einem Spaziergang mein Herz aus: »Die Reise ist eine einzige Strapaze. Nichts ist wie in Indien. Der Guru hat irgendwie gar nichts Göttliches mehr. Ich komme mir vor wie ein ungeliebtes Anhängsel der Heiligen Drei Könige. Was ist aus unserem Gefühl der Unsterblichkeit geworden? Jetzt sind wir Kofferträger eines Meisters, der gar nicht nach seinen Regeln lebt.« Ich hätte heulen können vor Enttäuschung.

Oak nickte. »Erinnerst du dich, was Guruji uns in Indien erzählt hat? Unsere Zweifel sind unsere stärkste Kraft. Sie quälen uns, fressen uns auf und trotzdem treiben sie uns voran. Wir sind Wanderer, Timm. Wenn wir uns in der Nacht verlaufen haben, zünden wir ein Streichholz an, um festzustellen, wie dunkel es im Wald ist.«

»Versteh ich nicht.«

»Wir sind eigentlich blind. Wir haben keine Ahnung, was Gott ist. Wir können Gott nur sehen, wenn wir mit einem Guru unterwegs sind. Er ist unser Streichholz.«

»Ah«, brummte ich. »Aber an der Dunkelheit des Waldes ändert das Streichholz auch nichts. Oder?«

»Nein, höchstens kurz. Aber immerhin haben wir dann erfahren, dass es etwas jenseits der Dunkelheit gibt.«

»Glaubst du an Gott?«, fragte Oak nach einer kurzen Pause.

»Das kommt drauf an. Wenn du den christlichen Gott meinst, nicht. Wenn du den Gott meinst, der das hier alles erschaffen hat, dann schon. Dann bin ich zutiefst gläubig und absolut nicht religiös.«

Oak musterte mich. Es war unmöglich, seine Gedanken hinter seinem dichten Bart zu erkennen.

»Und du?«, fragte ich.

»Ich glaube nicht an Gott. Es gibt etwas, das vielschichtiger ist als alles, was wir uns ausmalen können. Aber Gott ist das nicht.«

Oak war klein und drahtig. Er hatte Ornithologie studiert und für seine Examensarbeit Monate allein in einer Hütte in Nordkanada gelebt, um Vögel zu beobachten. Er konnte Einsamkeit gut ertragen. Er saß manchmal stundenlang in der Natur und machte sich Gedanken. Vielleicht meditierte er auch. Abends schrieb er alles in sein Tagebuch. In meinen

Augen war er der perfekte Jünger. Er stellte seine eigenen Bedürfnisse immer hinten an. Er fror nie, hatte nie Hunger. Alles Körperliche war für ihn zweitrangig.

Schreibt er womöglich auch gerade ein Buch über seine Zeit mit dem Guru? Es würde anders ausfallen als dieses Buch. Es würde *seine* Wahrheit sein.

Ich habe leider keinen Kontakt mehr zu Oak. Er antwortet weder auf Mails noch auf Skype. Vielleicht gibt es ihn in der alten Form nicht mehr. Ob er seine Mähne abgeschnitten hat, einen anderen Namen trägt und irgendwo auf der Welt glücklich mit Familie ohne Guru lebt? Ich würde es ihm wünschen.

Wir gingen zurück ins Schloss und kamen auf dem Weg zu unserem Zimmer an einem Herrensalon vorbei, der offen auf einer Empore lag. Der Guru, das Uhrwerk und die Schlossherrin saßen in Biedermeiersesseln und diskutierten. Ich hörte ein paar Wortfetzen ihrer Unterhaltung: »Apartment, beautiful land.«

Die Schlossherrin klatschte vor Begeisterung in die Hände. Wie ein kleines Mädchen, dem der Weihnachtsmann gerade ein neues Puppenhaus schenkte.

»Was ist ein Guru?« Fast fünfzig Menschen waren aufs Schloss gekommen, um den Übersinnlichen zu erleben. Eine junge Frau, die ein bisschen abseits saß, hatte die Frage gestellt. Ihr Ton war kritisch und zweifelnd.

Der Guru fragte zurück: »Was bist du?«

»Ich bin nicht hier, um Fragen zu beantworten, sondern um Antworten zu erhalten. Also, was ist nun ein Guru?«

Der Guru lächelte. »Stell dir vor, ich gehe in ein All-you-can-eat-Restaurant. Ich lade mir meinen Teller voll und fresse, bis mir schlecht wird. Nach dem fünften Mal werde ich einen Zusammenhang zwischen meinem überfüllten Teller und meiner Übelkeit erkennen. Also stelle ich mich vor das Restaurant und warne die, die hineinwollen: ›Esst nicht zu viel! Sonst wird euch schlecht!‹ Sobald die Leute die gleiche Erkenntnis haben wie ich, kommen sie in meinen Ashram und nennen mich Guru.«

Es herrschte absolute Stille im Raum. Niemand wusste, ob es ein Witz war oder ob wir zu einfältig waren, seine Weisheit zu verstehen.

Nach dem Satsang saßen wir an einer abgegrasten Rittertafel im Erdgeschoss des Schlosses. Der Guru erzählte Geschichten: »Indien hat sich verändert. Mein früherer Fahrer war einer meiner größten Verehrer. Er hätte für mich getötet. Irgendwann hat der Mann zehn Hektar Land in der Nähe von Chennai geerbt. Er beschwerte sich fürchterlich darüber, dass sein Bruder die schöne Hütte bekommen hätte und er bloß diesen Acker. Dies war 1994. 15 Jahre später verkaufte er sein Land für eine Million Euro an Nokia; pro Hektar! Mit dem Geld kaufte er sich einen nagelneuen Mercedes. Unglücklicherweise hätten die Idioten von Mercedes allerdings vergessen, die Fensterkurbeln einzubauen. Und das im Jahr 2009! Dieser Mann hatte absolut keine Bildung, konnte weder lesen noch schreiben. Mit seinem neuen Reichtum hat er jetzt wieder Land gekauft, natürlich völlig überteuert. Der Verkäufer dieses Landes kauft jetzt auch wieder Land. Ebenfalls überteuert. So klettern die Grundstückspreise ins Unermessliche und Indien wird in wenigen Jahren nicht mehr wiederzuerkennen sein. Und dass Mercedes elektrische Fensterheber baut, haben sie mittlerweile verstanden.«

Zum Glück hatte unser Guru gerade mehrere Hektar Land direkt neben Sripottimamalapuravanamalairabad gekauft – einer Boomtown an der Westküste des Subkontinents. Allerdings drückten ihn Schulden, verriet er.

»Aber das ist gut. Denn diese Last wird neue Ideen freilegen.«

Ich saß hinter dem Steuer des Achtzylinders. Zum ersten Mal durfte ich den Dodge fahren. Das Uhrwerk war gestern nach dem Satsang von ihrer Mutter abgeholt worden. Seitdem fühlte ich mich frei und mächtig. Der Guru thronte neben mir. Er schien mindestens so zufrieden zu sein wie ich. Er tätschelte meinen Oberschenkel und fragte: »Good car?« Ich nickte und drückte das Gaspedal durch. Die Kraft der 475 Pferdestärken presste uns in die Ledersitze. Wir befanden uns auf dem Highway, unterwegs zum nächsten Satsang. Mittags sollten wir Ottawa erreichen. Wir führten eine kleine Kolonne von vier oder fünf Autos an. Guru-Groupies folgten uns, die Schlossherrin und einige ihrer Diener und Freunde, Oak und Hardy und Fans des Satsangs vom Vorabend.

Draußen war Sturm aufgekommen. Nadelbäume rauschten an uns vorbei. Auch sie schienen sich vor uns zu verneigen.

»Fahr an die Seite!«, befahl der Guru plötzlich. Ich blickte ihn überrascht an, gehorchte auf der Stelle. Um uns herum war nur Wildnis. Ich bremste langsam, damit die Kolonne nicht ineinanderrutschte, und parkte das Monster auf dem Seitenstreifen. Tannennadeln wehten über die Fahrbahn. Der Guru stieg aus, ging um die riesige Motorhaube herum, öffnete die Fahrertür und bedeutete mir mit einem Kopfnicken, nach rechts zu rutschen. Er rieb das Steuer eine Zeit lang, schob dann den Automatikhebel auf »D« und gab Vollgas. Wenige Sekunden später hatten wir 180 Stundenkilometer erreicht. Der Guru verzog keine Miene. Er hatte keinen Führerschein. Ich wusste nicht einmal, ob er jemals auf der rechten Seite gefahren war. Aber er kam aus Indien. In Indien konnte jeder fahren. Ob mit oder ohne Führerschein. Wir donnerten eine gerade kanadische Landstraße entlang. Gegenverkehr hatten wir nicht.

»Good car!«, brüllte der Guru. Der Fahrlärm war immens. Plötzlich legte er eine Vollbremsung hin und schlidderte rechts rüber, stellte den Schalthebel auf »Park«, stieg aus und nickte mir und dem Steuer zu. Ich kletterte auf die Fahrerseite, wartete, bis der Guru seine Seidentücher zurechtgezupft hatte, und fuhr langsam weiter. Die Kolonne holte uns ein.

Unser Navigationssystem zeigte noch 170 Meilen bis zum Ziel an. Ich stellte den Tempomat auf 110 Stundenkilometer. Der Guru legte Leonard Cohen ein, seinen Lieblingssänger. »Eines Tages kommt er in unseren Ashram.« Wir malten uns aus, wie der große Cohen in unseren kleinen Ashram kommt wie einst die Beatles zu Maharishi. Daraufhin war Maharishi weltberühmt geworden und hatte den Bodenkontakt verloren. Er hatte bis zu seinem Tode im Jahr 2008 Krieger des Friedens in Krisenregionen geschickt, um dort meditierend für Ruhe und Ordnung zu sorgen.

Rechts und links rauschten unendliche Wälder, über uns Wolkenhaufen bis zum Horizont. Nach einiger Zeit bemerkte ich, dass mich der Guru beobachtete. Ich schaute kurz zu ihm herüber.

»Ist was?«

»Ja, du siehst ganz glücklich aus.«

»Bin ich im Moment auch.«

»Gut. Aber wann bist du nicht glücklich?«

Ich zögerte mit meiner Antwort. Ich hatte Angst, etwas Falsches zu sagen. »Manchmal. Wenn ich das Gefühl habe, nicht wahrgenommen oder akzeptiert zu werden.«

»Ich bin froh, dass du hier bist.« Der Guru drehte sich kurz um. Vielleicht vergewisserte er sich, dass die Lichtstimme schlief. Vielleicht tat er aber auch genau das Gegenteil.

»Ich weiß, dass du vieles aufgegeben hast. Das war der erste Schritt in deiner Entwicklung. Du beschreitest einen Pfad, den deine Leute nicht kennen. Trotzdem werden sie dich für deine Vision von etwas Neuem bewundern. Du bahnst neue Wege. In der Mythologie sind genau das die Helden.«

Ich merkte plötzlich, dass ich die Konzentration aufs Autofahren verloren hatte und mit gerade mal sechzig Kilometer pro Stunde über den Highway kroch. Die Kolonne hinter mir hielt dennoch respektvoll Abstand und drängelte nicht.

»Ich fühle mich überhaupt nicht wie ein Held. Fast im Gegenteil. Ich wollte eigentlich nur ein bisschen Erleuchtung abbekommen.«

Der Guru lachte.

»Vergiss es! Erleuchtung ist eine Illusion. Und ich bin nur ein Wegweiser für dein weiteres Leben.«

»Was mache ich dann hier? Was ist denn meine Berufung? Wann schleifst du mich denn zu einem Diamanten?«

»Ich kann dich noch nicht schleifen. Du musst noch ein paar Lagen ablegen, wie eine Zwiebel. An deinem Kern bin ich noch lange nicht. Aber du hast schon ein, zwei Lagen hinter dir gelassen. Habe Geduld. Es werden Dinge geschehen, die du vielleicht nicht verstehen wirst. Du wirst sie ertragen müssen, um weitere Lagen abzulegen.«

Draußen krümmten sich die Bäume.

Lina, die Plumpskloexpertin, hatte den Satsang in Ottawa organisiert. Das Navigationssystem führte uns zu einem heruntergekommenen Schulgebäude. Zwei verpixelte Roll-up-Banner mit dem Konterfei unseres Gurus schmückten den Eingang des tristen Baus. Lina trippelte auf Zehenspitzen auf uns zu und hielt ihre beiden Töchter an der Hand, die ebenfalls trippelten. Sie sahen aus wie blonde Puppen. Selbstverständlich trugen sie weiße Kleider. Ihre Augen waren weit aufgerissen. Als ob sie etwas Schreckliches erwarteten oder Kinderdrogen genommen hätten. Der Guru umarmte Lina und wollte die Köpfe der Mädchen streicheln, doch beide versteckten sich hinter den Rockzipfeln ihrer Mutter.

Der Satsang-Raum befand sich im Keller auf der Rückseite des Gebäudes. Luftschlitze an den Wänden direkt unter der Decke ließen Gitterroste erkennen.

»Diesen Raum würde ich nicht mal dem Ku-Klux-Klan als Versammlungsort zumuten«, flüsterte mir der Guru ins Ohr. Dabei hatte Lina alles so schön vorbereitet, mit Thron, Kerzenleuchter und Brokatkissen. Doch das nützte alles nichts.

»Ich denke, dass heute niemand zu unserem Satsang kommen wird«, sagte der Guru und nickte mir und der Lichtstimme zu. Wir sollten ihm folgen. Draußen fragte er: »Was denkt ihr?«

Die Lichtstimme zuckte die Schultern. Sie war es nicht mehr gewohnt, zu denken. Ich sagte schlicht: »No.«

»Dann lasst uns gehen!« Der Guru schloss keine Kompromisse.

Wir verabschiedeten die Plumpsklobauerin kurz und knapp. Ihre Töchter starrten uns mit immer noch aufgerissenen Augen hinterher. Wir fuhren zur nächsten Adresse. Dieses Mal lagen 56 Meilen Richtung Westen vor uns. Wir verschwendeten keinen Gedanken daran, wie sich Lina fühlen musste. Oder die Leute, die gern zum Satsang gekommen wären.

»Jetzt schön aufpassen, Timm. Die Frau, zu der wir jetzt fahren, ist ziemlich gefährlich. Du wirst schon sehen, was ich meine«, sagte der Guru grinsend. Ich ahnte, was uns erwartete.

Eine Stunde später öffnete eine kunstbusige Endvierzigerin die Tür ihres riesigen Farmhauses. Sie trug eine hauchdünne weiße Seidenbluse, unter der sich ihr Spitzen-BH klar abzeichnete. Die Brustwarzen linsten wie Igelnasen gen

Himmel. Ihre Haare waren toupiert, die Lippen rot. Lasziv grüßte sie den Meister – als hätte sie mit ihm ein unanständiges Geheimnis. Der Lichtstimme küsste sie die Stirn. Als sie mich erblickte, fragte sie den Guru: »Na, wen haben wir denn hier?« Ihr Ton ließ keinen Zweifel, dass ich in ihr Beuteschema passte.

Der Guru warf mir einen Ich-hab-dich-ja-gewarnt-Blick zu. Ich stellte mich vor: »Timm – from Germany.«

»Ich bin mehr als angetan, Timm. Ich heiße Melissa. Aber wenn du magst, kannst du mich Missy nennen.« Ich ertappte meine Augen beim Wandern Richtung Süden und holte schnell unser Gepäck aus dem Kofferraum. Plötzlich stand ein bullenartiger Mann hinter mir. »Jay. Missys Mann«, kam es gequetscht aus einem Stierhals. Sein hufeisenartiger Schnurrbart war ein deutliches Zeichen körperlicher Stärke und intellektueller Schwäche. Er trug ein Holzfällerhemd, Jeans und hellbraune Boots, ergriff zwei schwere Koffer und führte mich steifen Schrittes zu unserer Unterkunft, einem Raum mit wahllos im Raum verteilten Matratzen im zweiten Stock. Es stank bestialisch nach Katzenscheiße. »Mach's dir bequem«, schlug der Koloss vor und eierte davon.

Nach einer knappen Stunde Mittagsschlaf quälte ich mich hoch und suchte die anderen. Im Wohnzimmer hatte sich ein knappes Dutzend Neugieriger, unter anderem das Uhrwerk und ihre Mutter, versammelt und ließ sich die Apartment-Projekte des Gurus erklären. Er stellte mich vor. »Timm war ein berühmter Journalist in Deutschland. Aber im vergangenen Jahr hat er alles hingeschmissen und reist jetzt mit uns herum.

Stimmt's?« Ich spürte Stolz, wenn er so etwas sagte. Als würde ich etwas tun, wovon andere nur träumten. »Ja, aber ich war nicht berühmt«, korrigierte ich den Guru. Bescheidenheit kam in diesen Kreisen auch gut an. »Aber ich glaube, ich habe den Namen Timm Kruse schon mal gehört«, behauptete Melissa; sie sprach meinen Nachnamen amerikanisch aus.

Im Laufe des Gesprächs überzeugte der Guru Melissa von der einmaligen Chance, ein First-Class-Apartment im besten Teil Indiens zu kaufen. Nur wenige Auserwählte erhielten das Recht, auf dem heiligen Boden des Sri-What-Ashrams zu leben. Sie gehöre zu den wenigen.

Danach wollte der Guru sich zurückziehen. Also zeigte ich ihm den Raum mit den Matratzen. Das Uhrwerk zog die Stirn kraus. Aber den Guru störte die Unterkunft nicht. Er ließ sich auf dieselbe Matratze fallen, auf der ich gelegen hatte. Ich wünschte beim Herausgehen erholsame Ruhe. Das Uhrwerk blieb.

Beim Abendessen erklärte Jay, womit er sein Geld verdiente: »Mit Licht!« Beschwörend blickte er sich in der Runde um. Der Guru rief: »Ich auch!« Er schüttelte sich vor Lachen. »En-light-enment! – Er-leuch-tung, stimmt's?« Zum ersten Mal sah ich das Uhrwerk lauthals und befreit lachen. Ihr Gesicht war zum ersten Mal unverkrampft. Wie hübsch sie sein konnte. Zum Verlieben.

Jay arbeitete mit Solaranlagen. Seine Frau führte die Geschäfte und er kümmerte sich um Lieferung, Aufbau und

Wartung der Anlagen. Seit einigen Jahren förderte Nordamerika regenerative Energie. Melissa hatte offenbar schnell verstanden, dass hier das große Geld zu machen war.

Jay wollte vom Meister wissen, wie Amerikaner mit al-Qaida umgehen und dem Hass der islamistischen Welt begegnen sollten.

»Gar nicht«, antwortete unser Guru dem verblüfften Jay. »Hast du jemals einen Terroristen gesehen?«

»Nein.«

»Also gibt es in deinem Leben keinen Terrorismus.«

Jay war empört: »Aber was ist mit dem 11. September?«

»Warst du da?«, fragte der Guru. »Hast du Freunde verloren? Nein? Dann hast du kein Problem mit dem 11. September.«

Jay konnte nicht glauben, dass jemand die Terrorgefahr einfach ignorierte. »Aber die ganze Welt ist davon betroffen!«, rief er und schlug mit der Hand auf den Tisch.

»Really?«, konterte der Allwissende mit einem Anflug eines Lächelns. »Dann schau dich um. Du hast ein Riesenhaus, eine wunderschöne Frau und so viel zu essen! Also betrifft dich der 11. September wirklich oder ist es nur in deinem Kopf?« Jay schluckte, verschränkte die Arme vor der Brust und redete den ganzen Abend kein Wort mehr.

Nach dem Abendessen musste ich die Koffer des Gurus, des Uhrwerks und der Lichtstimme ins Wohnhaus schleppen. Wir hatten uns darauf verständigt, dass das Matratzenlager für einen Guru und seine engste Gefolgschaft unwürdig war. Also behielt ich den Raum für mich allein. Als ich mich an den

Geruch nach Katzenscheiße gewöhnt hatte, fühlte ich mich halbwegs wohl.

Am nächsten Tag kamen Oak und Hardy vorbei und brachten Flyer und Infomaterial. Da auf den Flyern falsche Daten standen, verbrachten wir den Vormittag mit Korrekturen. Der Guru skypte mit einem deutschen Anhänger – dem Besitzer des A8 aus Schweden – der ihm ein paar Fragen zu seinem Finanzkonzept stellte. Der Mann war Broker und wusste, wovon er sprach. Da die Erklärungen unseres Gurus nicht immer ganz schlüssig waren, wagte er in einer Pinkelpause – auch Gurus müssen mal – dem Uhrwerk zu sagen, dass Guruji vielleicht kein ausgemachter Fachmann auf dem Gebiet sei. Das Uhrwerk verzog keine Miene. Als der Guru zurückkam, erzählte das Uhrwerk ihm sofort von den Zweifeln des Jüngers. Daraufhin würgte der Guru das Skype-Gespräch barsch ab.

Am Abend wärmte Melissa die Reste des Vortags auf, Jay machte Feuer im Ofen. »Wer hat den Satsang von gestern organisiert?«, fragte unsere Gastgeberin. Niemand antwortete. Wir wollten kein schlechtes Licht auf Lina werfen. Melissa kam allerdings selbst darauf: »Lina, richtig?« Wir nickten unbestimmt.

»Du musst mit dieser Frau sehr vorsichtig sein. Ich bin mir nicht sicher, ob wir ihr trauen können, Guruji.«

Sie wollte offen über sie lästern. Doch das ließ der Guru nicht zu. Er lobte Lina in höchsten Tönen: »Sie ist perfekt organisiert. Sie könnte sogar für die United Nations arbeiten. Ich weiß genau, was sie kann und was nicht.«

»Oh, natürlich«, schwenkte unsere Gastgeberin um. »Sie kann sehr gut organisieren. Aber manchmal scheint sie schlechte Veranstaltungsorte auszuwählen. Das ist alles.«

»Das ist alles«, erwiderte unser Guru. Es lag eine seltsame Spannung in der Luft. Als Melissa den Esszimmertisch deckte, erklärte mir der Guru flüsternd: »Sie möchte die Nummer eins in Kanada sein, stimmt's? Im letzten Jahr hat sie alles organisiert. Aber jetzt macht das Lina. Melissa ist eifersüchtig.«

Trotz der offensichtlichen charakterlichen Schwächen unserer Gastgeberin verbrachten wir 36 Stunden dort. Den geplanten Satsang ließen wir einfach ausfallen. Am nächsten Morgen sah der Guru schrecklich aus. Er hatte knallrote Augen und wirkte vollkommen erschöpft.

»Ich bekomme eine Grippe«, sagte er mit rauer Stimme. Er schälte sich ein Ei und schüttete drei Suppenlöffel Pfeffer darüber. »Pfeffer gibt dem Körper ordentlich Dampf, um feindliche Bakterien zu töten. Peperoni hingegen töten auch nützliche Darmbakterien.« Nach drei Eiern konnten wir losfahren. Wir verabschiedeten uns schnell von unseren Gastgebern. Sie wollten im Winter nach Indien reisen und ein Apartment kaufen.

Ich saß in einem Daihatsu neben Hardy. Ich verzichtete freiwillig auf die Nähe des Gurus; erstens wegen der Ansteckungsgefahr, zweitens wollte ich nicht wieder hinter dem Uhrwerk sitzen. Ohne ein Wort hatte ich ihr heute früh die Schlüssel aushändigen müssen. Mit exakt hundert Stundenkilometern fuhren wir hinter dem Dodge Richtung Süden.

Hardy zeigte mir im Vorbeifahren seine alte Farm. Er hatte mit dem Verkauf mehrere Hunderttausend Dollar verdient und wusste noch nicht, ob er sie dem Gottverbundenen geben sollte. Ich fand allein die zögernde Überlegung verwerflich. Er hatte doch die Pflicht, sein Geld dem Meister zu spenden!

»Hardy«, rief ich empört. »Wenn wir eine neue Art der Menschheit aufbauen wollen, müssen wir dem Guru alles geben, was wir haben. Ich würde das auch tun.« Natürlich hatte ich leicht reden, denn ich hatte nichts zu geben. Hardy gab mir recht: »Ich überweise.«

Trotz aller Zweifel war in mir auch immer der feste Glaube, dass am Ende alles seine Richtigkeit haben würde. Diesen Mann hatte Gott geschickt. Ich hatte auch mein Leben lang an Jesus geglaubt, ohne Beweise für seine Existenz zu haben. Warum sollte ich jetzt nicht an diesen Guru glauben?

Jesus lebt. Und ich war mit seinem Nachfolger auf Butterfahrt.

Plötzlich hielt die Kolonne an. Der Guru kurbelte die Scheibe herunter und rief: »Timm, komm, fahr den Dodge!« Ich war gebenedeit, zitterte vor Glück. Das Uhrwerk kletterte nach hinten. Ohne ein Wort. Ohne einen Blick. Mir war egal, warum ich ans Steuer durfte. Hauptsache ich durfte. Ich war glücklich. Der Dodge schnurrte unter meiner Fußsohle wie eine zahme Raubkatze.

In diesem Land kam mir alles größer vor. Selbst die Regentropfen. Mehr als eine Stunde fuhr ich durch kerzengerade Weite, als mitten im Nichts ein riesiges weißes Kruzifix auftauchte. Ein blutender, hölzerner Jesus hing daran.

»Stop the car!«, rief der Guru. Ich bremste, dass der Asphalt qualmte.

»Ich wollte Jesus schon immer vom Kreuz holen. Jetzt ist der Zeitpunkt gekommen!« Der Guru fummelte an seinem Gurt herum.

»Warum?«, fragte ich.

»Schuld. Diese immerwährende Schuld. Guck dir den Typen doch an, wie er hängt mit diesem Gesichtsausdruck! Die christliche Kirche will, dass wir uns alle schuldig fühlen. Wir müssen ihn vom Kreuz holen, damit dieses Gefühl endet.« Der Guru stieg aus, stellte sich vor das Kreuz und imitierte die kümmerliche Haltung Jesu. Er rüttelte kurz an dem Kreuz. Doch dann beruhigte er sich und stieg wieder ein.

»Gib Vollgas!«

Ich schwieg und folgte dem Navigationsgerät. Nach Dutzenden von Kilometern kamen wir an ein einsturzbedrohtes Holzhaus hinter einem dichten Fichtenhain. Ein Paar stand wie versteinert vor dem Haus. Der Mann saß im Rollstuhl. Er war vermutlich um die sechzig und trug einen noch struppigeren Bart als unser Guru. Seine fettigen Haare hingen ihm bis in die Augen. Die Frau stand hinter ihm, die Hände an den Griffen. Sie war deutlich jünger und ebenfalls ungepflegt. Ihre langen, grau melierten Haare waren zu einem Zopf zusammengebunden, mit dem man einen ausgetrockneten Gartentisch hätte einölen können.

Wir stiegen aus. Der Guru nahm das fettige Haupt des Mannes in beide Hände und schloss die Augen. Wir standen still und beobachteten. Es war wieder so ein Moment, den ich nur in Gegenwart des Gurus erlebte. Ihn interessierten Äußerlichkeiten nicht. Ich hätte die Haare des Rollstuhlfahrers nicht mal mit Arbeitshandschuhen angefasst. Der Guru aber verfiel sofort in Transzendenz.

Wir bekamen Kaffee. Guten, amerikanischen Kaffee. Er übertünchte den modrigen Geruch des Hauses. Ein alter, blinder Schäferhund knurrte uns an. Auch er stank. Wir setzten uns auf fransige Sofas, der Guru ohne weiße Unterlage. Der alte Mann fing an zu erzählen. Er stamme aus Ungarn, sei auf einem Gut aufgewachsen und irgendwann vor den Kommunisten in den Westen geflohen.

»In Amerika habe ich mich als Künstler versucht. Außerdem als Schriftsteller, Tellerwäscher und was es sonst noch an romantischen Verdienstmöglichkeiten gibt. Mit vierzig bin ich vom Pferd gefallen und habe mir den Rücken gebrochen. Seitdem sitze ich im Rollstuhl.« Seine Frau holte ein Buch aus dem Bücherschrank.

»Das bin ich«, sagte er und hielt uns den Umschlag entgegen, auf dem ein Springreiter zu sehen war. Er fächerte mit dem Daumen die Seiten durch. »Und das ist mein Leben.«

Der Guru lächelte.

»So viel Weisheit in einer einzigen Handbewegung.«

Wir blieben eine höfliche Stunde, schoben den Mann in seinem Rollstuhl ein bisschen durch seinen Garten und fuhren dann weiter.

»So viel Hingabe, Timm. So viel Hingabe.« Der Guru war ganz beeindruckt von dem alten Mann. »Vor mehr als zwanzig Jahren hat er Osho besucht. Im Rollstuhl! Und im vergangenen Jahr ist er in meinen Ashram gekommen. Den ganzen Weg von Kanada nach Andhra Pradesh, stimmt's? So viel Liebe, so viel Mitgefühl, so viel Hingabe.«

Da ich mich nicht so streng an die Geschwindigkeitsbegrenzung hielt wie das Uhrwerk, durfte ich wieder fahren. Der nächste Termin war in einer kanadischen Kleinstadt, in der eine Bekannte von Hardy wohnte.

Die Frau lebte allein in einem riesigen Holzhaus, machte einen sympathischen, bescheidenen Eindruck. Sie servierte Kaffee und Kuchen. Unser Bestimmer kam gleich auf den Punkt: »Wir planen, ein Heilzentrum in unserem Ashram in Indien zu errichten.« Unsere Gastgeberin fragte genau nach. Wo. Wie. Weshalb. Der Guru erzählte von seinem Plan, eine holistische Gesundheitsklinik für Westler aufzubauen. Zwei Millionen Euro Investitionsvolumen.

»Zwei Millionen Euro ist verdammt viel Geld für Indien, findest du nicht auch?« Der Guru nannte Zahlen, Fakten und Thesen, um die Summe zu erläutern. Während die beiden debattierten, zogen sich Uhrwerk und Lichtstimme zurück. Ich ging spazieren.

Nach einer halben Stunde kehrte ich zurück zum Haus. Guru, Gefolgschaft und Gastgeberin standen davor und schienen auf mich zu warten.

»Let's go!«, rief mir das Uhrwerk entgegen. Wir verabschiedeten uns ein bisschen steif von unserer Gastgeberin und preschten davon. Der Guru wirkte äußerst mürrisch.

»Sag Hardy, er soll mich nie wieder mit solchen Leuten in Kontakt bringen!« Das Uhrwerk nickte. »Einige Leute sind einfach noch nicht reif für die Mission. Sie verstehen nicht, dass wir zum Wohle der Menschheit unterwegs sind. Wir brauchen ihr Geld, um Großes aufzubauen. Gott hat mir die spirituellen Mittel gegeben, die Welt zu verändern. Jetzt hat er mir auch die materiellen Mittel zur Verfügung zu stellen.«

USA

Unser nächstes Ziel lag in den USA, dem Land der unbegrenzten Möglichkeiten. Wir fuhren durch die Weite des Staates Maine. Die Lichtstimme saß neben mir auf der Rückbank des Dodge. Sie drückte mir einen Flyer in die Hand: *Weg der kosmischen Reife,* las ich. Der Guru würde auf einem dreitägigen Seminar die Teilnehmer durch verschiedene Ebenen führen, damit sie den Zustand des erleuchteten Seins erreichten. *Lebe jeden Moment glücklich und in voller Einheit, Reinheit, Harmonie und innerer Essenz,* stand auf der Rückseite. Daneben ein Foto vom Guru und – mir! Ich erschrak fürchterlich. Es war in Indien geschossen worden, bei einem der zahllosen Tempelausflüge. Wir hatten zu schrecklicher Hindu-Musik getanzt und uns anschließend lange in den Armen gelegen. Das Bild wurde genau in dem Augenblick geschossen, als ich meinen Kopf an die Brust des Gurus gelegt hatte.

Wir bezogen ein Chalet. Oak, Hardy und ich das Wohnzimmer, der Guru und die Lichtwesen breiteten sich im ersten Stock aus; Tabuzone für uns – das ahnte ich, ohne dass darüber ein Wort gefallen wäre. Ich las Wünsche wie Befehle von ihren Lippen ab. So weit hatten sie mich.

Hardy und ich schliefen auf einem L-förmigen Sofa, Oak auf dem Teppich – es mache ihm nichts aus, versicherte er. Mittlerweile war die Sonne untergegangen. Draußen herrschte stockdunkle Nacht. »Kommt, wir machen eine Nachtwanderung!«, schlug der Guru vor. Da er und sein Gefolge bereits in den vergangenen Jahren hier gewesen waren, kannten sie sich aus. Wir gingen auf den stockfinsteren Waldrand zu. Erst im letzten Moment erkannte ich einen kleinen Pfad.

»Geht mit euren Ohren!«, befahl der Gepriesene. Er schritt voran. Wir folgten im Schneckentempo. Ich sah die Hand vor Augen nicht. Hinter mir trat Hardy in meine Hacken und vor mir berührte ich immer wieder langes Haar. Ob es Oak war oder das Uhrwerk, konnte ich nicht sagen. Die Schweizerin hätte sich Berührung jeglicher Art allerdings vermutlich verbeten.

Nach einer Viertelstunde standen wir auf einer Lichtung und ich erkannte schemenhaft ein weißes Gebäude zwischen den Zweigen. Es sah aus wie ein Nobelhotel mitten im Wald. Unter Masten mit Scheinwerfern saßen rund fünfzig Menschen. Sie schienen zu warten. Als sie uns entdeckten, sprangen sie auf und liefen uns freudig jauchzend entgegen. Eine weiße Woge der Glückseligkeit schwappte über uns. Elysium, hier sind wir!

Es war wie immer: Die Menschen umarmten und huldigten uns mit dem Respekt, den ich höchstens Göttern gegenüber erwarten würde. Viele Anhänger waren jung, unter vierzig. Auch Melissa und ihr Mann waren hier. Sie hatte alles organisiert. Und zwar perfekt.

Beim Satsang saß ich vorne neben der Lichtstimme. Wir sangen laut und ausgelassen. Niemand zügelte uns. Ich fühlte mich unbeschwert. Im wahrsten Sinne.

»Drei Tage haben wir jetzt miteinander. Sehr gut, denn ich habe euch eine ganze Menge mitzuteilen! Ich führe die Arbeit von Buddha, Jesus und den anderen großen Meistern fort. Ich habe so ein Glück, dass ich das in einer Zeit des Wandels tun darf.«

Ein muskulöser junger Mann fragte: »Welchen Wandel erwartest du denn?« Der Guru wartete einige Augenblicke mit geschlossenen Augen, bis er seine Antwort präsentierte: »Ich erwarte, dass das System zusammenbricht. Die Menschen warten schon so lange, dass diese Krise endet und alles wieder gut wird. Aber das wird es nicht. Es wird alles zusammenbrechen. Und das ist gut so. Jede Zerstörung öffnet Raum für eine neue Schöpfung.« Er erzählte Geschichten über die Götter Shiva, Durga und Kali. Es ging um Zerstörung. Ich hörte nur mit einem Ohr zu, da ich Sagen schon immer tödlich langweilig fand.

Die wohlhabenderen Besucher fragten nach der Zukunft der Finanzmärkte. Aber der Guru bot keine konkreten Antworten: »Ich kann nicht in die Zukunft blicken. Sie wird wie immer das bringen, was in dem Moment für die Menschheit ansteht.« Einige Besucher waren vielleicht ein bisschen enttäuscht, aber andere erkannten die Größe in dieser Aussage.

Am nächsten Morgen sollte Amerika Inner Yoga lernen. Wir standen am oberen Ende einer abschüssigen Wiese vor dem Hotel. Fünfzig Weißgekleidete warteten auf persönliche Entwicklungshilfe.

»Rollt den Hang runter!«, befahl der Angehimmelte. Er legte sich auf den Boden parallel zum Abhang und rollte hinab. Oder kugelte. Es war auf jeden Fall keine runde Bewegung, da sein Bauch ein erhebliches Hindernis darstellte. Er eierte. Niemand folgte seinem Beispiel. Der Guru konnte aus schwindeligen Gründen nicht sofort aufspringen und seine Jünger antreiben. Also übernahm das Uhrwerk: »Everybody get down and roll down se hihill!« Die Kursteilnehmer zögerten. Unsere Kleidung war schneeweiß und das Gras taunass. Jetzt schlug meine Stunde. Ich legte mich auf den Boden und rollte wie ein Torhüter nach einer Glanzparade herab. Das Uhrwerk folgte mir. Endlich kugelten auch die anderen mit. Je nach Konstitution rollten, eierten oder kollerten sie abwärts. Nach den ersten Metern fingen einige an zu quieken oder zu kreischen. Als alle mit nass grün schimmernden Kleidern unten angekommen waren, gab der Guru den Befehl: »Once again!« Das Uhrwerk übersetzte komischerweise ins Schweizerdeutsche. »Nochamal!«, rief sie begeistert und schwang den rechten Arm über ihrem Kopf wie eine Rodeoreiterin.

Wir spurteten den Hang hinauf und kullerten erneut hinunter. Der Guru blieb unten liegen und rief: »Feeeeeel the ground. Feeeeeel it!« Aber diese Aufforderung ging im Gelächter und Geplapper unter. Der Meister erhob sich. »Und jetzt genießt die Stille. Entspannt euch.« Wir wurden still, spürten Nässe, Kälte und unterdrückte Heiterkeit. Nach ein paar Minuten Ruhe folgte der nächste Programmpunkt: »Sei ein Krokodil!« Wie damals im indischen Sandkasten sollten wir aus einer kauernden Angriffshaltung blitzartig nach vorne schnellen. Es störte nicht, dass wir über- und untereinander lagen. Plötzlich kauerte die mit Abstand hübscheste Amerikanerin neben mir. Obwohl wir uns mitten in der Übung befanden, fragte sie mich flüsternd: »Wirst du nächstes Jahr im Ashram in Indien sein?«

»Natürlich!«, antwortete ich, ohne zu zögern, wohl wissend, was die Frage bedeutete. Ich hatte mich weit von zu Hause und von mir selbst entfernt. Treue und andere Versprechen bedeuteten nicht mehr viel. Ich lebte nur einmal und diese Frau war hübsch.

Ob der Guru und das Uhrwerk uns gehört haben?, schoss es mir plötzlich durch den Kopf. Ich wurde knallrot und spielte lieber wieder Krokodil.

Eine gute Stunde lang trainierten wir Inner Yoga. Nach einer kurzen Pause trafen wir uns im Seminarraum wieder.

»Warum haben wir das gemacht?«, fragte der Guru. Er war in frisches Leinen gehüllt. Gleich darauf beantwortete er seine Frage selbst: »Yoga besteht nicht nur daraus, euren Körper zu verdrehen und Stellungen zu zeigen. Yoga heißt, frei und mit der Natur verbunden zu sein. Authentisch sein. Yoga ist Liebe und Mitgefühl. Genau das ist gerade geschehen, stimmt's?« Alle nickten. »Ihr lebt dieses Leben einmal. Ihr seid gleichzeitig überall. Weil ihr göttlich seid. Göttlichkeit steckt in allem. Aber wenn ihr an eurem Ego festhaltet, seid ihr nicht mehr multidimensional, sondern eindimensional. Das ist so langweilig!« Der Guru lachte. Alle, die er gerade als Langweiler bezeichnet hatte, lachten ebenfalls. Ich auch.

»Erlebt das Leben in jeder Dimension! Es gibt keine Entschuldigung, nicht frei zu sein«, sagte er, schob die Unterlippe nach vorn und nickte in die Runde, als wollte er »Stimmt's?« sagen. Tat er aber nicht.

In der Pause saß ich mit einigen Seminarteilnehmern auf dem mittlerweile trockenen Rasen. Es war zwar erst Anfang Mai, aber warm wie im Sommer. Manchmal läge um die Jahreszeit sogar noch Schnee, erzählte einer der Amerikaner. »Aber in diesem Jahr ist alles anders. Vielleicht wegen des Gurus.«

»Vielleicht«, sagte ich.

»Was ist eigentlich mit Sex?«, fragte mich ein nett aussehender Mann um die vierzig. »Ihr seid alle im besten Alter und seht auch noch ganz annehmbar aus. Aber ihr scheint nie an Sex zu denken oder Sex zu haben. Wie kommt das?« In diesem Moment kam meine ganze verlogene Scheinheiligkeit zutage. Ich behauptete, dass wir so zufrieden mit unserem Leben seien, dass Sex keine Rolle mehr spiele. Wir würden uns noch nicht mal heimlich selbst befriedigen. Das hätte sich in der Gegenwart unseres Gurus transformiert. Alle blickten mich bewundernd an. Zum Glück war das hübsche Krokodil vom Vormittag nicht dabei. Es hätte mir leidgetan, wenn sie gedacht hätte, ich hätte mich vom Sex verabschiedet.

Melissa setzte sich zu uns. Sie machte heute einen besonders lüsternen Eindruck. Um davon abzulenken oder ebenfalls ihre Heiligkeit unter Beweis zu stellen, erzählte sie, dass Sex völlig überbewertet würde. Alle stimmten ihr wenig erregt zu.

»Er kommt!«, rief Melissa auf einmal. Natürlich dachten alle in diesem Moment etwas ganz anderes.

»Ich kann es fühlen«, behauptete Melissa. Und stöhnte. Tatsächlich bogen Guru und Uhrwerk in diesem Moment mit dem

Dodge um die Ecke. Das Geräusch des Autos hatte jeder von uns hören können. Melissa atmete tief ein. »I can feeeel it.«

Am Abschlussabend tanzten wir. Der Guru legte Disco-Musik auf. Ich gab acht, nicht zu häufig mit dem Krokodil zu tanzen und allgemein nicht zu sehr aufzufallen. Schließlich war ich Begleitung, ein Diener, und nicht der Hauptakt, ein Gott. Zum Abschluss sollte der Guru wie nach jedem Seminar die Einweihung geben und alle Teilnehmer feierlich segnen. Das Wetter war umgeschlagen. Es herrschten jetzt unter zehn Grad Celsius und es regnete heftig. Wir bereiteten die Einweihung draußen vor. Schon nach zehn Minuten klapperten mir die Zähne und ich war klitschnass. Das Uhrwerk fror so, dass ihre Lippen blau anliefen. Sie hielt einen Regenschirm, um die weißen Tücher zu schützen, die der Guru während der Einweihung über die Gläubigen hängen sollte.

Viele weinten bei der Zeremonie. Die Stimmung nahm mich trotz des Regens mit. Der Guru schien wie bei jeder Einweihung bewusst in eine andere Sphäre eingetreten zu sein. Einige Teilnehmer sanken auf die Knie und küssten die Füße des Gurus. Zwei Frauen fingen stark an zu zittern und ließen sich von mir zurück ins Hotel bringen. Eine andere kreischte, als der Guru ihr das weiße Tuch umhängte. Er strich ihre Körper mit Fichtenzweigen ab, die Oak und ich zuvor gesammelt hatten. Die Zweige waren nass und kalt. Die Zeremonie dauerte über eine Stunde. Zum Schluss bekamen wir, das Team, eine weitere Einweihung. Meine dritte. Eden hatte mir in Indien erzählt, wer dreimal eingeweiht würde, könne nie mehr aus der

Guru-Energie entweichen und sei in den alleinigen Dienst Gottes gestellt. Als die Zweige meinen Körper berührten, stieg wieder ein Kloß in meinem Hals hoch. Ich konnte mich nicht dagegen wehren. Es kam einfach. Allerdings nicht so heftig wie in Blaufingen. Der Guru und ich guckten uns wieder unendlich tief in die Augen. Alle Zweifel waren weg. Es existierte Liebe und tiefe Dankbarkeit. Was war das? Ein Zauber, der nicht zu erklären war. Der nicht zu erklären sein durfte.

Am nächsten Morgen verabschiedeten wir uns von fünfzig Eingeweihten im Regen; eine verschworene Gemeinschaft.

»Hast du gesehen? Auch der Guru hat gestern geweint«, hauchte Melissa in mein Ohr. Ihr Mann behauptete, dass ein Kreis von einem Meter Durchmesser um den Guru herum trocken geblieben wäre. »Als ob der Regen Guruji verschonen wollte.«

Eine unscheinbare junge Frau wollte beobachtet haben, wie der Guru gedampft hatte. Alle nickten in schweigender Andacht.

»Er ist komplett trocken geblieben«, behauptete Melissa bewundernd. Wir wollten ein Wunder. Wir bekamen ein Wunder.

Der Guru, die beiden Lichtwesen und ich machten uns zurück auf den Weg ins Schloss nach Kanada. Das Uhrwerk fuhr. Am nächsten Morgen sollten wir zurück nach Schweden fliegen. Ich würde abends die Fähre Stockholm–Kiel nehmen. Ich musste meinen Guru für eine Woche verlassen, weil meine

Nichte konfirmiert wurde. Mir graute es vor meiner Familie und ihren Fragen.

Am Morgen unseres Abflugs beschloss der Guru, dass wir unbedingt Werkzeug in Kanada kaufen müssten, weil es hier viel günstiger sei. Also hielten wir an einem amerikanischen Monster-Baumarkt und kauften Sägen, Bohrmaschinen, Schleifgeräte und alle Werkzeuge, die man benötigt, um eine Großbaustelle zu bestücken.

Dreißig Minuten vor Abflug fanden wir uns am American-Airlines-Schalter ein.

»Das Gate wurde gerade geschlossen«, sagte uns ein Herr freundlich, aber bestimmt. Das Uhrwerk geriet außer sich. »Das ist doch unmöglich! Was denken Sie denn?«

Der Guru trat vor den Mann. »Wir werden in dieses Flugzeug steigen.« Seine Stimme schien aus dem Jenseits zu kommen. Der Schaltermann nickte. »Ich werde mein Bestes versuchen, Sir.« Fünf Minuten später standen wir am Gate. Wir schleppten fünf Koffer, kistenweise Werkzeug, Umhängetaschen und Rucksäcke, die wir auf dem Rollfeld abgeben sollten. Das Uhrwerk stieß aus Versehen gegen einen unserer Koffer. Als dieser umfiel und aufsprang, begann sie zu weinen. Sie versuchte, ihre Tränen zu verstecken. Die ganze Verantwortung, die Last als Reiseleiterin des Gottgesandten brach aus ihr heraus. Der Guru zuckte die Achseln, als wollte er »Weiber« sagen.

Als eine blecherne Lautsprecherstimme unseren Flug aufrief, holte ich mein Ticket hervor. Auf dem Pappstreifen stand

Christian Kingston. Da alle anderen beschäftigt zu sein schienen, lief ich zum Schalter und erklärte, dass ich das falsche Ticket bekommen hätte. Eine uniformierte Frau blickte mich ungläubig an und fragte: »Sind Sie sicher, dass Sie nicht Christian Kingston sind? Und dass keiner Ihrer Mitreisenden Christian Kingston heißt?«

»Ja, Ma'am, ganz sicher.«

»Christian Kingston, bitte kommen Sie umgehend zu Gate C 33!« Wir warteten. Nichts passierte. Sie wiederholte die Durchsage. Anschließend telefonierte sie mit dem Ticketschalter.

»Es tut mir leid, aber Sie können mit diesem Ticket nicht an Bord gehen.« Plötzlich stand der Guru neben uns. »Timm, ich glaube, ich habe dein Ticket«, erklärte er. Tatsächlich stand mein Name auf seinem Ticket. Die Uniformierte fragte: »Sir, Sie sind nicht zufällig Christian Kingston, oder?« Der Guru lachte: »Nein, aber das ist der Name, der in meinem Pass steht.« Die Dame verstand das als Witz, nahm seinen Pass und nickte erleichtert. »Guten Flug, Mr. Kingston!« Der Guru lächelte charmant.

»Und Mr. Kruse«, rief mir die Dame hinterher. »Vielleicht sollten Sie beim nächsten Mal genauer darauf achten, mit wem Sie sich auf Reisen begeben.«

Als wir im Flugzeug saßen, sagte der Guru zu mir: »Auch ein Guru braucht einen Namen. Christian kommt von meiner christlichen Tradition. Kingston ist ein versteckter Hinweis auf meine göttliche Herkunft.«

Kurze Pause

Die Stimmung war erhaben. Demut lag in der Luft. Wir falteten unsere Hände, neigten die Häupter. Es herrschte eine Ich-bin-klein-mein-Herz-ist-rein-Atmosphäre. Glaube und Gehorsam waren das Gebot der Stunde. Alle hatten sich so hübsch gemacht, wie es dieser besondere Anlass erforderte. Der Moment war heilig. Wortfetzen erreichten meine Ohren. Worte des Herrn, über Segen und Behütung. Ich schielte nach vorn. Er sah riesig aus, ganz in Weiß, gelbe Bordüre. Sehr feierlich. Die Arme ausgebreitet, die Handflächen Richtung Himmel. Wie ans Kreuz genagelt. Wie alt mochte dieses Ritual sein? Ich bekam eine Gänsehaut. Vielen standen Tränen in den Augen. Seine Hände sanken langsam herab. Er beschrieb die Form eines Kreuzes mit dem rechten Arm: »Der Herr segne dich und behüte dich; der Herr lasse sein Angesicht leuchten über dir und sei dir gnädig; der Herr hebe sein Angesicht über dich und gebe dir Frieden.« Der Pastor hängte jetzt jedem der Konfirmanden eine Kette mit einem Kreuz um den Hals. Anschließend gab er ihnen in ehrlich gemeinter Verbundenheit die Hand und setzte ein Lächeln auf.

Meine Nichte sah sehr süß aus. Sie trug ein für die Kirche etwas zu kurzes schwarzes Kostümchen, hatte die Haare hochgesteckt, fühlte sich in ihrer Haut aber nicht richtig wohl. Einmal trafen sich unsere Blicke und sie guckte, als wollte sie sagen: »Wann ist das hier endlich vorbei?« Sie war noch schüchtern und unverdorben. Kein Pastor der Welt musste ihr Segen wünschen oder hoffen, dass ihr Angesicht leuchte. Sie leuchtete von allein, so wie alle Konfirmanden. In diesem Moment war der Herr allen gnädig. Und Frieden herrschte auch.

Nach der Veranstaltung stand der Pastor am Kirchenausgang und schüttelte allen persönlich die Hand. In seinen Augen las ich: *Bewundert mich für meine Heiligkeit.*

Wir gingen zu Fuß von der Kirche zum Haus meines großen Bruders. Ich hatte Sandalen und weißen Guru-Kaftan gegen italienische Designerschuhe und einen anthrazitfarbenen Boss-Anzug getauscht.

»Hättest dich wenigstens rasieren können«, greinte mein Vater.

»Wieso?«, antwortete ich gereizt. »Der Pastor hatte doch auch einen Bart.«

»Der!«, sagte mein Vater abwinkend und behielt seine Meinung für sich. Gabi drückte meine Hand. Jetzt bloß keinen Streit anfangen!

Die Stimmung war allgemein gereizt. Meine Eltern hielten mich weiterhin für vollkommen verrückt und meine Brüder ließen mich in Ruhe, weil sie wussten, dass ich sie in Grund und Boden diskutieren würde. Ich war immer derjenige mit den besten Argumenten. Und derjenige, der am häufigsten unrecht hatte. Mein großer Bruder folgte seinem Verstand, mein kleiner seinem Herzen und ich dem Rebellen in mir. Unser Vater verzweifelte an allen dreien, weil keiner so war wie er.

Mir kam meine Familie wie eine kriminelle Vereinigung vor. Jeder kannte die schlimmsten Fehler des anderen. Jeder hatte heimliche Strategien entwickelt, um die anderen auf seine Seite zu zerren. Wir lebten ein einziges Missverständnis. Ich erinnerte mich an all die guten Absichten und ihre Folgen, an unterdrückte Gefühle, Mauern und nie ausgesprochene schwebende Worte. Ein System aus Unterdrückung, Manipulation, Geringschätzung und Bewunderung. Wie jede Familie.

Mein großer Bruder hielt eine kurze Rede. Die Besonderheit dieses Moments und solche Dinge. Er hatte recht. Es gab natürlich Spargel. Dazu Schinken, Kartoffeln, Brot, Bier, Käse, Nachtisch und was wir Deutschen sonst brauchen, um ein ordentliches Fest zu feiern. An Hunderttausenden von Tischen in Deutschland sah es aus wie bei uns. An jedem Tisch wurde über Krisen, den Euro und sonstige Nichtigkeiten geredet. Jeder glaubte ernsthaft, es ginge uns schlecht. Ich sagte nichts während des gesamten Essens. Erzählte nicht, dass ich sterbende, verhungernde Menschen in Indien gesehen hatte. Dass ein Drittel der deutschen Lebensmittel auf dem Müll landete. Dass unser Gesundheitssystem zusammenbrach, weil wir zu viel fraßen. Durch meine Guru-Zugehörigkeit war ich dem inneren Kreis der Familie zu weit entrückt. Ich hatte kein Recht mehr, Unannehmlichkeiten anzusprechen. Denn ich war selbst zu einer Unannehmlichkeit geworden. Zwanzig Verwandte waren gekommen und keiner fragte, wie es mir jetzt so ginge mit diesem Guru. Dabei wussten alle Bescheid. Sie schielten mich an. Ich spürte die Feigheit hinter dem Schweigen. Über unbequeme Dinge redet man nicht. Auf einer Konfirmation erst recht nicht.

Zu unserem Familienkreis gehört einer der ranghöchsten Vertreter unseres Staates. Mit gerade mal Mitte vierzig ist er schon jetzt der berühmteste Detmolder aller Zeiten. Vermutlich wird er eines Tages Bundespräsident sein.

»Erzähl mir von diesem Guru, Timm«, sagte er freundlich. Aber ich traute keinem mehr: »Wer hat dich denn geschickt?« Er lächelte mich an. Nicht milde, sondern ehrlich und respektvoll. »Ich kann mir schon vorstellen, was du an Gesprächen hinter dir hast.« Er nickte minimal in Richtung meines Vaters. Es war eine Art Verbrüderungsgeste. »Ich bin neugierig. Ich kenne mich mit Gurus nicht aus und würde gern mehr darüber erfahren.« Wir gingen nach draußen. Das Wetter war, wie auf jeder Konfirmation, perfekt.

»Es ist so schwer zu beschreiben. So ein Ashram ist wie eine Firma. Der Guru ist dabei der gute Firmenchef. Er holt aus jedem das Beste raus, ist immer für uns da, urteilt nicht, schimpft nicht, setzt uns nie unter Druck. Vor allem weiß er immer, was in seinem Laden läuft. Bringt dir dieser Vergleich etwas?«

»Doch, doch.«

»Und außerdem weiß er immer, was in der Welt außerhalb des Ashrams gerade passiert. Welche Neuerungen es gibt, was politisch vor sich geht. Ich habe bei ihm immer das Gefühl, dass Informationen atmosphärisch zu ihm dringen. Als hätte er ein Sinnesorgan mehr als wir.«

»So etwas wie übersinnliche Kräfte?«

»Tja, ich weiß nicht. Er ist ein Mensch wie du und ich. Vielleicht auf einer höheren Bewusstseinsstufe. Oder hast du so etwas auch? Du wirst ja auch von vielen Menschen bewundert. Vielleicht halten sie dich für so etwas wie einen Juristen-Guru.«

Er lächelte bescheiden. »In erster Linie hat Erfolg nach meinem Erachten mit Arbeit zu tun. Dann kommen Faktoren wie Talent ins Spiel. Ein gutes Gespür für seine Umwelt und das Umfeld schaden bestimmt auch nicht. Aber vielleicht würde dein Guru genauso antworten.« Wie meinte er das? Wollte er sich auf eine Stufe mit dem Guru stellen? Oder wollte er den Guru aus einer höheren Sphäre herunterholen? Aber bevor ich den Gedanken zu Ende gedacht hatte, stellte er mir die nächste Frage: »Würdest du sagen, dass es in Deutschland so etwas wie eine gesellschaftliche Bewegung in Richtung einer spirituellen Alternative gibt?«

»Ja, definitiv«, antwortete ich. Wir hatten das Ende des Gartens erreicht und betrachteten Reihenhäuser. »Früher haben die Menschen in der Kirche Halt gesucht. Heute gibt es spirituelle Seminare, Meditationsgruppen und so etwas. Wahrscheinlich haben die meisten Menschen mittlerweile begriffen, dass das hier« – ich nickte Richtung Reihenhaussiedlung – »nicht unbedingt der Weg zum Glück ist.«

»Was ist denn der Weg zum Glück?«

»Wenn ich das wüsste, würde ich keinem Guru folgen, sondern selbst einer sein, oder?«

Korrespondenz

Mein lieber Sohn Timm,
nun sitze ich schon wieder hier und schreibe Dir. Diesmal habe ich fest vor, den Brief abzusenden, und hoffe auf eine Antwort von Dir, die mir Dein Vorhaben verständlich macht.

Ich will Dir versichern, dass ich Dich nicht verletzen und schon gar nicht beleidigen will. Zugleich will ich Dir aber auch versichern, dass ich Dir in der Hoffnung schreibe, dass Du von Deinem Vorhaben, diesem Guru für mindestens ein Jahr zu folgen, Abstand nimmst.

Gut die Hälfte Deines Lebens, vermutlich die bessere Hälfte, liegt hinter Dir, und Du wirst ein Resümee gezogen haben, was Dich dazu bringt, Dein kulturelles, soziales und wirtschaftliches Dasein und das Erbe Deiner Väter aufzugeben und Dich einer spirituellen Lebensweise hinzugeben, die ihre Wurzeln in einer fremden Kultur hat und der Vielgötterei des indischen Dschungels entstammt.

Du gibst Deine Persönlichkeit auf und hängst Dich einem »erleuchteten« Guru an, der sich von Verblendeten aushalten lässt. Es fördert nicht die Persönlichkeit und Selbstachtung, sich zum Selbstbeleuchtungszweck neben oder unter solch einen Guru zu stellen.

Horch in Dich rein, ob Du noch vor Dir bestehen kannst. Darauf kommt es an. In uns wohnt der Richter, der untrüglich ist. An seinem Urteil soll Dir mehr gelegen sein als an der Meinung der ganzen Welt.

Es wird Dir profan erscheinen, wenn ich Dir sage, dass eine Familie auch finanziell eine Herausforderung ist und man sich für die Ausbildung der Kinder manche Mark zusammensparen muss.

Wir hoffen, dass Du kein Arbeitslosengeld beantragt hast und als gesunder, junger Mann die Wohltaten des Sozialstaates missbrauchst, was beschämend wäre. Der anschließende Absturz in Hartz IV würde dann auch noch zum Verlust aller Vermögenswerte führen, die wir auf Dich übertragen haben als zusätzliche Altersversicherung. Altersarmut oder die Abhängigkeit von der Gnade der Brüder oder der Sozialhilfe bedeuten ein würdeloses Leben.

Mama und ich sprechen nur noch selten über Dein Vorhaben in der Gewissheit, bei dem anderen die Wunde wieder aufzureißen, die vielleicht für kurze Zeit in Vergessenheit geraten ist. Dein letzter Anruf und die Aussage, nicht mehr zu arbeiten, weil Du nur noch Dinge tun möchtest, die Dir Freude bereiten, ist Mama so auf den Magen geschlagen, dass sie nicht einmal essen konnte, und ich liege manche Stunde wach vor Kummer und Hilflosigkeit.

Auch wenn Du behauptet hast, Dein Vorhaben tangiere unser Leben nicht, muss ich Dir sagen, dass wir in den letzten Jahren unseres Lebens nicht mehr mit einer solchen Enttäuschung gerechnet haben. Du musst schon völlig blind sein! Weil Du keine Kinder hast, kannst Du Dir kein Bild von den Gefühlen eines Vaters oder einer Mutter machen.

Ich rate Dir, Dich in therapeutische Gespräche zu begeben, so schwer es mir auch fällt.

Nun grüße ich Dich, mein Sohn, und umarme Dich.
In großer Sorge, Dein Vater

Lieber Vater,
danke für Deinen Brief. Ich verstehe Deine Sorgen besser,
als Du denkst, und will nun versuchen, sie Dir zu nehmen.
Natürlich möchte auch ich Dich nicht verletzen oder gar
beleidigen.
Wir befinden uns in einem klassischen Generationenkon-
flikt. Du hast die Gesellschaft mit aufgebaut, hast da Dein
Glück gefunden und kannst einfach nicht begreifen, dass ich
neuerdings einen anderen Weg wähle, den spirituellen. Ich
gehe diesen Weg nicht, weil ich hier unglücklich wäre und auf
alles schimpfe. Ganz im Gegenteil. Ich habe einen tollen
Beruf gewählt, in dem ich in einem Jahrzehnt mehr erlebt
habe als die meisten anderen Menschen in ihrem ganzen
Leben. Aber ich habe in dieser Zeit auch tiefer in die Mecha-
nismen unseres Mediensystems gucken dürfen. Fernsehen ist
zu einem Medium geworden, das mit der Angst spielt. Je
schlechter eine Nachricht, desto größer wird sie aufgezogen –
selbst bei den Öffentlich-Rechtlichen. Jeder Tropfen Blut
muss ausgepresst werden. Positive Themen werden nicht
mehr gesendet. Die Gesellschaft wird dadurch immer ängst-
licher und unsicherer. Siehst Du den Irrsinn hinter dem ganzen
System? Ich kann es nicht mehr mitspielen. Deshalb habe ich
gesagt, ich hätte keine Lust mehr, als Journalist zu arbeiten!
Du schreibst, ich solle in mich reinhorchen, ob ich noch
vor mir bestehen könne. Ja!! Jetzt wieder! Es ist der Richter

in mir, der sagt: »Suche eine Alternative.« Nur dieser Richter zählt, und um die Meinung der ganzen Welt habe ich mich noch nie gekümmert, wie Du weißt.

Du schreibst, ich würde mein kulturelles, soziales, wirtschaftliches Dasein und das Erbe meiner Väter aufgeben. Das stimmt nicht. Ich gehe auf Reisen, mehr nicht. Ich suche eine Alternative, nach Lösungen. Der indischen Vielgötterei renne ich bestimmt nicht hinterher. Ich halte mich da in einem Ashram auf, der eine Oase des Friedens ist und nicht viel mit der indischen Nation zu tun hat.

Ich hänge mich weder einem Guru an noch bin ich ihm ausgeliefert. Ich verbringe Zeit mit ihm und versuche, seine Grundsätze zu verinnerlichen: »Love, share, care.« Liebevoll sein, teilen, aufeinander achtgeben. Darum geht es in der Ashram-Gemeinschaft, und wegen dieser Grundsätze funktioniert das Leben da. Diese Grundsätze kamen leider auch bei mir häufig zu kurz. Ich lerne sie jetzt neu.

Weil diese Grundsätze auch in unserer Gesellschaft untergehen, bricht unser System gerade zusammen. Alles, was Du in den vergangenen vier Jahrzehnten erwirtschaftet hast, geht gerade den Bach runter. Eine Handvoll skrupelloser Banker und Politiker haben das ganze System verarscht. Ein System, das auf so wackligen Beinen steht, willst Du mir verkaufen? Dass Du keine Alternativen suchst, kann ich verstehen. Aber lass mich bitte auf die Suche gehen.

Wir haben auch unsere Erleuchteten in Deutschland. Wir nennen sie nur nicht so. Bei uns stehen sie im Bücherschrank, werden höchstens auswendig gelernt oder blind rezitiert, um Wissen vorzutäuschen. Aber wir leben ihre Lehre nicht. Luther, Goethe, Hesse. Sie waren zutiefst spirituell. Ihre Bücher sind Lehren, die auf der ganzen Welt gelesen werden, sie gelten für alle Menschen, sie sind überkulturell. Du hast Angst vor einem Guru? Weil er aus Indien ist, weil er schwarz ist, weil er nicht monokulturell denkt? Seine Lehre ist ebenfalls überkulturell, sie gilt auch für alle Menschen und wird niemals welk. Wenn Goethe heute leben würde, würde ich nach Weimar ziehen und versuchen, möglichst viel von ihm zu lernen. Ich würde ihm die Schuhe putzen, den Kragen steifen und ihm zur Not die Füße küssen. Warum nicht? Wenn ich genug gelernt hätte, würde ich zurückkehren und Euch von diesen Lehren berichten. Nicht mehr und nicht weniger.

Du schreibst, ich solle mich in therapeutische Gespräche begeben. Ich weiß auch, dass dieser Rat Dir schwerfällt, denn ich kenne Dich und glaube zu wissen, dass Du Dir die Schuld für diese Notwendigkeit gibst. Trotzdem fiel mir zunächst das Zitat eines Therapeuten ein: »Eltern, die ihre Kinder zu mir senden, sage ich immer: ›Schickt mir bloß nicht eure Kinder. Kommt selbst!‹«

Du sagst, dass Du in den letzten Jahren Deines Lebens mit einer solchen Enttäuschung nicht gerechnet hättest. Welche Enttäuschung? Dass ich ein Jahr lang keine Steuern zahle? Nein! Arbeitslosengeld beziehe ich auch nicht. Hartz IV erst recht nicht.

Ich habe ein gutes Buch von Gabi geschenkt bekommen. In »Das Ende ist mein Anfang« schreibt der italienische

Journalist Tiziano Terzani: »Es gibt zwei Wege im Leben: Den Weg des Glücks und den Weg der Freiheit.«

Du, lieber Vater, hast den Weg des Glücks gewählt, eine Familie gegründet, in Deinem Beruf als Arzt die Berufung gefunden. Das ist schön. Du hast auch Dein Glück gefunden. Mit Mama, manchmal sogar mit uns. Das war Deine Lebensleistung, vor der ich tiefen Respekt habe. Aber Leistung ist relativ und noch dazu vergänglich. Dein Glück schwindet, wenn Dein Sohn diesem Leistungsprinzip nicht folgt. Dein Glück schwindet, weil Du Deinen Beruf nicht mehr ausüben kannst. Das kann ich alles verstehen. Aber deshalb glaube ich an Deinen Weg des Glücks nicht. Denn ich habe immer gesehen, dass Dein Glück an Bedingungen geknüpft war. Und jetzt bist Du nicht glücklich, weil ich aus der Reihe tanze, Du nicht mehr arbeiten kannst und noch dazu immer älter wirst. Wenn das Glück von außen abhängig ist, kannst Du es vergessen.

Auch wenn Dein System der Glücksfindung das System von 99 Prozent der Menschen in unserer Gesellschaft ist, funktioniert es in meinen Augen nicht. Daher suche ich nicht den Weg des Glücks, sondern den Weg der Freiheit. Ich gehe ihn noch nicht mal konsequent, denn Dein Weg des Glücks steckt auch tief in mir. Also mache ich einen Kompromiss und beschränke meine Reise auf ein Jahr. Sollte mich allerdings der Weg der Freiheit überzeugen, behalte ich mir vor, zu verlängern. Auch das ist in Ordnung, nichts Schlimmes oder Verrücktes, das therapeutisch behandelt werden müsste.

Dies soll nicht der letzte Brief sein. Auch mir werden Dinge klarer, während ich schreibe. Einen Tag in einen Brief an Dich zu investieren ist weitaus wertvoller, als einen Film über drei Tote auf der B4 zu machen. Kannst Du das verstehen? Auch wenn ich kein Geld verdient habe.

Ich liebe Dich weiterhin. Ich akzeptiere Dich. Auch wenn ich Dich nicht immer verstehe.

Dein Timm

Lieber Timm,

vielen Dank für Deinen Brief. Er konnte mich genauso wenig überzeugen wie Mama oder Deine Brüder.

In ihm verwendest Du Begriffe wie Glück und Freiheit. Du hast die Begriffe bei Terzani abgeschrieben, aber ihren Inhalt nicht verstanden. Lass Dir gesagt sein, es gibt viele andere Wege als den Weg des Glücks und den Weg der Freiheit. Alles, was Du schreibst, ist eine unkritische Träumerei. Du verwechselst Selbstzerstörung mit Selbsterhaltung. Du ziehst Dich zurück in ein Schneckenhaus wie ein Einsiedlerkrebs, das Du vorgefertigt aus einer fremden Gedankenwelt vorgefunden hast. Natürlich kann man meditieren; dazu gibt es in unserem Kulturraum Möglichkeiten genug. Ich kenne Männer, die sich beispielsweise in das Kloster Maria Laach zurückgezogen haben, ohne religiös zu sein, um abzuschalten.

Mir scheint, die Spiritualität hat Dich eher vernebelt, und in Autosuggestion baust Du Dir Deine Welt. Bist Du nicht Manns genug, Dein Leben selbst zu regeln?

Du willst den Weg der Freiheit gehen. Freiheit bedeutet aber nicht, von etwas frei zu sein, sondern für etwas frei zu sein. Du bist darum nicht frei, wenn Du tun kannst, was Du willst, sondern dann, wenn Du tun willst, was Du tun sollst.

Du erwähnst Goethe, Luther und Hesse und bezeichnest sie als »tief spirituell«. Dann hast Du zwar den Begriff Spiritualität gelernt, aber seinen Inhalt nicht verstanden. Man kann von diesen dreien in der Tat viel lernen, was mit Tugend, Liebe, Wahrheit, Glück und Freiheit zu tun hat, aber Spirituelles kann man von ihnen nicht lernen. »Das aber ist der Weisheit letzter Schluss, nur der verdient sich Freiheit wie das Leben, der täglich sie erobern muss.« Das ist Kultur, und nicht spirituell. Dein Guru ist spirituell, und aus der Ideologie dieses Halberleuchteten ist Deine Sozialkatastrophe entstanden.

Du schreibst, dass Du einen tollen Beruf gewählt hast. Gleichzeitig beklagst Du die Mechanismen unseres Mediensystems. Du als Journalist kannst Dich gegen den Zwang auflehnen, von Dingen zu berichten, die Angst schüren oder auf die es nicht ankommt. Das heißt tun zu wollen, was man tun soll. Du aber resignierst, begibst Dich in die verblendete Gedankenwelt einer fremden Kultur und entschwindest in die Isolation und Einsamkeit, die Du für Freiheit hältst. Zurück lässt Du verletzte und enttäuschte Menschen und ein persönliches Chaos.

Love, share, care sind ethische Begriffe, die Du in der Gesellschaft, in der Du lebst und die Dich trägt, praktizieren solltest. (Frei ist der, der tun will, was er tun soll!)

Stattdessen übst Du nun Kritik an dieser Gesellschaft und flüchtest Dich in ein irrationales Ich. Macht es Dich immer noch nicht stutzig, dass alle um Dich rum es für eine Flucht in das unproduktive, selbstzerstörerische Nichtstun halten? Dazu kommt noch die ungelöste, existenzielle Frage der Alters- und Krankenversicherung. Du schreibst, dass unser System auf wackligen Füßen steht. Teile mir bitte mit, welches sichere System Dich trägt.

Die Hoffnung, Dich umstimmen zu können, ist nach Deinem Brief zwar sehr klein geworden, aber vielleicht überdenkst Du Deine Pläne nach meinem Brief noch einmal.

Ich umarme Dich,

Dein Vater

Lieber Vater,

hoffentlich wirst auch Du Dir beim Schreiben klarer über Dich und das Leben – auch wenn Dein Brief teilweise zornig klingt. Die Frage ist, ob wir diesen Briefwechsel weiterführen sollen, denn es prallen zwei Welten aufeinander, die weit voneinander entfernt sind. Ich brauche auch nicht Deine Absolution, um zu machen, was ich für richtig halte.

Du hast – wie alle Menschen – eine bestimmte Sichtweise. Und nur diese Sichtweise gilt. Alles andere kann nicht richtig sein. Selbst wenn man sich offenkundig vertan hat, glaubt das Ego, es läge richtig. Daher ist Umdenken und wirklich Neues zu lernen sehr schwierig.

Ich sage hier nichts gegen Deine Sichtweise. Sie ist für Dich genau richtig. Aber sie ist nur eine von über sieben

Milliarden menschlichen Sichtweisen. Du hast eine davon und ich eine andere. Dass meine Brüder Deine Sichtweise in Bezug auf meine Zeit mit dem Guru teilen, verwundert wenig. Sie sind unter Deinen Fittichen groß geworden. Ich danke dem Schöpfer, dass das Brett vor meinem Kopf nicht halten wollte.

Ich zerstöre mich nicht selbst, wie Du schreibst. Ich erhalte mir meine Freiheit, die übrigens jedem Menschen gegeben ist.

Da kommt die Sache mit der Altersvorsorge auf. Ich habe keine und werde auch nie eine haben. Aber das soll Dir egal sein, denn wenn ich Rentner bin, muss ich mich nicht mehr vor Dir erklären.

Du gehst sehr wenig auf meinen Brief ein. Alle Argumente, die schlüssig sind, Dir aber dennoch nicht in den Kram passen, ignorierst Du und suchst diejenigen heraus, die Du verdrehen kannst. Über Begriffe wie »Freiheit« und »Glück« diskutieren wir Menschen seit Jahrtausenden. Wir sollten nicht glauben, dass wir in unserem bescheidenen Briefwechsel darauf die endgültige Definition und den einzig möglichen Weg finden. Den blöden Goethe zu zitieren hilft auch nicht weiter.

Ich ziehe mich nicht zurück in ein Schneckenhaus oder eine fremde Gedankenwelt. Ich öffne mich dieser wunderbaren Welt und liebe es, fremde Gedanken zu hören oder zu lesen. Dass ich spirituell wäre, ist für Dich ein Zeichen dafür, dass ich nicht Manns genug bin, mein Leben selbst in die Hand zu nehmen? Die Zeiten, wo wir »Manns genug sein müssen«, sind längst vorbei. Unsere Generation ist da ein bisschen entspannter.

Dein Brief stimmt mich nicht um, wie Du richtig vermutest. Er zeigt mir vielmehr, wie Du denkst, dass Du als Vater manchmal hilflos bist und von etwas angetrieben bist, das mir sehr fremd ist.

Ich habe nach dem letzten Brief viel nachgedacht. Ich hatte gehofft, wir könnten einen Briefwechsel aufbauen, der sich nicht auf unsere persönlichen Kleinigkeiten reduziert und stattdessen zu etwas Größerem führen könnte. Aber vielleicht kann es das jetzt immer noch.

Es geht mir nicht um persönliche Probleme und Ängste oder kulturelle Formen, sondern um eine universelle Wahrheit, um eine überkulturelle Ethik. Nur darum. Erst wenn wir an unserer kleinen Persönlichkeit vorbeischauen, eröffnet sich die ganze Fülle dieser gewaltigen Welt.

Ich könnte mir vorstellen, dass Du überlegst, mich zu enterben – bevor Dein ganzes Geld einem Guru in die Hände fällt. Tue Dir bitte keinen Zwang an. Es würde mein Verhältnis zu Dir in keinster Weise trüben.

Nun umarme ich Dich von Herzen, gib Mama einen Kuss.
Dein Timm

Europa I

Wir fuhren über eine kilometerlange Brücke zwischen zwei dänischen Inseln. Vor uns schaukelte das Gurumobil im Westwind. Das Uhrwerk saß wie immer am Steuer. Neben ihr der Guru, dahinter die Lichtstimme und Becki. Ich saß im Multivan mit Shwyzananda, seiner Frau Sheila, Eden, Oak, Kalle, den Schwestern Mihenta und Shihenta und Chris. Der Guru hatte Oak zu unserem Fahrer bestimmt. Dieser Entschluss wäre während meiner Abwesenheit in Deutschland gefallen, gestand mir Oak mit schlechtem Gewissen. Er wusste, dass ich der Chauffeur des Gurus sein sollte und wollte. Ich fügte mich. Offensichtlich sollte eine weitere Schale der Zwiebel abfallen.

Mitten in der Nacht hielt der Heiland auf einem Parkplatz direkt neben der Autobahn, etwa zwei Stunden von der deutschen Grenze entfernt.

»Lasst uns Rast machen. Wir schlafen hier und fahren morgen früh weiter.«

Wer noch wach war, blickte sich überrascht um. Wir hatten zwar Zelte und Schlafsäcke mit. Aber wo sollten wir die aufbauen? Auf einer Grünfläche neben unserem Van, zwischen Hundescheiße und Menschenpisse? Doch niemand murrte. Noch nicht einmal die Schwestern, die gerade aufgewacht waren. Shwyzananda, Kalle und ich bauten die Zelte auf. Ich hatte vorsorglich eine aufblasbare Isomatte und einen dicken Schlafsack aus Deutschland mitgebracht. Zehn Minuten, nachdem wir angehalten hatten, lag ich allein am Rand eines Dreimannzeltes und lauschte meinem Atem. Oder den Autos, die knapp an meinem Kopf vorbeirasten.

Die beiden Schwestern krochen zu mir ins Zelt und machten sich breit. Meckerten aber immer noch nicht. Dass ich mich als Kieler in dieser Gegend halbwegs auskannte und wusste, dass es etwa zehn Kilometer entfernt wunderschöne Strände, Dünen und Wälder gab, verriet ich nicht. Es wäre nicht gut für die Stimmung gewesen. Wir standen erst am Anfang unserer Europatournee.

Im Morgengrauen wachte ich auf und fror erbärmlich. Die beiden Schwestern hielten sich schnatternd in den Armen. Ich kroch aus dem Zelt. Mein weißer Schal wärmte meinen Körper auch nicht. Meine Seele erst recht nicht. Draußen lag Raureif. Es war nebelig. Im Wohnmobil rührte sich nichts. Sie schliefen dort zu fünft. Dabei hätten acht Personen Platz gehabt. Ich war sauer.

Vielleicht fehlte mir ein Kaffee. Zu meiner Überraschung saßen Eden und der Guru bereits in der Autobahnraststätte und tranken Kakao. Sie schienen fast zu erschrecken, als sie mich sahen. Hatten sie sich an den Händen gehalten? *Aber ich habe auch schon ein Dutzend Mal die Hand des Gurus gehalten,* beruhigte ich mich. »Good Mooorniiing«, rief mir der Guru laut und enthusiastisch entgegen. »Darf ich?«, fragte ich und deutete auf den Stuhl neben dem Meister. Vielleicht wirkte ich etwas unterkühlt.

»Wie hast du geschlafen, Timm?« Der Guru schien wie immer meine Gedanken lesen zu können.

Ich beschloss, ehrlich zu sein: »Guruji, hier gibt es überall Strände, Dünen und Wälder. Gleich um die Ecke. Warum haben wir nicht dort geschlafen?« Der Guru schaute mich belustigt an. »Warum hätten wir nicht hier schlafen sollen? Warum glauben wir, dass wir Komfort brauchen? Wann lernen wir endlich, den gegenwärtigen Augenblick zu akzeptieren?«

Ich konnte es nicht mehr hören. Ich musste nicht zwischen Kackhaufen und Autobahnabschnitten schlafen, wenn es reinste Natur in zehn Minuten Entfernung gab. Aber ich wusste, dass meine Argumente nicht zogen. Ich sollte seine Lehre verinnerlichen und nicht immer unzufrieden und fordernd sein. Eden schwieg.

Um kurz nach sechs quetschten wir uns wieder in den Multivan. Oak blieb am Steuer. Ein Blick des Gurus hatte genügt. Eden saß nun bei dem Erleuchteten im Gurumobil. Dafür war Becki zu uns gewechselt. Sie saß neben mir. Ich war immer noch ein bisschen aufgeregt, wenn sie in meiner Nähe war. Seit Indien hatte ich mich nicht getraut, mit ihr zu reden. Ob es ihr auch so ging?

Norddeutschland zog an uns vorbei. Links war die Abzweigung nach Kiel. Niemand aus meiner alten Welt ahnte, dass ich so nah war, denn noch nie war ich weiter entfernt. Nach der kurzen Zeit mit dem Guru fiel mir das Abnorme der Situation fast nicht mehr auf. Noch vor einem Jahr hätte ich nicht einmal gewusst, was ein Guru oder ein Ashram ist. Jetzt war dieses Fremde zu meiner Heimat geworden.

Mit dem Journalismus hatte ich endgültig gebrochen. Kurz vor der Konfirmation meiner Nichte hatte ich meine Kündigung eingereicht. Persönlich. Der Chef des Magazins, ein erfahrener Journalist, den nichts so leicht erschüttern konnte, hatte mit versteinerter Miene in seinem Lederstuhl gesessen. Bei meinem absurden Kündigungsgrund – »Ich folge jetzt einem Guru« – hatte er mir eine Frage gestellt: »Wohin folgen Sie ihm denn?«

Daraufhin hatte ich mich in Theorien über Befreiung und alternative Gesellschaftsformen verrannt. Mein mittlerweile Ex-Chef hatte kein Wort mehr gesagt. Ich hatte nach meiner Kündigung ein gutes Gefühl gehabt. Ich hatte mir selbst bewiesen, dass es eine Alternative zu Quoten, Konsum und Krisenjournalismus gibt.

»Woran denkst du?«, riss mich Becki aus meinen Gedanken.

»An meinen Ex-Chef.«

»An dein Ex-Leben?«

»Vielleicht auch.«

Ich war froh, dass Becki mir keine spirituellen Schlaumeiertipps gab. Sie ließ mir Zeit und Raum, meine Gedanken zu sortieren. Hätte ich Fragen gehabt, wäre sie für mich da gewesen. Aber für Fragen war es noch zu früh. Außerdem hätten wir zu viele Zuhörer gehabt.

Nach acht Stunden Schleichfahrt über die Baustellen der A1 erreichten wir Köln. Das Uhrwerk und Oak waren erschöpft. Sie hatten das Steuer ihrer Fahrzeuge nicht einen Meter aus der Hand gegeben. Wer einmal eine Aufgabe besaß, hielt daran fest, als ginge es ums Überleben.

Lila, die elegante Kölnerin, hatte ein riesiges Buffet aufgefahren. Wir zierten uns und taten, als ob das alles nicht nötig wäre. Für den Guru war wie immer ein Thron hergerichtet worden, weiß bezogen. Als er Platz genommen hatte, blickten ihn etwa zwanzig Augen an und erwarteten Göttliches.

»Darf ich eine Frage stellen?«, unterbrach eine Frau Mitte fünfzig die Stille. Der Guru, der gerade ein Stück Käsekuchen aß, nickte ihr mit vollem Mund aufmunternd zu.

»Wer bist du?«, fragte sie.

Der Guru schluckte. »Ich bin, was du siehst.«

Die Frau guckte fragend. »Könntest du diese Antwort bitte erklären?«

Der Guru stellte bedächtig den Teller auf den Boden, wo ihn das Uhrwerk sofort wegfischte und in die Küche eilte. Ich war mir sicher, dass sie die Krümel aufleckte. Als sie wieder neben dem Meister Platz genommen hatte, übersetzte sie seine Antwort: »Wenn wir einen dunklen Raum betreten, dauert es immer ein paar Minuten, bis wir Einzelheiten erkennen können. Wir brauchen Zeit, uns an die neuen Lichtverhältnisse zu gewöhnen. Stimmt's? Und so ist es in diesem Fall mit mir. Du siehst, woran du gewöhnt bist. Aber sonst nichts. Du siehst einen schwarzen Mann mit zotteligen Haaren und Vollbart, der auf einem weißen Stuhl sitzt und redet. Mehr passiert gerade nicht, oder?« Der Guru fixierte die Frau. Sie nickte ängstlich.

»Erst im Laufe der Zeit wirst du sehen, dass hier mehr als ein schwarzer zotteliger Typ vor dir sitzt.« Alle blickten in Richtung des schwarzen zotteligen Typs und versuchten, mehr zu sehen.

»Kann ich noch ein Stück Kuchen haben, bitte?« Wieder hatte ich das Gefühl, dass der Guru gar nicht wollte, dass wir tiefer in ihn hineinschauten. Welcher Sturm tobte wohl in seinem Innern? Er würde mir bestimmt noch Einblicke gewähren. Später, wenn ich geschält bin.

Nach einer kurzen Mittagspause fuhren Guru, Kalle, Becki, Uhrwerk und ich in ein Industriegebiet in der Nähe von Köln, um ein weiteres Wohnmobil zu mieten. Lila hatte uns ihren Mercedes geliehen. Das Uhrwerk fuhr. Ich saß hinten neben Becki. Unsere Hände berührten sich kurz. Mein Herz schlug hell.

Der Chef des Mobilverleihs begrüßte das Uhrwerk mit ihrem Nachnamen und umarmte den Meister. Kalle, Becki und mir schüttelte er die Hand.

»Wir werden das Wohnmobil nur für vier Wochen in Anspruch nehmen«, erklärte das Uhrwerk dem verdutzten Vermieter. Er blätterte in einem Ordner. »Ihr habt für drei Monate reserviert.«

»Ja, aber wir haben unsere Pläne geändert.«

»Das geht nicht so einfach. Wo soll ich jetzt so schnell einen anderen Mieter herbekommen? Das Womo war doch für euch geblockt!« Der Guru hakte Kalle unter und führte ihn nach draußen. Zwischen dem Uhrwerk und dem Verleiher entbrannte eine scharfe Diskussion.

»Entweder Sie gehen auf meine Forderungen ein oder der Deal platzt.«

»Sollten Sie das Wohnmobil nicht haben wollen, werde ich Ihre Anzahlung selbstverständlich einbehalten«, entgegnete der Verleiher. Das Uhrwerk schnaubte und verließ mit eiligen Schritten den Laden. Ich folgte mit achselzuckender Entschuldigung. Wir erklärten dem Guru und Kalle das Problem.

»Sag ihm, wir zahlen für sechs Wochen und nehmen das Wohnmobil für vier. Timm, sprich du mit dem Mann. Auf dich wird er hören!« Ich fühlte mich geehrt und stolzierte zurück zum Verleiher.

Im Laden stritt der Mann mittlerweile am Telefon mit dem nächsten Kunden. Ich blieb im Eingang stehen. Es störte ihn offenbar nicht, dass ich zuhörte. Ich wartete. Mindestens zehn Minuten. Dann knallte er den Hörer auf die Gabel.

»Okay, ihr könnt das Wohnmobil haben. Aber ihr müsst es zwei Tage vor Ablauf der vier Wochen zurückbringen. Dann braucht es der nächste Kunde.«

»Super!«, sagte ich begeistert. Ich lief zum Guru, erzählte die Neuigkeit und holte mein Portemonnaie aus dem Mercedes. Ich hatte dem Guru versprochen, das neue Wohnmobil auf mich laufen zu lassen. Es sollte mein Beitrag zur Guru-Welt sein. »Gut gemacht«, flüsterte mir Becki zu.

Zehn Minuten später saß ich am Steuer meines Dreiachsers. Sieben Schlafplätze. 7,5 Tonnen. Jetzt war ich wieder der Chauffeur des Gurus. Er saß neben mir und streckte seine offene Hand in meine Richtung aus. Ich legte meine Hand in seine. Das Abenteuer wartete und wir saßen im selben Boot.

Ich war auf Reisen, hatte ein Steuer in der Hand und kein Ziel. Nur den Weg und eine Aufgabe: das Wohnmobil und seine Insassen sicher durch Europa zu kutschieren.

Es gibt drei Menschen aus meinem früheren Leben, die ich als echte Freunde bezeichnen würde. Einer von ihnen wohnt in Köln. Er trägt den zu ihm passenden altehrwürdigen Namen Armin. Ich wollte, dass Armin den Guru trifft. Als eine Art Rückversicherung. Wir hatten uns vor der Meditationshalle verabredet, in der der nächste Satsang stattfinden sollte.

Armin und ich haben uns bei der Bundeswehr kennengelernt. Neun Monate dienten wir als Wehrpflichtige in einem Offiziersheim als sogenannte Ordonnanzen. Zu deutsch: Kellner.

Unser erster Arbeitstag begann mit der deutschen Wiedervereinigung, also am 3. Oktober 1990. Nach ein paar Wochen kamen NVA-Soldaten, die ehemaligen Feinde aus der DDR, um unser Radarsystem zu lernen. Unter ihnen war ein 32-jähriger Oberstleutnant mit vielen Sternen auf den Schultern. Im Westen wäre es unmöglich gewesen, diesen Dienstgrad in so jungen Jahren zu erreichen. Ein etwa 50-jähriger Hauptmann aus dem Westen (zwei Ränge unter dem Oberstleutnant) fand es angebracht, das Stasi-Schwein, wie er ihn nannte, zu »rupfen«: Er packte den Oberstleutnant bei den Schulterklappen, schrie: »Hier, du Stasi-Schwein!«, und riss die eichenbelaubten Klappen mit den zwei Sternen in einem Ruck ab. Dann wedelte er mit den Fäusten und rief: »Komm!«

Der ostdeutsche Kadersoldat überragte den ehemaligen Klassenfeind um einen Kopf und blieb vollkommen ruhig.

»Herr Hauptmann, das wird ein Nachspiel haben«, sagte er und ging seelenruhig hinaus. Der Hauptmann blickte sich hilflos um, die Schulterklappen immer noch in den Händen. Mein Freund und Kamerad Armin stellte sich nun vor den Rupfer und streckte die rechte Hand aus, damit der Hauptmann die Schulterklappen hineinlegen konnte. Armin war einen Meter neunzig lang, hatte angewachsene Ohrläppchen und konnte böse gucken. Es gehörte Mut dazu, ihn als Freund zu haben. Der Hauptmann starrte Armin an, damaliger Dienstgrad Flieger, also direkt neben der Schmeißfliege, und fragte:

»Und jetzt, Sie Fliege?«

»Jetzt, Herr Hauptmann, möchte ich nicht in Ihrer Haut stecken.« Ohne ein weiteres Wort überreichte der westdeutsche Hauptmann dem ostwestfälischen Flieger die Schulterklappen des ostdeutschen Oberstleutnants und ging ebenfalls kommentarlos hinaus.

Zwanzig Jahre später war Armin immer noch mein Freund. Er hatte sich kaum verändert. Außer, dass er Vater geworden war. Er hielt seinen kleinen, süßen, blonden Sohn stolz auf dem Arm und umarmte mich. Ich hatte meine grüne Uniformierung von damals gegen eine weiße eingetauscht. Außerdem waren meine Haare lang und mein Gesicht braun gebrannt. Ich war aufgeregt, Armin zu treffen. Er war der erste und einzige meiner Freunde, der den Guru zu Gesicht bekommen würde. Wenn ich uns mit Pflanzen vergleichen würde, wäre Armin eine deutsche Eiche und ich eine lippische Pusteblume.

Armins Sohn hatte Angst vor mir. Vielleicht verwechselte er meinen Heiligenschein mit einer Sichel. Armin war kein Mann großer Worte. Er half mir sofort beim Schleppen des Equipments. Das Uhrwerk und ein paar Teammitglieder schmückten einen Saal, in den fünfhundert Personen gepasst hätten.

Armin und sein Sohn saßen mitten im Saal zwischen 150 spirituell Interessierten. Gleich zu Beginn meldete sich ein alter Mann zu Wort. »Was ist ein freier Mensch?«

Heute durfte Apostel übersetzen. Das Uhrwerk war verschwunden. Der Guru wirkte sehr ernst. »Du hast dein Leben nicht in der Hand. Daher merke dir: Wenn du so leben willst, wie du möchtest, darfst du nicht so leben, wie du es dir vorgestellt hast.« Der Guru schob eine Pause ein, damit alle über den letzten Satz nachdenken konnten. »Ein freier Mensch folgt vor allem seinen Leidenschaften. Er formt sein Leben durch seine Antriebe und seine Antriebe durch sein Leben. Er übernimmt für Scheitern und Gelingen seines Lebens Verantwortung.«

Ich beobachtete Armin. Er hörte aufmerksam zu. Fast lag ein bisschen Hochachtung auf seinem Gesicht.

»Die Gesellschaft und ihr selbst habt euch Fesseln angelegt. Legt sie wieder ab. Erst dann seid ihr frei von inneren und äußeren Beschränkungen. Frei zu sein bedeutet auch, frei für Neues zu sein. Für Unbekanntes. Verbündet euch mit der Ungewissheit eurer Bestimmung. Das ist Freiheit.« Es entstand eine lange Pause. Die Sätze waren so hoch philosophisch, dass ich sie selbst schriftlich erst nach langem Deuten annähernd verstehe. Der Guru dagegen lachte, als hätte er uns gerade die größte Banalität der Welt erläutert. Ein paar Zuschauer lachten mit. Bei Armin zuckte ein Mundwinkel.

»Nur wer das Leben liebt, ist ein freier Mensch. Nur so entsteht ein vibrierender Draht zwischen uns und der Existenz. Berührt das Leben in all seinen Facetten und ihr seid freie Menschen.«

»Wieso schaffen wir das nicht?«, fragte der alte Mann.

»Angst. Ihr habt Angst vor dem Leben. Denn das Leben macht nie das, was ihr erwartet.«

Ich traute meinen Augen kaum. Armin hob den Arm: »Wäre es nicht schrecklich langweilig, wenn wir keine Ängste mehr hätten?« Der Guru lachte so laut über diese Frage, dass sich Armins kleiner Sohn unter seines Vaters Achsel versteckte. Armin ahnte nicht, dass der Guru alle Menschen und ihre Rollen sofort erkannte.

»Du hast ein Reihenhaus, ein Auto, zwei Kinder und eine Frau. Außerdem machst du zweimal im Jahr mit deiner Familie Urlaub. Stimmt's?«

Armin nickte verdutzt. »Und was hat das mit Angst zu tun?«

»Du hast Angst, ein Leben jenseits der gesellschaftlichen Norm zu führen. Du hast dein Leben so eingerichtet, wie es die Gesellschaft erwartet. Aber nicht, wie es das Leben dir gegeben hätte. Das heißt, du bist nicht frei. Höchstens frei von gesellschaftlichen Anfechtungen.«

»Vielleicht hat mir das Leben ja genau das gegeben. Ich bin trotzdem glücklich«, erwiderte Armin.

Der Guru nickte. »Das sehe ich. Du bist gesund, hast eine glückliche Familie und mindestens einen sehr wertvollen Menschen als Freund. Gesellschaftliche Anpassung bedeutet nicht automatisch Unglück. Es bedeutet lediglich, dass dein Leben in ausgetretenen Pfaden verläuft. Zum Glücklichsein gehört auch, dass man eine innewohnende Bestimmung verwirklicht hat. Dass das Leben einen Sinn hat. Wenn dies alles erfüllt ist, hast du ganz schön Glück gehabt.«

Nach dem Satsang stellte ich Armin dem Meister vor. Sie umarmten sich. Ebenbürtig. Fast war ich eifersüchtig. Auf wen eigentlich? Armins Sohn bekam einen Kuss aufs dritte Auge.

Als Armin und ich allein waren, legte er seinen Arm um mich. »Ich mag den Typen. Er ist intelligent und positiv. Er hat mir klargemacht, dass ich glücklich bin. Egal, ob das gesellschaftskonform ist oder nicht.«

Ich nickte. »Nach der Vorstellung hier haben sich wahrscheinlich alle besser gefühlt als vorher. Aber ob wir je wirklich freie Menschen ohne gesellschaftliche Konditionierung sein können? Ganz geht das nicht.«

»Außer vielleicht bei einem Guru«, erwiderte Armin und es lag kein Spott in seiner Stimme.

Ich wusste, dass Armin mich gern gefragt hätte, warum ich dem Guru folgte. Aber er fragte nicht. In Armins Augen musste ich wahrscheinlich keine Freiheit suchen. Ich hatte immer ein freies Leben geführt. Mir waren Konventionen nie wichtig gewesen. Trotzdem stand ich jetzt vor ihm in weißer Uniform, Schal und Klimperketten an den Gelenken.

Armin half mir wieder beim Verladen unseres Satsang-Equipments. Ich verabschiedete mich lange von ihm. Wir redeten nicht. Wir mussten nicht reden.

Unser nächstes Ziel war das Festival in Blaufingen. Vor genau einem Jahr hatte ich dort den Guru kennengelernt. Damals war es mir noch peinlich gewesen, in der Öffentlichkeit zu meditieren. Mittlerweile trug ich meine Spiritualität mit Stolz. Sie war ein Teil von mir geworden. Auch optisch war ich stark verwandelt. Ich wog zehn Kilo weniger, war weiß uniformiert, hatte lange Haare und einen Vollbart. Vor einem Jahr hatte ich die Entscheidung, mein altes Ich aufzugeben, meinen Job zu kündigen, meine Familie zu verlassen und ein Jünger zu werden, so klar vor mir gesehen. Und jetzt? Jetzt war ich einer von vielen, die einem Meister aus Indien folgten und sich für etwas Besonderes hielten.

Nachdem das Uhrwerk unseren Stand perfekt aufgebaut hatte, begann die Messe. Tausende strömten durch verschiedene Hallen, die auf drei Ebenen verteilt waren. Ich setzte mich ab, am Stand brauchten sie mich nicht. Ich wäre gern mit Becki losgezogen, doch ich fand sie nirgends. Auf meinem Erkundungsmarsch vorbei an Nippesständen, Wunderheilern und Heilungswundern spürte ich den Unterschied zum vergangenen Jahr. Diese Welt mochte künstlich sein. Aber sie war nicht künstlicher als die nicht-esoterische Welt, aus der ich stammte. In beiden Welten suchten die Menschen nach Freiheit und Glück. Ich lehnte mich an das gleiche Treppengeländer, an dem ich den Guru vor einem Jahr zum ersten Mal gesehen hatte. Von Weitem sah ich ihm vermutlich ähnlich. Nur die mich umspülenden Lichtgestalten fehlten. Aber die könnten ja noch kommen.

»Guruji, ich habe so viel über Befreiung gelesen. Befreiung vom Ego, vom Selbst. Ich weiß auch, was Erleuchtung ist und wie man dahinkommt. Wieso fühle ich mich immer wieder schlecht und nicht erleuchtet?« Ich saß zur Linken Gottes im größten Saal des Kongresszentrums in Blaufingen. Vor uns erwarteten Hunderte Antworten. Auch auf die Frage einer sympathischen Frau um die fünfzig, die offenbar allen Mut zusammengenommen hatte, um vor so einer Masse zu sprechen. Der Guru schwieg und lächelte die schüchterne Frau fast verliebt an. Das Uhrwerk war heute wieder nicht dabei. Auch Apostel fehlte. Eden durfte übersetzen. »It is so easy. Stell es dir so vor: Deine Seele hat sich in diesem Körper materialisiert und wandelt als Mensch über diese Erde. Stell dir vor, das sei das größte Geschenk, das es in diesem Universum geben kann. Im Jenseits lechzen unendlich viele nach einer Sekunde in einem materialisierten Körper. Wir tragen dieses Geschenk ein ganzes Leben lang mit uns herum.« Eden übersetzte hervorragend. Absolut synchron, ohne ein Stottern. Als wären beide eine Einheit. Fast wollte ich mir die Hand vor den Mund halten bei diesem Gedanken.

»Du hast diese eine Chance, dein Sein in diesem Körper zu genießen. Wir wissen, dass zum Leben alles gehört, auch Schmerz, Unglück und so weiter. Mit diesem Wissen gibt es kein Jammern mehr.« Es herrschte totales Schweigen im Saal. Alle wussten, wie undankbar sie waren.

»Wir sind hier zu Gast, für eine sehr beschränkte Zeit. Lasst uns gute Gäste sein. Lasst uns feiern, dass wir leben.«

Am nächsten Morgen standen Chris, die Lichtstimme und ich vor der Messehalle und sangen Lieder unseres Heilands. Mihenta und Shihenta verteilten Flyer und Prospekte. Natürlich waren wir alle weiß gekleidet. Plötzlich hielt ein weißer Lieferwagen direkt neben uns. Ein halbes Dutzend ebenfalls weiß gekleideter Personen entströmte seinem Inneren. Während wir einen Schal als Zeichen der Zugehörigkeit zu Sri What um die Schultern trugen, hatten sie einen weißen Turban auf dem Kopf. Wir beäugten uns.

»Und zu welcher Sekte gehört ihr?«, fragte ich scherzhaft. Sie antworteten mir nicht und gingen einfach weiter. Die Lichtstimme funkelte mich strafend an und Chris sagte: »Timm, ich denke nicht, dass solche Witze angemessen sind. Nimm dich bitte ein wenig zurück. Wir sind nicht deinetwegen hier. Erst recht nicht wegen deiner Scherze.« Natürlich spürte ich Scham hochsteigen. Aber zum ersten Mal wurde mir bewusst, dass es ein künstliches Gefühl ist, das ich nicht so ernst zu nehmen brauchte. Ich beobachtete das Gefühl, bis es verschwand. War das der Trick? Konnten sich Gefühle durch reines Beobachten auflösen?

Wieder fand nachmittags ein Satsang im Park statt. Wir hatten alles perfekt vorbereitet. Die Magnolie blühte. Wir hatten ein Stromaggregat besorgt, damit unser Guru über die neu gekaufte Soundanlage sprechen konnte. Es waren zwei- bis dreihundert Menschen gekommen, um den Meister zu hören. Schließlich war er der einzige Erleuchtete auf diesem Festival. Der Satsang war auf fünfzehn Uhr angesetzt. Seit halb drei sang die Ashram-Band zur Einstimmung. Um halb vier warteten wir immer noch auf den Guru. Auch um vier. Ebenso um halb fünf. Ich beobachtete. Mein neues Hobby. Ergebnis: fast keine Gefühle.

Um kurz vor fünf tauchte der Guru schließlich auf. Mittlerweile waren noch dreißig Personen anwesend. Der Vollkommene setzte sich auf seinen Thron. Alles schwieg.

»Möchte jemand etwas fragen?« Die Stimme des Gurus war dünn und hell, fast kraftlos. Irgendetwas musste geschehen sein. Das Uhrwerk sah bleich aus. Apostel und Becki fehlten. Da niemand eine Frage stellte, fing der Guru von allein an zu reden.

»Zeit ist eine Illusion. Zeit existiert nicht. Es gibt nur das Jetzt. Sonst gibt es nichts.« Die Anwesenden wussten das vermutlich – Basiswissen spirituell Interessierter. Verstanden hat es aber trotzdem niemand. Eden übersetzte wieder. Der Satsang war ein kümmerlicher Abklatsch im Vergleich zum vergangenen Jahr. Der Funke sprang nicht über.

Es war wie auf einem Rockkonzert. Wenn Robbie Williams schlechten Sex hatte und erkältet war, fand ihn niemand geil. Nach einer Stunde beendete der Guru seinen Satsang. Diesmal fand anschließend keine Umarmungszeremonie statt. Es tanzte auch niemand ekstatisch. Nichts.

Wir packten unsere Sachen, trugen Thron, Instrumente und Elektrozubehör in die Wohnmobile. Als wir alles verstaut hatten, nahm mich der Guru bei der Hand.

»Lass uns ein bisschen spazieren gehen, Timm.« Wir entfernten uns von den anderen. »Was denkst du von Kalle?«

Ich fand es erstaunlich, dass er mich um Rat fragte. Er schien mir zu vertrauen, obwohl er mich während unserer Reise manchmal tagelang keines Blickes würdigte.

»Ich mag Kalle«, antwortete ich ehrlich. Der Guru nickte langsam und erzählte, dass er in der vergangenen Nacht lange mit ihm gesprochen hätte.

»Kalle kritisiert mich und die Bewegung. Er ist voller Zweifel.« Ich schwieg. Was hätte ich sagen sollen?

»Hat er mit dir über solche Dinge gesprochen?« Der Guru blickte mich erwartungsvoll an.

Ich überlegte. »Kalle kam mir immer loyal vor. Nein, ich habe schon lange nicht mehr mit ihm geredet.«

Wir waren am hinteren Ende des wunderschönen Parks von Blaufingen angekommen. Von hier konnten wir in den Garten des Grandhotels blicken. Eine große, blonde Frau wandelte an den exotischen Pflanzen vorbei. Auch sie war in Weiß gekleidet.

»Siehst du sie?«, fragte mich der Guru. »Sie ist reich. Sehr reich. Aus München. Sie ist gefährlich. Leela heißt sie. Und sie erzählt schlechte Dinge über Menschen. Wir möchten solche Menschen nicht in unserem Ashram haben. Vergiss das nicht, Timm.« Ich hatte keine Ahnung, was der Guru meinte.

Für unsere Verpflegung war Sheila zuständig, Shwyzanandas Frau. Sie war Brasilianerin, Anfang fünfzig und das weibliche Pendant zu ihrem Mann: dürr, lieb und durch nichts aus der Ruhe zu bringen. Die kleine Küchenzeile meines

Wohnmobils war ihr Reich. Sheila verbrachte hier zwölf Stunden am Tag und schien dabei glücklich und zufrieden zu sein. Sie schlief in einer achtzig Zentimeter breiten Koje mit ihrem Mann. Sheila und ich kannten uns noch nicht gut. Sie war während meines Thailandaufenthaltes nach Indien gekommen und kurz nach meiner Rückkehr wieder abgefahren. Aber wir hatten uns auf Anhieb gemocht. Sie lachte wunderschön und ansteckend.

Als ich das Wohnmobil betrat, kochte Sheila gerade. Ihr Gesicht sah sorgenvoll aus. So hatte ich sie noch nie gesehen.

»Was ist los?«

»Es ist besser, nicht drüber zu sprechen, Timm.« Ich hakte nicht nach. Über manche Dinge musste man tatsächlich nicht sprechen. Es gab also einen Grund, warum der Satsang im Park so miserabel ausgefallen war. Weshalb der Guru mit mir über Kalle und diese Leela sprechen wollte. Konnte es sein, dass der Guru mich hatte aushorchen wollen?

Zum Abendessen hielten sich 15 Personen im Wohnmobil auf. Der Guru und Chris erzählten Witze, das Uhrwerk lachte. Kalle war schweigsam wie immer. Oak auch. Apostel und Becki fehlten weiterhin. Die Schwestern tuschelten. Die anwesenden Gäste mussten doch spüren, dass etwas in der Luft lag! Aber sie waren so in ihrer heilen Guru-Welt, dass ihre Sinne nicht richtig funktionierten.

Nach einem weiteren lahmen Satsang am nächsten Morgen war das Festival vorüber. Wir packten zusammen und fuhren Richtung Süden. Sheila saß neben mir. Vor mir steuerte der Guru das Gurumobil. Das Uhrwerk brauchte eine Pause.

Wovon? Ich fragte Sheila erneut, was passiert war, aber wieder bat sich mich, nicht weiter nachzuhaken.

Gurujis Fahrstil nervte mich. Mal fuhr er achtzig, dann wieder 120. Ich griff zum Funkgerät und bat ihn, ein Tempo zu halten. Vielleicht hörte ich mich etwas männlich-aggressiv an. Auf jeden Fall antwortete der Guru mit tiefer Stimme: »Just follow me, Timm. Just follow.«

Bevor wir die Schweizer Grenze erreichten, mussten wir die Wohnmobile noch einmal volltanken. Ich musste auf Toilette und fragte Shwyzananda: »Erledigst du das?« Ich zeigte auf die Tanksäule. Er nickte.

Das Uhrwerk übernahm das Steuer des Gurumobils. Die Straße war voll, es regnete leicht. Die A5 war eine einzige Baustelle. Rechts stauten sich die LKW. Trotzdem donnerten wir mit 130 an der Schlange vorbei. Plötzlich flogen vor mir Splitter durch die Luft. Das Uhrwerk hatte den Außenspiegel eines LKW mitgenommen. Der Fahrer kam fluchend aus seinem Führerhäuschen. Wir debattierten nicht lange. Der Guru drückte ihm zweihundert Euro in die Hand, sagte etwas auf Tamil und machte eine Handbewegung, die eindeutig festlegte, dass die Sache damit erledigt war.

Ich war so übermüdet, dass ich die Augen kaum aufhalten konnte. Ich fragte nach hinten, ob jemand Lust hätte, mich beim Fahren abzulösen. Keine Antwort. Chris hatte keinen Führerschein mehr, Shwyzananda seine Brille verloren und die Frauen trauten sich nicht, ein solches Ungetüm zu steuern. Also fragte ich per Funkgerät das Gurumobil. Eden war bereit, das Steuer zu übernehmen.

Ich legte mich in den Alkoven über den Fahrersitzen und schlief bei schaukelnder Fahrt sofort ein. Als ich aufwachte, lag der Comer See vor uns. Wir hatten das Spielzeugland namens Schweiz in vier Stunden durchquert. Hinter ein paar Brücken und Tunneln lag Italien. Die Wohnmobile tuckerten gerade eine extrem steile Straße am Südufer des Sees hoch. *Wenn uns hier ein Fahrzeug entgegenkommt* – während ich diesen Gedanken gebar, bog eine Dampfwalze um die Ecke. Sie fuhr rückwärts auf uns zu, mit ungefähr einem Kilometer pro Stunde. Das Uhrwerk hupte. Eden auch. Hektik brach aus. Ich brüllte nach unten: »Fahr zurück!« Aber Eden war wie gelähmt. Vor uns legte das Uhrwerk den Rückwärtsgang ein. Nun rollten sowohl sie als auch die Walze auf uns zu. Eden krallte sich wie wahnsinnig am Lenkrad fest und reagierte nicht. Ich sprang vom Alkoven runter und packte sie am Oberarm. »Fahr doch endlich zurück!«

»Wie denn, ich seh doch nichts!«, brüllte sie mich an. Es knirschte. Das Uhrwerk stand. Die Walze konnten wir nicht mehr sehen. Aber da das Uhrwerk weiter wie verrückt hupte, nahmen wir an, dass sie immer noch rollte. Dann war Ruhe. Alle standen. Ich stieg aus und ging nach vorne. Die Walze hatte ein paar Zentimeter vor dem Gurumobil gestoppt. Der Guru stand daneben. Der Walzenfahrer wälzte sich aus seinem Führerhäuschen. Seine Mundwinkel waren nach unten gezogen, er zuckte mit den Schultern, als wolle er sagen: »Is' was?«

»Buon Giorno«, begrüßte der Guru einen Mann, der seinem Gefährt ein bisschen ähnlich sah. Nach und nach stiegen wir aus. 15 weiß gekleidete Schaltträger gegen einen Blaumann.

Wohnmobil gegen Walze, Deutschland gegen Italien, Gott gegen Wanst. Der Fahrer hatte keine Chance. Da das Uhrwerk fließend Italienisch sprach, überfuhr sie den Mann verbal. Bis der Walzenfahrer platt war. Eden nahm ordnungsgemäß die Personalien auf. Er würde von uns hören. Der Guru stand weiterhin neben dem Führerhäuschen der Walze und beobachtete das Szenario. Er verachtete profane, alltägliche Probleme. Er war für Höheres berufen worden.

Schließlich erreichten wir unser Ziel: eine Villa hoch über dem Comer See. Ein älteres Pärchen öffnete die Tür. Die Frau war ziemlich aufgetakelt und wirkte überkandidelt. Ihr Mann stand gebeugt hinter ihr und schien sich für seinen welken Zustand zu entschuldigen. Zusammen dürften beide über 160 Jahre alt gewesen sein.

Die Villa bestand im Erdgeschoss aus einem einzigen riesigen Raum mit einer Fensterfront, die den Comer See im Blick hatte. Auf dem Balkon, der rund ums Haus lief, war ein fürstliches Buffet aufgebaut. Wieder bemerkte ich, dass meine Transformation bereits eingesetzt hatte. Seit ich mit dem Guru reiste, spürte ich weniger Verlangen nach Essen, Sex, Alkohol, Literatur oder lauter Musik. Diese fünf hatten mein Leben dominiert, bis ich mit Mitte dreißig betrunken in einer Disco in Berlin stand und plötzlich merkte, dass ich dort völlig fehl am Platze war. Kurz nach dieser Erkenntnis verließ ich Berlin, zog nach Kiel, arbeitete für eine Regionalsendung des NDR in Schleswig-Holstein und verliebte mich in die erschütternd hübsche Nachrichtensprecherin des Magazins.

Auf dem Balkon dieser Villa in der Schweiz hoch über dem Comer See fühlte ich mich wieder völlig fehl am Platze. Genau wie damals in der Berliner Disco. Irgendetwas musste jetzt schleunigst verändert werden.

Ich blickte auf den See, die letzten Sonnenstrahlen eines für immer vergessenen Tages schienen in mein Gesicht, und ich fragte mich, wann ich das letzte Mal richtig guten Sex gehabt hatte. Oder besoffen gewesen, laute Musik gehört hatte? Wann hatte ich mich zuletzt über Literatur unterhalten? Dieser stille Moment der Reflexion zeigte mir, dass mein altes Ich tatsächlich hinter mir lag. Wie ich es gewollt hatte. Es war nicht begraben, nur verschüttet. Eines fernen Tages würde ich es wieder mühsam ausgraben müssen und feststellen, dass etwas ganz Entscheidendes kaputtgegangen ist: meine Leichtigkeit. Aber das wusste ich zu diesem Zeitpunkt noch nicht. Ich fragte mich bloß, ob ich der Erleuchtung näher kam oder nicht.

Nach etwa zwei Stunden fuhren wir weiter. Die Sonne war längst untergegangen, als der Guru das Ziel ausgab: Cherusques bei Valence. Ein kleiner Ort in Frankreich, mehr als fünfhundert Kilometer entfernt, quer durch die Alpen. Wir fuhren Zickzack durch Europa.

Ich fühlte mich wieder fit, zu fahren. Nach und nach legten sich alle in die Kojen oder den Alkoven. Sheila blieb wach und saß schweigend neben mir. Ich wusste, dass auch sie ihre Zweifel hatte. Aber wir hätten nie gewagt, uns auszutauschen. Allein aus Angst, der andere könnte ein Spion sein. Bei Sheila hätte mich das schrecklich betrübt.

Mitten in der Nacht bog das Uhrwerk auf einen Rastplatz neben der Autobahn ab. Da alle Kojen besetzt waren, holte ich das Zelt aus dem Staufach und baute es ein bisschen abseits auf. Kalle half mir.

»Was ist los, Kalle? Bedrückt dich was?« Erst jetzt fiel mir auf, dass er seit Tagen stillschweigend anwesend war, ohne richtig dabei zu sein.

»Nichts«, war seine Antwort.

Als wir im Zelt lagen, redete Kalle doch: »Ich will weg. Kannst du das verstehen? Etwas stimmt nicht. Ich glaube, dass ich mich in dem Guru getäuscht habe.« Ich schwieg und atmete tief ein.

»Ich weiß, Kalle. Ich zweifle auch. Aber ich weiß auch, dass meine Zweifel keine Grundlage haben.«

»Doch«, erwiderte Kalle. »Wir haben die Grundlage namens Lebenserfahrung. Auch deine Erfahrung müsste dir zeigen, dass hier etwas nicht stimmt. Es geht hier nur darum, möglichst viele Jünger um sich zu scharen, Geld einzusammeln und einen auf Jesu Nachfolger zu machen. Ich weiß Dinge, die du mir nicht glauben wirst. Der Guru ist gar nicht so, wie er nach außen tut.«

»Was weißt du?«

»Er hat Sex.« Kalle flüsterte, als dürfte nie jemand diese Ungeheuerlichkeit erfahren.

»Mit wem?«, fragte ich und versuchte, weder empört noch neugierig zu klingen.

»Ich will nicht drüber reden, Timm. Ich kann dir nur sagen, dass ich etwas weiß, das hier nicht gewusst werden darf. Hier ist es nicht gut, wenn einer zu viel weiß.«

»Das kannst du mir jetzt nicht antun, Kalle. Dann hättest du gleich die Klappe halten können.«

»Ich konnte nicht. Du bist der Einzige, der hier bestimmt kein Spion oder so was ist. Vielleicht bilde ich mir das auch alles ein.« Plötzlich weinte er. Er schluchzte so hemmungslos in sein Kissen, dass auch bei mir ein Kloß hochstieg.

»Komm, erzähl's mir!«

Als Kalle sich ein bisschen beruhigt hatte, stammelte er nur ein paar Brocken: »Er schläft mit Eden. Und mit dieser reichen Frau aus München, Leela. Und mit allen im Inner Circle. Außerdem haben die sich gestern so gestritten, dass Emma ins Krankenhaus musste. Außerdem haben sie Becki verstoßen.«

Ich wollte nicht glauben, was ich hörte. Das konnte nicht sein!

»Weißt du das oder glaubst du das bloß?« Aber ich bekam nur ein verzweifeltes Stöhnen von Kalle als Antwort.

Ich schlief die ganze Nacht nicht. Morgens packten Kalle und ich schweigend das Zelt zusammen. Wir fuhren weiter. Stundenlang durch die Schweizer und französischen Alpen. Ich saß stumm hinter meinem Steuer.

Im Rückspiegel konnte ich Kalle beobachten. Er lächelte. Sheila setzte sich neben mich. Auch sie lächelte. Was war nur über Nacht geschehen?

»Du weißt Bescheid, oder?«

»Das kann man so nicht sagen. Ich weiß keineswegs Bescheid. Aber ich weiß etwas, das ich vielleicht nicht wissen sollte. Wenn es denn stimmt.«

»Steigst du aus?«

»Ich? Nee! Du?«

»Früher oder später.«

»Warum?«

»Mir haben immer alle vorgeworfen, ich hätte keine Wurzeln. Deshalb bin ich auch hier gelandet. Wenn ich zu lange Rast mache, leidet meine Seele unter Fernweh wie unter Phantomschmerzen. Deshalb bin ich hier. Hier hab ich kein Fernweh.«

Ich nickte. Das Phänomen kannte ich.

»Hast du auch das Gefühl, nicht richtig an der Erde befestigt zu sein?«, frage mich Sheila.

»Wer ist das schon? Wir sind Menschen und keine Bäume. Wissen wir, wie schlimm das Fernweh eines Baumes ist? Je heftiger es pfeift und je weniger er vom Fleck kommt, desto schlimmer wird sein Geheul.«

»Vielleicht gehen wir ja für Bäume auf Reisen. Manchmal erzähle ich ihnen alles.« Ich musste mich auf die Straße konzentrieren und konnte daher nicht zu lange in Sheilas Richtung schauen. Ich glaube, sie hatte Tränen in den Augen. Dann ging sie nach hinten in ihre Küche und bereitete das Mittagessen zu.

Das Uhrwerk bog in einen Feldweg ein. Mitten im Nichts. Es war kurz nach Mittag. Die Sonne briet das Land. Das Gurumobil parkte auf einer Wiese. Es sah aus, als hätte jemand diesen Platz nur für uns angelegt. Der Guru musste über irgendwelche jenseitigen Kanäle von diesem Ort gewusst haben, so einen Platz findet man nicht durch Zufall.

Wir breiteten Picknickmatten aus und deckten den Boden. Ich versuchte, nicht zu denken. Zu viel Denken machte unglücklich. Während ich jeden einzelnen Bissen ganz besonders bewusst auskostete, stand Kalle plötzlich auf. »People, I am leaving now.«

Alle starrten ihn an. Hatte er »living« sagen wollen?

»Servus, es ist für mich Zeit zu gehen«, schob er auf Deutsch hinterher. Ich hatte also doch richtig verstanden. Da das Uhrwerk zufälligerweise gerade mit einem Topf Dal neben ihm stand, umarmte er sie als Erste. Das Uhrwerk sagte »Good bye, Kalle«, als hätte sie von seinem Abschied längst gewusst. Sie stellte den Topf auf den Boden und nahm sich noch einen Schlag Linsenpampe. Ich starrte erst Kalle, dann den Guru an. Der Guru regte sich kein Stück. Er saß wie immer seitlich vor seinem Essen und aß mit den Fingern, Dal auf Decken und Kleidern verteilend.

Da der Guru unser Anführer war, taten wir es ihm gleich und aßen weiter. Kalle stand barfüßig und völlig verunsichert in der Mitte der vier Matten. Er lächelte. Dann zog er seine Schuhe an, holte seinen bereits gepackten Rucksack aus dem Wohnmobil und verschwand hinter einer Wegbiegung, ohne zurückzublicken. Und zwar für immer.

In meinem Kehlkopf machte sich ein Kloß breit. Ich musste schnell weg. Wie aus dem Nichts brachen Tränen aus meinem Körper, während ich meine Turnschuhe suchte. Ein nie gekannter oder längst vergessener Schmerz strömte von meiner Brust in alle Richtungen; in den Kopf, bis in die Fingerspitzen, den Bauch, die Beine, die Zehen. Selbst in die Nägel.

Ich krümmte mich und wankte die Straße entlang, Kalle hinterher. Ich schleppte mich eine Böschung hoch, fiel auf die Knie und schrie eine Kuhweide an.

Plötzlich stand der Guru neben mir. »Was ist los, Timm?«

Ich atmete tief durch, fing aber trotzdem wieder an zu weinen.

»Steh auf«, sagte er liebevoll. Er nahm meine Hände. »Nichts ist geschehen.«

»Ich weiß. Aber ich bin Mensch. Ein Teil von mir sind meine Gefühle. Was soll ich machen?«

»Wir haben Narben in unseren Seelen. In unseren Zellen, im Körper. Lebe die wahre Hingabe des Lebens und sie werden verschwinden.«

»Wie? Wie soll ich wahre Hingabe leben?« Ich schrie den Guru vor Verzweiflung an.

»Du weißt, dass diese Tour ein Test ist, stimmt's? Es wird die Zeit kommen, in der ich dir Wissen beibringen werde, das weit jenseits von allem ist, worüber wir bisher gesprochen haben.« Er sah sehr ernst und heilig aus.

»Wann?«, fragte ich.

»Die Zeit wird kommen. Come, come.« Er ging zurück zu den Wohnmobilen. Ich folgte ihm mit einigem Abstand. Das Essen war bereits abgeräumt. Fast alle lagen entspannt auf den Decken herum, als wäre nie etwas geschehen.

Das Uhrwerk fuhr los. Ich folgte. Kaum hatten wir den Feldweg verlassen, hielt das Gurumobil wieder. Der Guru und Eden stiegen aus. Sie verschwanden in einem Wäldchen. Wir warteten.

Nach etwa zwei Stunden kehrten sie zurück. Eden stieg zu mir ins Mobil und übernahm auf Geheiß des Gurus mein Steuer. Ich sollte mich ausruhen.

240 Kilometer lagen vor uns. Der Satsang in Cherusques sollte in einer Stunde beginnen.

Ich sagte nichts. Wieder fühlte ich mich seltsam schuldig, als wäre ich mit verantwortlich für unsere Verspätung. Aber vielleicht war ich das auch. Ich hätte niemals so über Kalles Weggang heulen dürfen. War ich zu schwach? Hatten mich andere Teammitglieder in ihrer spirituellen Entwicklung überholt? Was passierte wirklich hinter den Kulissen?

Ich saß neben Mihenta und Shihenta. Sie sahen ebenfalls betrübt aus.

»Des isch oifach nit rescht«, sagte Mihenta – oder war es Shihenta? – in weinerlich-jammerndem Schwäbisch. »Wir müssen in einer Stunde beim Satsang sein, und jetzt kommen wir wieder viel zu spät. Auf uns ist kein Verlass. Was sollen die Leute bloß von uns denken?«

Zwei Stunden nach dem vereinbarten Termin erreichten wir Cherusques. Der Satsang sollte in einem Zirkuszelt stattfinden. Es war bitterlich kalt. Auf Bierbänken warteten sieben Personen. Eine üppige, wallende Frau, herzlich, ergeben und sehr französisch, stellte sich uns vor: »I ham Elody. I ave organisé cette Satsang.« Ob etwas passiert wäre, sie hätten keine Telefonnummer gehabt und sich Sorgen gemacht. Der Guru legte seine rechte Hand auf das Haupt der Besorgten und murmelte Worte, die sich anhörten, als würden Felsen aufeinanderschaben. Die Frau schloss die Augen und neigte das Haupt. Der Satsang konnte beginnen.

Dass diese Leute zwei Stunden in der Kälte ohne Informationen ausgehalten hatten, ehrte sie. Es bewies, wie sehr sie dem Meister verbunden waren. Sie waren einfache, herzliche Menschen aus einem abgelegenen Bergdorf.

»Das ist Ergebenheit«, hörte ich den Guru glücklich sagen, während er einen Thron suchte. Er setzte sich lasch auf einen Holzschemel vor die sieben Franzosen. So unheilig hatte ich ihn noch nie gesehen. Wir platzierten uns seitlich auf Bierbänke.

»Schließt eure Augen«, befahl der Gottgesandte. Bis auf einen folgten alle seiner Anweisung. Ich beobachtete den Guru. Auf einmal sah er vollkommen verwandelt aus. Wie schaffte er das bloß? Er strahlte eine Würde aus, wie ich sie nie wieder bei einem Menschen gesehen habe.

»Ihr habt Fragen?«

Wie auf Kommando kam die erste Frage: »Warum bist du ein Guru geworden?«

»Good question!«, rief der Guru begeistert. Er schaute mich an: »Seht ihr diesen Mann? Timm, heb mal deinen Arm!« Warum musste er mir das heute antun? Ich hob schüchtern meinen rechten Arm.

»Er ist ein ganz gut aussehender Typ, stimmt's?« Ein paar Franzosen nickten höflich.

»Er ist gebildet, hat Lebenserfahrung. Man könnte behaupten, er hätte Charisma.« Nun starrten mich alle unverhohlen an. Mir fiel auf, dass ich meinen Arm langsam wieder herunternehmen konnte.

»Aber er ist kein Guru, stimmt's?«

Noch nicht, dachte ich still.

»Also, wo ist der Unterschied zwischen diesem Mann und einem Guru?« Alle überlegten. Auch ich hatte keine Ahnung, warum ich kein Guru, sondern nur ein Guru-Jünger war. Ich hatte Angst vor der Antwort.

»Guru sein ist nichts, was wir lernen oder entscheiden können. Menschen werden dich als Guru erkennen. Vielleicht wird Timm eines Tages sogar ein Guru sein. Aber das kann er nicht selbst entscheiden. Es *wird* entschieden. Der Status eines Gurus ist ein Phänomen. Dieses Phänomen findet jetzt statt. Genau jetzt! Es gibt nichts, worauf dieses Phänomen aufbauen könnte.« Ich hätte dieses Phänomen gern sehen können. Aber vor mir saß nur ein Mensch wie jeder andere. Vielleicht ein bisschen zotteliger, dicker und seltsamer gekleidet. Aber von einem Phänomen sah ich nichts.

»Wenn ihr mir folgen wollt, folgt meiner Freiheit. Meine Freiheit ist zu lieben, zu teilen, achtzugeben. Meine Freiheit ist die Freiheit, ich zu sein. Eines Tages werdet ihr auch die Freiheit haben, ihr zu sein.«

Alle schlossen die Augen. Wieder sprach er jedem aus der Seele. Nur darum ging es: um Freiheit. Zu sein, wer wir wirklich waren. Zum Schluss umarmten die sieben glücklichen Franzosen unseren Guru und jeder ging mit einem Lächeln auf den Lippen nach Hause.

Ich entschied, im Zirkuszelt zu übernachten, holte meinen Schlafsack aus dem Wohnmobil und legte mich auf ein riesiges Trampolin. Es federte sanft.

Ich fand es schön, kein Guru zu sein. Ich konnte meine Freiheit genau so ausleben, wie ich wollte. Ein Guru aber durfte keine schlechten Charaktereigenschaften haben, sonst würde sein Status aberkannt. Er durfte auch nicht lügen, stehlen, ungerecht sein, saufen, schmutzigen Sex haben, kiffen, rumschreien, schlagen, absichtlich Dinge kaputt machen, onanieren, Schimpfwörter benutzen, nicht heilig sein. Wo blieb da die Freiheit, einfach zu sein? Aber wahrscheinlich musste ein Guru auch keine Anstrengung leisten, all diese Dinge nicht zu tun. Für mich wäre das eine große Anstrengung. Das war der Unterschied. Deshalb war ich kein Guru.

Mit den ersten Sonnenstrahlen wachte ich auf und fing an, die Geräte auszuprobieren. Ich hüpfte wie ein Derwisch auf dem Trampolin herum, pendelte an einer Schaukel quer durch das Zelt und entdeckte schließlich einen Flitzbogen mit echten Holzpfeilen. Ich zielte auf eine Pappfigur. Nachdem ich der Figur die ersten drei Pfeile mitten ins Herz geschossen hatte, flog der vierte schnurstracks in eine Schaumgummimatte. Ich blickte mich schuldbewusst um. Am Eingang stand die Organisatorin des Satsangs von gestern. Sie hielt Croissants in der Hand und schielte mich ein bisschen unglücklich an – wegen der Matte, die jetzt ein Loch hatte. Ich entschuldigte mich auf Französisch. Das hellte ihre Miene ein bisschen auf. Franzosen freuen sich immer, wenn sie sich nicht auf Englisch quälen müssen.

Wir gingen gemeinsam zur Matte. Ich zog den Pfeil vorsichtig heraus. Allerdings brach dabei die Pfeilspitze ab. Die bis dahin freundliche Frau schüttelte erzieherisch den Kopf und ging zackig hinaus. Ich entschied, die Matte umzudrehen. Aber das verdammte Ding war so schwer und wabbelig, dass meine Vertuschungsaktion ohne fremde Hilfe unmöglich war. Wen sollte ich fragen? Eden? Ihr konnte ich nicht mehr trauen. Wir hatten seit Indien kaum noch miteinander gesprochen. Shwyzananda? Er würde zwar mit Sicherheit nicht petzen, aber ein Mensch ohne Muskeln war hier fehl am Platze. Oak? Er könnte genau wie alle anderen ein Spitzel sein. Ich sollte den Guru direkt ansprechen. Ich klopfte an die Tür des Gurumobils. Das Uhrwerk öffnete, wie immer mit einem künstlichen Lächeln auf den kalten Lippen. Plötzlich verließ mich mein Mut. Am Tisch im Gurumobil saß Apostel, die ich seit gestern nicht gesehen hatte. Ein riesiges Pflaster klebte auf ihrer Nase. Ich starrte sie an.

»Ein Unfall, nichts passiert«, kam der Guru meiner Frage zuvor. Ich fragte, ob es hier noch Croissants gäbe, nahm mir eins vom Tisch und ging zurück ins Zelt. Hatte Kalle doch recht gehabt?

Wo war Becki?

Ich musste diese Matte jetzt allein umdrehen. *Scheiß auf alles,* sagte ich mir. Plötzlich hatte ich so viel Kraft, dass ich das ganze Zirkuszelt auf den Kopf hätte stellen können. Die Matte ließ sich innerhalb weniger Sekunden wenden. Auf der anderen Seite entdeckte ich mehrere Löcher und Risse. Mein schlechtes Gewissen löste sich auf. Ich aß das Croissant, stopfte meinen Schlafsack zurück in seine Hülle und setzte mich ans Steuer. Ich war abfahrbereit.

Bevor wir zum nächsten Satsang nach Italien fuhren, mussten wir unbedingt die Côte d'Azur besuchen. Ich hatte dem Guru erzählt, dass es in Antibes den größten Sportboothafen des Mittelmeeres gab. Dort würde ich ihm alles über Jachten, Bootstypen und Motoren erklären.

Wir fuhren das Rhone-Delta hinab. In den engen Schluchten pfiff der Wind in Sturmstärke wie durch eine Düse. Die Wohnmobile schaukelten über die gewundene Autobahn, als wären sie betrunken. Als wir schließlich halb seekrank das Meer erreichten, war der Guru überwältigt. Zum ersten Mal sah er die Côte und konnte die Schönheit der Natur, das Licht, die Farben, die ganze Atmosphäre gar nicht laut genug einatmen. Immer wieder breitete er die Arme aus und jauchzte »Haaahhh«.

Im westlichen Teil des Hafens von Antibes befand sich der Kai der Milliardäre. Hier lagen Schiffe, die die ganze Ungerechtigkeit dieser Welt widerspiegelten. Es gab riesige Jachten mit Hubschrauberplattformen, Ferraris und Motorbooten.

Der Gipfel allerdings war das Spaceship eines russischen Milliardärs, das unter Wasser fahren konnte. Es war teurer als der Militäretat eines Dritte-Welt-Landes. Der Guru schlurfte in seinen Sandalen kopfschüttelnd den Steg entlang. Nach ein paar Hundert Metern kamen wir zu den »normalen« Jachten, die nur noch sechsstellige Summen kosteten.

»Kann man mit solchen Dingern Ozeane überqueren?« Der Guru träumte immer noch davon, mit einem Motorboot über die Weltmeere zu tuckern.

»Guruji«, erwiderte ich und versuchte, eindringlich und trotzdem liebevoll zu reden. So wie er. »Ich bin einmal quer durch die Karibik mit einem Segelboot ohne Segel motort. Wir hatten das Boot mit Hunderten von Plastikcontainern voller Diesel vollgepackt. Nach zehn Tagen Motorfahrt kamen wir mit dem letzten Tropfen an. Ich hatte noch wochenlang Kopfschmerzen vom Dieselgestank und der Vibration. Vergiss es!«

Der Guru schaute mich frustriert an. »Es muss eine Lösung geben! Die Technik hinkt dem Zeitgeist hinterher. Aber eines Tages wird das gehen. Da bin ich mir sicher. Jemand muss eine Schlüsselidee haben, um etwas ganz Neues anzustoßen. So wie vor 250 Jahren die Dampfmaschine. Irgendwann wird es wieder so einen Sprung geben. Irgendjemand wird eine ganz einfache Idee haben, die die ganze Welt verändern wird.« Heimlich hoffte ich, dass dieser Jemand gerade vor mir stünde.

Es braute sich ein Unwetter zusammen, wie ich es an der Côte d'Azur noch nie erlebt hatte. Das Licht schien milchig-gelb. Ich konnte direkt in die Sonne gucken. Ich erkannte einen kleinen schwarzen Fleck am rechten unteren Ende. Ob das einer der Planeten war? Oder irgendein Zeichen?

Wir fuhren weiter nach St. Tropez, weil das Uhrwerk diese Stadt so mochte. Zum ersten Mal äußerte sie einen persönlichen Wunsch. Da ich in meiner Kindheit viele Urlaube in dieser Gegend verbracht hatte, musste ich plötzlich an meine Eltern denken. Ich schaltete zum ersten Mal seit Wochen mein Handy ein. Nicht eine einzige Nachricht auf meiner Mailbox. Keine SMS. Es meldete sich niemand mehr bei mir.

Eine halbe Stunde später kämpften wir uns bei Sturm und orangefarbenem Sonnenschein durch St. Tropez. Die Stadt hatte sicherlich schon viel gesehen, aber diese weiße Entourage mit ihrem zotteligen Anführer sorgte für erhebliches Aufsehen. Selbst die gelangweilten Russen auf ihren Jachten richteten ihre feisten Leiber auf und streckten das Doppelkinn in unsere Richtung. Als wir das Ende des Hafens und damit die Stadtmauer erreicht hatten, blieb der Guru stehen und schaute sich die Szenerie an, die jetzt vollkommen gespenstisch war. Plötzlich sah ich, dass unsere weißen Gewänder mit einer dunkelgelben, staubigen Schicht überzogen waren. So etwas hatte ich noch nie gesehen. Ein Staubfilm hatte sich über die Welt gezogen. Autos, Häuser, Straßen, wir – alles war orangefarben. Selbst der Guru schien sich jetzt zu ängstigen. Hatten sich die Majas verrechnet?

Der Wind ließ nach. Es wurde still. Wer mit einem Guru reist, dem kann alles passieren. Auch der Weltuntergang. Ich riss mich aus meiner orangefarbenen Hypnose und eilte in eine Pizzeria hinter uns.

»Was passiert hier gerade, Monsieur?«, fragte ich den Kellner.

»Ein Sturm aus der Sahara«, antwortete der so trocken, als wäre es das Normalste der Welt. Ich fragte noch einmal nach, ob ich auch richtig verstanden hatte. Doch, doch. Ein Sturm aus Nordafrika lasse Feinstaub über die Côte d'Azur fallen. Gäbe es manchmal.

Ich lief hinaus. »Ein Sturm aus der Sahara«, rief ich. Alle blickten mich erstaunt an. Der Guru schien fast enttäuscht zu sein. Alles jenseits eines Weltuntergangs erschien schrecklich langweilig.

Vor uns saß ein alter Fischer in seinem Boot und schaute neugierig zu uns hoch.

»Vous êtes qui, Monsieur?« Ich übersetzte spontan: »Er möchte wissen, wer du bist.«

Der Guru lachte. Eben hatte er noch den Weltuntergang vor Augen und jetzt den hier: »Ich bin, was du siehst, das ist alles!«

»Das ist eine gute Antwort, Monsieur. Ich bin ein Fischer, wie Sie sehen. Und Sie? Was fischen Sie?« Der Alte erfüllte alle Klischees eines Fischers – wie unser Guru die eines Gurus. Sein Gesicht war faltig, die Haut gegerbt, die Augen stahlblau und die Fingernägel pechschwarz. Seine Hände und Unterarme schimmerten vor Schuppen. Sein Pullover war blutverschmiert. Der Guru sagte zu dem Fischer: »Du bist ein weiser Mann. Wir sind alle Fischer. Nach irgendetwas fischt jeder. Aber nach Fischen zu fischen ist die wahre Art des Fischens.«

Am späten Nachmittag verließen wir St. Tropez und brachen in Richtung Toskana auf. Der Guru fuhr ausnahmsweise in meinem Wohnmobil mit. Er setzte sich neben mich und schien mürrisch zu sein. Erstens hatte er den Weltuntergang verpasst und zweitens keine Lösung für seinen Bootstraum gefunden.

Ich erklärte ihm noch einmal, dass Segeln die umweltfreund-
lichste, kostengünstigste und beste Möglichkeit sei, ein Boot
voranzutreiben.

»Segeln ist Mist. Überholt. Stell dir so einen Saharasturm
auf See vor. So was überlebt man nicht auf einem Segelboot,
stimmt's?« Ich musste an den fürchterlichsten Sturm meines
Lebens denken. Es war mitten auf dem Pazifik passiert. Vor
dem Sturm waren wir zu dritt an Bord gewesen. Danach zu
zweit. Dieser eine schreckliche Sturm lässt mich vermutlich
nie los. Er streichelte mir über den Kopf. Als ob ich Trost
nötig gehabt hätte. Er spürte wie immer alles.

»Du hast dich verändert, Timm. Du bist bescheiden
geworden.«

Der Guru hatte wohl recht. Ich war vollkommen glücklich
und zufrieden am Steuer meines Wohnmobils. Alles, was ich
brauchte, war ein Ziel, eine Aufgabe und einen Anführer,
der mich liebte. Zum ersten Mal war ich mit einer Respekts-
person zusammen, die mich nicht kleinmachen wollte und
mich ernst nahm. Wie Freund, Vater, Chef und Lehrer in
einer Person.

»Ich glaube, das habe ich dir zu verdanken.« Wir hielten
uns wieder an den Händen und schaukelten im Rhythmus der
Straße hin und her.

Wir fuhren die Nacht hindurch. Im Morgengrauen erreichten wir die Toskana. Hier war es fast noch schöner als an der
Côte d'Azur. Lieblicher, geschwungener. Wir waren zu Gast
bei einem deutsch-italienischen Pärchen, das den Winter
ebenfalls in Indien verbracht und dort ein großes Apartment

gekauft hatte. Enrico, der ursprünglich Heinz hieß, war um die achtzig. Seine Frau Maria war Vollblutitalienerin und hatte nie außerhalb Italiens gelebt. Sie war mindestens dreißig Jahre jünger als Enrico. Beide waren dem Guru treu ergeben.

Die Auffahrt zu ihrem alten Weingut in den Hügeln war so steil und eng, dass ich mit dem Wohnmobil gegen einen herausstehenden Dachziegel eines alten Schuppens stieß. Der Dachziegel platzte, und das Wohnmobil bekam eine neue Beule. Ich rollte zurück und versuchte ein Stück weiter links am Gebäude vorbeizumanövrieren. Aber die Räder drehten auf dem Schotterweg durch. Ich kam nicht vom Fleck. Außerdem rutschte das Mobil immer weiter Richtung Graben. *So wird das nichts,* dachte ich gerade, als Apostel und Uhrwerk neben meiner Fahrertür auftauchten. Das Uhrwerk hatte ihr Gurumobil erwartungsgemäß lässig durch die Auffahrt manövriert, geparkt, alle Sachen ausgeladen und wahrscheinlich dem Guru schon die Füße massiert. Sie sprachen Schwyzerdütsch. Ich verstand kein Wort. Der Schaden konnte ihr auch egal sein, denn das Wohnmobil lief auf meinen Namen. Die sechshundert Euro Selbstbeteiligung hatte ich vorgestreckt. Apostel stellte sich unter mein Fenster. »Lass Ricarda fahren.«

»Nein, nein«, winkte ich ab. »Ich schaff das schon.« Nach drei weiteren Versuchen gab ich auf. Das Uhrwerk blickte mich ohne eine Miene zu verziehen an und öffnete die Fahrertür. Ich wusste, dass es jetzt Zeit war, ihr das Steuer zu überlassen. Sie schaltete in den ersten Gang und gab Vollgas. Die Reifen drehten durch, Schotter spritzte in alle Richtungen, aber sie kam voran. Sie schaltete innerhalb einer Millisekunde in den zweiten Gang und fuhr an der Scheune vorbei, den Hügel auf der anderen Seite herab und parkte mein Wohnmobil neben ihrem.

»Es ist sehr schön hier, du wirst sehen«, zwitscherte Apostel auf dem Weg hinab in bemüht neutralem Ton. Doch der Spott in ihren Augen war nicht zu übersehen. Ich zeigte auf ihre Nase: »Tut es sehr weh?«

Das Grundstück war mehrere Fußballfelder groß. Es gab insgesamt drei Wohnhäuser aus Naturstein, die von knorrigen Olivenbäumen umgeben waren. Das gesamte Anwesen sah sowohl romanisch als auch romantisch aus. Seine beiden Bewohner waren wunderbar bescheiden und fürsorglich.

Wir unternahmen eine Grundstücksbesichtigung. Enrico ging mit unserem Guru an der Hand voran und präsentierte seinen ganzen Stolz. Einige Olivenbäume waren an die tausend Jahre alt. Auch den Rebstöcken steckten viele Jahrhunderte in den Wurzeln. Alles schien zu blühen. Bächlein und Springbrunnen plätscherten vor sich hin. Ein italienisches Paradies. Dies war mit Abstand der schönste Ort, an dem wir bisher gewesen waren. Selbst die Tauben gurrten den Namen unseres Meisters von den Dächern. GurrrGurrr. GurrrGurrr.

Auf einer Terrasse hatten unsere Gastgeber Kaffee und Kuchen vorbereitet. Aber der Guru wollte sich noch nicht setzen. Er ging ein paar Meter den Hügel herab zu einem besonders knorrigen Olivenbaum. Eden folgte ihm mit geringem Abstand. Das Uhrwerk blieb neben mir stehen. Das Gesicht wie immer versteinert. Der Guru umarmte den Baum und verharrte in dieser Position. Das Bild des Gurus und des alten

Baums war so schön, dass wir alle unsere Augen schlossen und mental ein Bild für unser spirituell-zerebrales Fotoalbum schossen.

Im Laufe des Tages trafen fast fünfzig Seminargäste ein. Auf einer kleinen Lichtung bauten wir ein Zelt auf und schmückten den Ort mit Blumen, Decken und Girlanden. Wer es indisch-bunt mochte, hätte unser Arrangement niemals für kitschig gehalten.

Im Seminar stellten die Teilnehmer wie immer die gleichen Fragen und bekamen die gleichen Antworten. Trotzdem war es in Italien anders. Ich hatte meine Ansprüche heruntergeschraubt. Ich erwartete von meinem Guru nicht mehr, dass er ständig so brillante Satsangs wie damals in Blaufingen halten musste. Ich erkannte immer mehr den Menschen im Gottgesandten. Er wollte Freude auf diesem Planeten verbreiten, die Welt kennenlernen und ein bisschen von seiner Göttlichkeit versprühen. Wenn er mal nichts versprühte, war das auch in Ordnung. Der Guru hatte nie behauptet, göttlicher zu sein als wir. Nach dem Satsang hatte er mir gesagt, dass er sich selbst einen Guru wünschte, dem er huldigen könnte. Es wäre ihm manchmal zu viel, dass so viele Menschen ihr Seelenheil bei ihm suchten.

Nach langer Zeit werde ich wieder aus meiner Welt der Erinnerungen und des Schreibens gerissen. Es ist Sonntag früh. Gabi und ich sitzen im Bett. Sie liest, ich schreibe. Wir sind glücklich. Mein Handy klingelt – unbekannter Teilnehmer. Es ist Becki. Zum ersten Mal höre ich ihre Stimme wieder. Mein

Herz schlägt bis zum Himmel. Gabi habe ich alles erzählt. Vor ihr gibt es zum Glück keine Geheimnisse. Trotzdem verlässt sie das Bett und unser Schlafzimmer, damit ich ungestört mit Becki reden kann.

Nach ein bisschen Small Talk erzählt sie mir, dass sie endlich den Absprung geschafft und den Guru verlassen habe. Sie könne mir nicht erzählen, was geschehen ist. Auf jeden Fall seien es schreckliche, unerträgliche Dinge.

»Ich ahne, wovon du sprichst, Becki. Ich bin froh, dass ich raus bin. Das habe ich dir zu verdanken.«

»Ich werde mich nicht mehr bei dir melden, Timm. Ich wollte dir nur sagen, dass ich es jetzt auch hinter mir habe.«

Nach dem Anruf kann ich wieder wochen- und monatelang nicht schreiben. Sobald ich direkten Kontakt zu früher habe, legt sich eine Blockade über mich. Wie gelähmt sitze ich vor dem PC.

Im Seminar in Italien verbreitete der Guru bekannte Weisheiten und Anekdoten. Es schien ein bestimmtes Niveau zu geben, das er nicht überschritt. Als wüsste er, was er den Teilnehmern zutrauen könnte. Aber ich glaubte zu wissen, dass es eine Weisheit jenseits seiner Kurse gab. Diese Gedanken bestätigten sich, als er das Team in der Mittagspause auf einen Spaziergang mitnahm. Auf einer Anhöhe blieb er stehen und sprach zu uns: »Ich möchte würdige Jünger haben. Nur mit Würde werdet ihr fähig sein, die wahre Lehre zu erleben. Sehr bald werde ich damit beginnen. Sehr bald.« Waren wir also würdig genug?

Abends saßen wir mit allen Seminarteilnehmern um ein Lagerfeuer herum und sangen Lieder unseres Meisters. Der Guru, die Lichtstimme und Chris kreierten wieder auf magische Weise neue Melodien und Texte.

»All is light, and light is all. No day, no night. Enlit thy call – alles ist Licht und Licht ist alles. Kein Tag, keine Nacht. Erleuchtet dein Ruf.« Wieder war ein Lied geboren, das bis heute auf Satsangs, Festivals und Abenden wie diesem gesungen wird.

»Wie machst du das?«, fragte eine Italienerin in einer Gesangspause. »Wie komponierst und arrangierst du die Musik? Und woher kommen die Worte?«

Der Guru schaute die Frau an: »Ich mache nichts. Es ist wichtig, nichts zu machen. Wie eine Flöte. Sie muss absolut rein und offen sein, damit der Flötenspieler klare Töne spielen kann. Dann entsteht Musik.«

»Aber wie erreicht man diesen Zustand? Den Zustand der leeren Flöte?«, fragte Enrico, unser Gastgeber.

»Es ist so einfach und doch so kompliziert. Hört auf zu wollen. Hört auf, eine leere Flöte sein zu wollen, Musik komponieren zu wollen, zu schöpfen. Lasst das Leben mit euch spielen. Seid! Erst wenn ihr euch nicht mehr einmischt, läuft alles nach Plan. Wenn keine alten Worte auf eurer Zunge kleben. Wenn das Herz ohne Spuren von gestern ist. Nur dann können neue Melodien entstehen.«

Wir rasten von einer Satsang-Stätte zur nächsten. Das Programm war straff. Auf dem Weg nach Polen machten wir Rast in einem gewaltigen Waldgebiet ganz in der Nähe der ehemaligen deutsch-deutschen Grenze zwischen Bayern und Thüringen. Wir waren zu acht. Der Guru, Eden, Oak, Shwyzananda, Chris, das Uhrwerk, die Lichtstimme und ich. Apostels Nase hatte sich so schlimm entzündet, dass sie in der Schweiz in einem Krankenhaus zurückgeblieben war. Das Gesicht der Gottesfürchtigen war blau und aufgedunsen. Die Schwestern und Sheila hatten wir ebenfalls in der Schweiz zurückgelassen. Sie wollten uns in Schweden wieder einholen. Die Fahrt nach Polen war allen anderen Jüngern ebenfalls zu anstrengend. Becki blieb verschwunden. Ich fragte nicht.

Es stürmte. Wir stellten die Mobile in L-Form gegeneinander und breiteten im Windschatten Decken und Kissen aus. Wir aßen schweigend Brot und Käse. Sheilas Küche fehlte uns sehr. Nach etwa einer Stunde legte sich der Guru in seinem Wohnmobil schlafen. Die Frauen folgten ihm. Oak, Shwyzananda, Chris und ich machten es uns in »meinem« Wohnmobil gemütlich. Wir hätten Freunde sein können. Aber irgendetwas stand zwischen uns. Die Guru-Liebe, die uns vereinte, trennte uns auch, denn jeder wollte des Gurus Liebling sein. Obwohl ich am kürzesten dabei war, hatte ich das engste Verhältnis zum Gottgleichen. Oder dachte das jeder von sich? Oak war der Experte für Permakultur. Wenn der Ashram sich irgendwann selbst versorgen wollte, war er der wichtigste Mann. Shwyzananda war enger Vertrauter Oshos gewesen und mit seiner spirituellen Weisheit und ausgleichenden Art unverzichtbar für die Gemeinschaft. Chris war der beste Musiker. Und ich? Ich konnte segeln. Und sonst vieles ein bisschen und nichts richtig. Mich brauchte der Guru am wenigsten. War ich tatsächlich ein Rohdiamant? Ich war mir sicher, dass der Guru meine Berufung kannte, sie mir aber absichtlich nicht sagte. Ich musste selbst draufkommen. Nur durch meine eigene Erkenntnis hätte sie Wert.

Am nächsten Morgen schüttete es in Strömen. Wir hielten in einem Kaff in Ostbrandenburg. Der Guru wollte hier große ausrangierte Fenster eines öffentlichen Gebäudes kaufen, um damit in Schweden die geplante Satsang-Halle zu bauen. Hier hatte eine Schule mit Geldern des Solidaritätszuschlags neue Fenster einbauen lassen. Die alten verkaufte die Baufirma jetzt unter der Hand im Internet. Das Uhrwerk hatte sie bei eBay gefunden.

Unser Navigationsgerät führte uns auf einen Hinterhof im tiefsten Osten der Republik. Menschen mit der Hautfarbe unseres Gurus trauten sich per se nicht in diese Region. Aber ich war der Einzige, dem das klar war.

Der Chef und seine beiden Handlanger empfingen uns. Immerhin machten sie einen gemäßigten Eindruck. Die beiden Handlanger trugen keine Glatzen oder sonstige Zeichen einer rassistischen Einstellung, hatten dafür aber mehr Muskeln als alle Ashramis zusammen. Acht weiß gekleidete Menschen mit Schal sagten höflich guten Tag. Auf Englisch. So etwas hatte es hier noch nie gegeben. Würde es auch nie wieder. Wir gingen in eine Halle, in der die Fenster standen. Vierzig Stück, zwei Meter hoch, einen Meter vierzig breit, mit gewaltigen Holzrahmen umkleidet. Jedes Fenster wog zweihundert Kilogramm. Das Uhrwerk inspizierte jedes einzelne.

Bis auf zwei kaufte sie alle. Sie blätterte tausend Euro auf den Tisch. Die restlichen 2.800 sollten bei Lieferung bezahlt werden. In einer Woche sollten sie in Schweden sein. Der Guru war zufrieden. Er haute einem der Lakaien auf die Schulter und lachte. »Done! – Fertig!«, sagte er glücklich und schlug die Hände ineinander. Dann geschah das Wunder. Der Mann lächelte den Guru an. Es war das ehrliche Lächeln eines Menschen, der plötzlich ein unerklärliches, schönes Gefühl in sich trägt, das er vermutlich lange nicht mehr gespürt hat.

»Was seid ihr für ein Haufen?«, fragte er das Uhrwerk. Sie übersetzte es dem Guru, der antworte: »We? We are party people. We celebrate life. We are like a life band!«

»Wir feiern das Leben«, übersetzte das Uhrwerk mit heftigem Schweizer Dialekt. »Wir sind wie eine Band, die das Leben zur Musik hat.«

Die drei Brandenburger schienen ein bisschen erstaunt über diese seltsame Antwort. »Wozu braucht ihr diese Fenster?«

»Wir bauen so etwas wie eine Musikhalle in Schweden. Im August steigt da eine riesige Life-Party. Und ihr seid wärmstens eingeladen, stimmt's?«

»Kucknwama«, war die höfliche Antwort der drei. Eine Party in Schweden mit Typen wie uns ginge vermutlich zu weit. Wir verabschiedeten uns. Dieses Mal mit Handschlag. Im Rückspiegel sah ich die drei breitbeinig auf ihrem Hof stehen. Sie blicken uns noch lange hinterher.

Stunden später machten wir in einem polnischen Dorf Rast. Da niemand im Wohnmobil kochte, blieb uns nichts anderes übrig, als essen zu gehen. Wir kehrten in einen polnischen Gasthof ein – ganz entgegen der Maxime unseres Heilands. Aber der Hunger war stärker. Obwohl wir insgesamt sieben verschiedene Sprachen sprachen, gelang es uns nicht, mit den Wirtsleuten zu kommunizieren. Hier sprachen alle Polnisch oder Russisch. Es roch wie in den Kneipen der Achtziger in Deutschland: nach Rauch, Bier, Fritteuse und Mensch.

Wir verständigten uns darauf, dass wir gern etwas Urpolnisches ohne Fleisch hätten. »Urpolnisch« drückten wir mit den Worten Polska und Tradition aus. »Ohne Fleisch« mussten wir mit Händen und Füßen beschreiben, was Chris am besten gelang. Er imitierte Schweine und Rinder und gab sich wild grunzend und muhend mit dem Kerzenstumpf einen Bolzenschuss. Er schüttelte den Zeigefinger, um klarzumachen, dass wir das nicht essen wollten. Wir beklatschten das kleine Theaterstück. Offenbar hatte die Wirtin verstanden. Wir bekamen ein fantastisches Dreigängemenü ohne Fleisch. Dafür fettig und süß.

Keiner von uns war je in Polen gewesen. Wir waren Fremde und fühlten uns trotzdem absolut wohl. Hier war die Landschaft hässlich und karg, das genaue Gegenteil der Côte d'Azur. Dafür waren die Menschen ehrlich, offen und generös. Die Wirtin kam an unseren Tisch mit acht Kurzen. Nachdem wir schon kein Fleisch gegessen hatten, konnten wir diese Einladung unmöglich abschlagen. Der Guru stand auf, nahm der Frau das Tablett ab und stellte es auf den Tisch.

»I am Guruji«, sagte er und tippte mit dem Zeigefinger auf seine Brust. »You?«, fragte er und zeigte auf die Frau.

»Jolla«, sagte sie fröhlich mit gutturalem »l«.

»Wo ist dein Shot?«, fragte der Guru, nahm einen Kurzen in die rechte Hand und zeigte mit der leeren linken wieder auf Jolla. Die gluckste etwas und war eine Minute später mit einem eigenen Kurzen zurück. Der Guru verteilte die Gläser.

»Wenn man in Rom ist, soll man sich wie ein Römer benehmen. Wenn man bei Jolla ist, wie Jolla, stimmt's?«, sagte er und stürzte den Korn seine Kehle herunter. Er schüttelte sich, dass seine Haare durch Jollas Gesicht peitschten, und gab ein lautes »Uööörrchch« von sich. Das Zeug schmeckte wie die Essenz einer verdunsteten Monsterwelle: salzig, scharf, furchtbar. Jolla sammelte die Gläser ein und ging zurück an ihren Tresen. Die Lichtstimme guckte angewidert. Vermutlich hatte sie noch nie in ihrem Leben einen Schluck Alkohol zu sich genommen. Dieses polnische Feuerwasser war ein harter Anfang.

»Wir sind in einer Kneipe. In einer Kneipe trinkt man Alkohol. Wenn Jolla in unseren Ashram kommt, wird sie meditieren. Obwohl Jolla in ihrem ganzen Leben noch nie meditiert hat. Sie wird dem Ganzen eine Chance geben, richtig? Genau das haben wir mit diesem Drink gemacht. Und ich fühle mich nicht schlecht, stimmt's?«

Jolla wollte uns eine zweite Runde andrehen. Doch der Guru wiegelte ab und befahl dem Uhrwerk, zu zahlen. Erst jetzt fiel mir auf, wie hübsch Jolla war. Sie war ungefähr so alt wie ich, groß, sehr weiblich, mit einem unglaublich schönen Gesicht. Das war auch dem Guru nicht entgangen. Zum Abschied umarmte er sie vielleicht ein bisschen länger als nötig. Das Uhrwerk und Eden blickten beide zur Seite. Ich schüttelte Jolla die Hand. Draußen war es stockdunkel. Jolla winkte dem Guru noch lange hinterher.

Nach fünfhundert Kilometern holpriger Landstraße erreichten wir morgens um sechs Uhr Nabokowritske. Hier erwarteten uns die ergebensten Jünger der bisherigen Tour. Sie benahmen sich wie Kinder, wenn der Weihnachtsmann zu Besuch kommt. Sie schienen ein bisschen Angst vor dem Guru zu haben und hielten möglichst weit Abstand. Im Gegensatz zu anderen Ländern ignorierten sie das Team und den Inner Circle vollständig.

Ein devoter Vollbart mit Bimmelkettchen und Clownsschühchen führte uns ans andere Ende des verbauten Gebäudes. Hier befand sich der pseudo-indisch geschmückte Meditationsraum. Überall standen Buddha-Statuen und kitschige Bilder von Sonnenuntergängen und nebligen Fantasiewelten.

Uns folgten etwa dreißig Personen, denen eine kindliche Freude im Gesicht geschrieben stand. Alle trugen ihr eigenes Meditationskissen unter dem Arm. Wir setzten uns auf den Boden.

Es war zehn Uhr früh, das Seminar konnte beginnen. Ich nickte immer wieder ein, also stand ich schließlich leise auf und verließ den Raum. Alle waren so sehr auf den Guru fixiert, dass mein Verschwinden nicht auffiel. Und trotzdem hatte ich wieder ein schlechtes Gewissen. Immer herrschte der Druck, hyperkorrekt zu sein. Das Uhrwerk ging schließlich auch nicht schlafen.

Ich legte mich im Wohnmobil in den Alkoven. Vor Übermüdung und vor Angst, mich falsch verhalten zu haben, konnte ich nicht einschlafen. Langsam fing ich an zu begreifen, was die Mission des Gurus war: Er hatte keine. Jede Mission würde ihn in eine Schublade stecken, aus der er nicht mehr herauskäme.

Nachmittags fuhren wir mit unseren Wohnmobilen und den polnischen Jüngern in eine nahgelegene größere Stadt. In einer Art Königssaal fand der zweite Teil des Seminars statt. Vergoldeter Stuck prangte an den Decken, bestickte Teppiche mit Kriegsszenarien schmückten die Wände.

Der Übersetzer stellte sich vor, ein etwa dreißigjähriger Mann, der sich auch von der Ruhe unseres Meisters nicht bändigen ließ. »Hi Mister Guru, ich bin Robert. Aber du kannst mich Bobbybob nennen.« Er redete ohne Unterbrechung auf ihn ein, berührte ihn ständig und schien nicht zu verstehen, dass es nicht um ihn, sondern um seine Übersetzung ging. Das Uhrwerk ging dazwischen und bat Bobbybob, sich zurückzunehmen, der Meister brauche vor seinen Satsangs ein wenig Ruhe.

»No problem«, versprach der Mann und fing an, dem Uhrwerk seine Lebensgeschichte zu erzählen. Nach einer Minute winkte sie mich zu sich. Sie setzte ihr verlogenstes Lächeln auf: »Könntest du dich ein bisschen um den jungen Mann hier kümmern?«

»Klar, gern.« Ich war so feige.

Bobbybob erzählte mir sofort, wie toll er unseren großartigen Guru fände und wie viel Großartiges er von ihm gehört hätte. Und er bewundere seine großartige Lehre und sein großartiges Leben. Täglich verspüre er großartige Dankbarkeit für sein Leben. Seine Stimme war hell und unangenehm.

Wieso existieren solche Menschen?, fragte ich mich. *Und wieso merken sie nicht, dass sie unerträglich sind? Ihr Geschwätz muss doch auch für sie selbst entsetzlich langweilig sein.* Da es mir in Fremdsprachen leichter fällt, Dinge direkt anzusprechen, wagte ich den Vorstoß: »Warum redest du die ganze Zeit?«

Bobbybob hielt inne. Er sah mich an und redete weiter. Nach fünf Minuten fragte ich nach der Toilette und verließ den Raum, ohne seine Antwort abzuwarten. Bis zur Tür folgte er mir noch.

Als ich zurückkam, sah ich, dass sich Bobbybob auf Shwyzananda gestürzt hatte. Doch der drehte den Spieß einfach um und quatschte seinerseits den anderen zu. Nach ein paar Minuten hatte Shwyzananda seine Ruhe. Er grinste mich frech an, als wollte er sagen: »So macht man das!« Immer wieder verblüffte er mich.

Es saßen mindestens zweihundert Zuhörer im Saal. Die Atmosphäre war vergleichbar mit einem Pokalfinale. Rechts vom Meister kniete der Übersetzer. Bevor es losging, bat er die Zuschauer, nicht zu schnell zu sprechen, damit er beim Dolmetschen hinterherkomme. Dies erzählte er auf Polnisch und Englisch. Auch Fehler möge man ihm verzeihen. Es wäre nicht alltäglich, dass er hier sitzen und für einen so berühmten Meister übersetzen dürfte. Aber jeder könnte sich absolut sicher sein, dass er sein Bestes geben würde. Er hätte im vergangenen Jahr eine ähnliche Veranstaltung … »Stop!«, rief der Meister.

»Wo ist Zattopek?« Zattopek hieß der vollbärtige Veranstalter. Er erhob sich schwerfällig und kämpfte sich durch die Stuhlreihen nach vorn. Der Guru wandte sich nun an den Dolmetscher.

»Bitte teile Zattopek mit, dass ich einen anderen Übersetzer haben möchte!« Der Dolmetscher übersetzte. Offenbar war ihm nicht klar, dass es das Ende seines Dolmetscherdaseins bedeutete. Zattopek rief eine schüchterne junge Frau nach vorne. Er erklärte Bobbybob, dass seine Künste nicht mehr erwünscht wären. Auch das übersetzte er brav ins Englische. Dann stand er auf und verließ den Saal.

Der Guru schloss die Augen. Für mindestens zehn Minuten herrschte totale Stille. Die absurde Situation löste sich auf und eine einmütige harmonische Atmosphäre stellte sich ein.

»Möchtet ihr eine Frage stellen?«, wollte der Meister wie vor jedem Satsang wissen. Niemand traute sich. Bis sich die neue Dolmetscherin zu Wort meldete: »Darf ich was fragen?«

»Natürlich darfst du!«

»Wenn du reist, dann sind immer so viele Menschen um dich herum. Ihr scheint alles zusammen zu machen. Wann habt ihr denn Privatsphäre?«

»Das ist eine gute Frage.« Der Guru kratzte sich kurz die Klöten. »Privatsphäre ist die totale Verbindung zu mir selbst. Sie hat nichts mit dem Außen zu tun. Meine Privatsphäre ist vollkommen unabhängig.« Die Dolmetscherin übersetzte die Antwort ins Polnische und stellte dann die nächste Frage. »Aber geht ihr euch nicht auf die Nerven?«

Der Guru lachte laut. Dieses Mal kratzte er sich den Bart. »Oh, doch, total. Manchmal könnte ich sie alle rausschmeißen.

Aber das geht nicht. Weil sie ein Teil von mir sind. Wenn ich mir den kleinen Finger breche, tut das weh. Aber deshalb schneide ich den kleinen Finger nicht ab. Das würde noch mehr wehtun. Ich helfe dem Finger, dass er wieder heilt. Manchmal hilft schon eine Salbe, manchmal ein Gips. Bei besonders schlimmen Verletzungen muss man ihn tatsächlich abnehmen. Sonst gefährdet er den ganzen Körper.« Plötzlich blickte mich der Guru direkt an. Was hatte das zu bedeuten?

Das Seminar dauerte zwei Tage. Die polnischen Anhänger stellten Hunderte von Fragen über Sex, Beziehungen, Liebe, den Umgang mit Gefühlen und noch viel mehr. Aber im Gegensatz zu allen anderen Ländern fragte keiner nach der Zukunft, den Finanzmärkten oder ähnlichen Themen, die in den Medien breitgetreten wurden. Die Menschen hier waren sicherlich die ärmsten Gastgeber unserer gesamten Reise. Ihnen ging es um Menschliches. Nie um Materielles. Als wir uns nach drei Tagen von ihnen verabschiedeten, umarmten sie uns wie alte Freunde. Trotz der Sprachbarriere war eine Beziehung gewachsen. Sie waren bescheidene, glückliche, achtsame Menschen. Von Natur aus. Nicht, weil sie irgendwelche Seminare besucht hatten und jetzt auf heilig getrimmt waren.

Ich setzte mich für die letzte große Tour ans Steuer meines Wohnmobils. Wir waren seit fast sechs Wochen unterwegs. Es war höchste Zeit, dass ich wieder zu Hause vorbeischaute. Zumindest für eine Woche. Ich hatte ein bisschen Angst vor zu Hause. Ich wusste, dass ich mich entscheiden musste zwischen meinen beiden Leben. Guru oder Gabi.

In Hamburg Bahrenfeld fuhr ich ab und hielt an der nächsten U-Bahn-Haltestelle. Eden übernahm das Steuer. Alle verabschiedeten mich ohne großes Getue. Ich hatte ja angekündigt, in einer Woche in den Ashram nach Schweden zu kommen. Der Guru war wie immer der Letzte, der mich umarmte.

»Komm zurück«, hauchte er mir ins Ohr.

»Werde ich«, versprach ich, »werde ich!«

Intermezzo III

Ich nahm den Zug nach Kiel und ging zu Fuß zu unserer Wohnung. Zu Gabis Wohnung. Ich gehörte nicht mehr richtig dorthin. Vor sechs Wochen war ich mit der Stena Line nach Göteborg gefahren. Es schien eine Ewigkeit her zu sein. Ich war nicht mehr der Alte. Wie sollte das erst nach dem Jahr der Transformation sein?

Gabi fiel mir um den Hals. Sie freute sich so über die Überraschung, dass ihr mein ungepflegtes Äußeres egal war. Nur Lilly hielt ein bisschen Abstand wegen meines Bartes. Aber als ich ihr einen Edelstein schenkte, den ich extra für sie in Spanien gekauft hatte, taute sie auf.

»Es ist ganz komisch, dass du wieder da bist.« Gabi hatte Tränen in den Augen. »Oder haust du gleich wieder ab?«

»Nein, nein«, wiegelte ich ab. »Ich bleibe eine Woche.«

Gabi und ich gingen erst einmal einkaufen. Ich merkte, wie seltsam die Menschen mich betrachteten. Auch Gabi hielt einen Sicherheitsabstand zu mir. Dabei hatte ich meine weißen Gewänder schon im Zug abgelegt. Konnte es sein, dass ich etwas von dieser Guru-Energie angenommen hatte?

Ich verspürte große Lust auf Süßigkeiten. Ich stellte mir eine offene Packung im Regal vor, aus der ich mich bedienen könnte, brachte diese seltsame Energie auf und – vielleicht war es Zufall, vielleicht aber auch nicht – vor mir lag eine offene Packung Gummibärchen. Ich holte ein paar heraus und steckte sie mir schnell und heimlich in den Mund. Gabi schüttelte lachend den Kopf.

»Hat dir der Guru gar nichts beigebracht?«

»Doch! 'ne ganze Menge.«

Selbst wer mit einem Guru reist, existiert weiterhin als Bürger. Ein ganzer Stapel Post wartete auf mich. Es lag eine Anzeige vom Kreis Offenburg wegen Benzindiebstahls gegen mich vor. Ich musste mich bei der Kripo melden. Mir war es ein absolutes Rätsel, wann ich dieses Vergehen begangen haben sollte.

Am nächsten Tag meldete ich mich bei der Polizei. Der Beamte war freundlich und zeigte mir lustige Fotos von Shwyzananda und mir beim Tanken. Langsam stieg die Erinnerung hoch: Ich hatte damals auf irgendeiner Raststätte Shwyzananda gefragt, ob er das erledigen könne, während ich auf die Toilette ging. Er musste gedacht haben, er solle das Tanken übernehmen. Nicht aber das Bezahlen.

Der Mann in Uniform glaubte mir sofort, musste aber eine Aussage von Shwyzananda einholen. Ob ich seine Adresse wüsste.

»Nee«, antwortete ich. »Ich weiß noch nicht mal, wie der Kerl mit richtigem Namen heißt.« Ich müsste diese Informationen unbedingt einholen, sonst könne der Fall nicht erledigt werden, warnte mich der Polizist.

Ich rief auf dem Ashram-Handy an. Das Uhrwerk ging ran: »Ich möchte nicht, dass du auf dieser Nummer anrufst.« Ich zuckte zusammen. Wieder hatte ich etwas falsch gemacht. Die Nummer war zufällig auf meinem Handy gespeichert, weil Becki sich vor ein paar Wochen verwählt hatte.

»Das wusste ich nicht«, sagte ich entschuldigend und legte auf. Ich erklärte dem Wachtmeister, dass ich mich kommende Woche bei ihm melden würde, um die Sache endgültig aus dem Weg zu räumen.

»Kein Problem«, antwortete er. »Nur noch eine Frage: Was haben Sie auf dem Foto für komische Sachen an?«

Erstmals erzählte ich Gabi von den Ungereimtheiten im Ashram, vom Uhrwerk und ihrer unerträglichen Art und vom Guru, der manchmal alles andere als heilig wirkte. Vom Apostel und dem stinkenden Norweger, von Kalle und seinen komischen Andeutungen und seinem Abgang. Von all den kleinen Vorkommnissen, die nicht in meinen hehren Anspruch heiliger Verwirklichung passen wollten.

»Bleib, so lange es Sinn macht. Und wenn es keinen Sinn mehr macht, dann komm zurück. Ich bin da.« Gabi hatte das, was im Ashram alle erreichen wollten: Wahrhaftigkeit. Aber sie besaß auch komplizierte Seiten. Und meinem Guru wollte ich eine letzte Chance geben, hundert Prozent heilig zu sein.

Gabi und ich verbrachten eine wunderschöne Woche miteinander. Sehr viel später erzählte sie mir, dass sie eine Art Erleuchtung hatte: Plötzlich sei ihr klar gewesen, dass sie mich gehen lassen musste. Dass alles, was gerade passierte, genau das Richtige war. Und sie wusste, dass ich wiederkommen würde.

»Liebe geht in eine Richtung. Es ist egal, ob du mich liebst. Ich liebe dich dafür, dass du machst, was du machst. Auch wenn ich das alles nicht verstehe.«

Schweden II

Nach nur einer Woche Abstand zum Guru und den anderen fühlte ich mich vollkommen fremd. Beide Welten schienen tatsächlich nicht miteinander vereinbar zu sein. Trotz Tendenzen der Erleuchtung auf beiden Seiten.

Als ich Shwyzananda von dem Benzindiebstahl erzählte, gab er mir nicht nur bereitwillig seinen richtigen Namen (»Hilbert Bäuerlein«), sondern bestand auch darauf, die achtzig Euro Strafe zu bezahlen. Uns beiden und dem Rest des männlichen Teams war der einzige ausgebaute Raum in der Scheune als Schlafstätte zugewiesen worden. In den kommenden drei Wochen sollten wir aus der Scheune eine Massenunterkunft errichten. Oak und ich waren die einzigen Männer, die zum Handwerk zu gebrauchen waren. Chris konnte sich leider nicht länger als fünf Minuten auf eine Sache konzentrieren und Shwyzananda war bei aller spirituellen Reife eine handwerkliche Niete. Seine einzige Aufgabe in der gesamten Zeit war es, eine Treppe zu bauen. Auch drei Wochen später existierte diese Treppe nur als Kohlezeichnung. Dafür aber als besonders schöne Kohlezeichnung. Die einzige Frau mit ausgezeichneten handwerklichen Fähigkeiten war Becki. Sie war wieder da. Ich fragte nicht nach, wo sie gesteckt hatte. Auch Apostel war erstaunlich gut zu gebrauchen, trotz des Verbandes über ihrer Nase. Das Uhrwerk war zum Glück die meiste Zeit mit Büroangelegenheiten beschäftigt. Was Eden den ganzen Tag machte, erfuhr ich erst viel später.

In meiner Abwesenheit hatten der Guru und Oak Material in rauen Mengen gekauft. Die Scheune sollte ein Schmuckstück werden. Wir zogen neue Balken, verlegten Böden, isolierten die Decke, malerten, zimmerten und schleiften, bis ein ansehnlicher Schlafsaal entstanden war. Auf dem Dachboden konnten jetzt bis zu zwanzig Menschen schlafen. Im Erdgeschoss gestaltete sich die Sache schwieriger, denn bis vor ein paar Jahren hatten dort noch Schweine gehaust. Nach drei Tagen gaben Oak und ich auf. Es überstieg unsere Fähigkeiten, aus einem Schweinestall gemütliche Zimmer zu zaubern.

»Kein Problem«, munterte uns der Guru auf. »Lasst uns einen Zusatzraum hinter der Scheune bauen. Einen Wintergarten, stimmt's?«

Unter einem windschiefen Dach auf zwei Pfeilern sollten wir jetzt die Schulfenster aus Brandenburg zusammenbauen, einen geraden Holzboden errichten und alles isolieren. Die Fenster waren während meiner Abwesenheit geliefert worden. Sie lagen in der Scheune des Nachbarn. Der LKW hatte nicht durch den engen Waldweg gepasst, sodass der Fahrer die 38 jeweils zweihundert Kilo schweren Teile dort abgestellt hatte.

Oak und ich wanderten etwa einen Kilometer durch den Wald zum Nachbarn, um die Fenster zu inspizieren. Uns wurde klar, dass wir ein Auto mit Anhängerkupplung, einen Anhänger, mindestens vier starke Männer, zwei Fahrer und trockenes Wetter benötigten, um die Fenster zum Ashram zu bringen. Nichts von all dem stand uns zur Verfügung. Auf dem Rückweg redeten wir kein Wort. Dieses Problem wollten wir nicht lösen müssen.

Wir spielten lieber Fußball mit den Söhnen des Heiligen. Ich hatte den neuen WM-Ball aus Deutschland mitgebracht – Teamgeist. Ein alter VfL-Mannschaftskamerad hatte mir den Ball geschenkt mit den Worten: »Kannst jetzt mit deinem Guru pöhlen.«

Teamgeist schweißte uns zusammen. Fußball ist die beste Art der fairen Auseinandersetzung. Vor allem, wenn ich gewinne. Und das tat ich immer, denn ich war der Einzige, der diesen Sport richtig gelernt hatte. Deshalb pflegten die Jungs des Gurus neuerdings Kontakt mit mir und wollten immer mit mir spielen. Täglich kickten wir morgens und abends eine Stunde. Dazwischen arbeiteten wir an den Baustellen des Ashrams.

Oak und ich setzten Grundsteine in die Erde, verlegten Längsbalken und zimmerten Holzdielen darüber. Nach zwei Tagen hatten wir den Punkt erreicht, an dem wir vor zwei Tagen schon einmal gestanden hatten: Die Fenster mussten irgendwie in den Wintergarten befördert werden. Wir ließen eine Anhängerkupplung an den Ashram-Transporter montieren und kauften einen Anhänger. Die Manpower musste der Ashram stellen. Alle packten mit an: Der Guru, das Uhrwerk, Apostel, Becki, Eden, Mihenta und Shihenta, die Licht-stimme, Shwyzananda und bei jedem dritten oder vierten Fenster auch Chris. Selbst zu zwölft waren die Dinger uner-träglich schwer. Mehr als zwei Fenster passten nicht auf den Hänger. Wir arbeiteten zehn Stunden bei Regen, um abends zwanzig Fenster im Ashram stehen zu haben. Den Rest mussten wir erst einmal beim Nachbarn liegen lassen und am nächsten Tag abholen.

Oak und ich bauten die Fenster aneinander, verankerten sie oben und unten mit dicken Holzschrauben und versuchten, unseren schiefen Boden durch ein paar Extrabretter zu glätten. Pünktlich vor unserer zweiten europäischen Satsang-Tour in diesem Jahr war der Wintergarten fertig. Wenn man nicht genau hinschaute, sah er ganz brauchbar aus.

Europa II

Es war Anfang Juli und wir brachen erneut mit Gurumobil und Ashram-Multivan Richtung Mitteleuropa auf. Wir hatten sieben Städte, fünf Länder und drei Wochen Reise vor uns. Dieses Mal nahmen wir die Fähre von Malmö. Das war zwar etwas teurer, aber schneller und bequemer. Ich wanderte über das Schiff und sah mir alles genau an. Seit meiner Kindheit liebe ich Schiffe, obwohl es in meiner Heimat noch nicht einmal einen Fluss gab. Gemeinsam mit Becki stieg ich hinab in den Bauch der Fähre. Neben unseren Fahrzeugen stand ein Elnagh Magnum, ein Wohnmobil in der Form eines Schuhkartons. Das Ding sah so urig aus, dass ich sofort entschied: »Irgendwann hol ich mir genau so'n Teil!« Drei Monate später würde ich tatsächlich einen Elnagh besitzen und diejenigen besuchen, die damals mit mir im Ashram gelebt hatten. Ich würde ihnen alles erzählen, was sich in meinen letzten Wochen mit dem Guru abgespielt hatte. Und keiner würde es mir glauben.

Nach einer durchfahrenen Nacht hielten wir am Rasthof Damma Berge an. Chris holte Teamgeist aus der Gepäckablage des Vans. Oak konnte inzwischen auch halbwegs mit dem Ball umgehen. Wir waren total übermüdet und trotzdem aufgekratzt. Chris schoss den Ball so hart er konnte in die Luft. Ich stoppte ihn mit der Brust und passte mit dem Knie zu Oak. Dann kam der Moment, der alles verändern sollte. Der Guru musste gesehen haben, wie viel Freude wir beim

Fußballspielen hatten. Er hatte offenbar Teil unserer kleinen Mannschaft sein wollen.

Ich glaube, es war Oak, der den tödlichen Pass auf den Guru spielte. Beschwören könnte ich es nicht. *Ich* war es auf jeden Fall nicht. In meiner Erinnerung verwandelte sich die Szene in eine Zeitlupe. Selbst das Geräusch, das Teamgeist beim Klatschen auf die Guru-Nase verursachte, dauerte länger als zwei Sekunden. Dann gefror die Zeitlupe zu einem Standbild. Absolute Stille in einer Zeit, die nicht zurückgedreht werden konnte.

Als kurz darauf im Wohnmobil alle »I like you, Guruji« riefen, erkannte ich den ganzen Irrsinn der Situation.

»I like you, too, Guruji«, sagte ich und dachte: *mehr aber auch nicht*. Wen liken wir nicht alles?

Aus Kostengründen sparten wir auf dieser Tour das zweite Wohnmobil. Meines hatten Eden und das Uhrwerk damals in Hamburg abgegeben. Meine Kaution habe ich nie zurückbekommen. Ich habe auch nie danach gefragt.

Wir fuhren mit Gurumobil und Ashram-Van Tausende von Kilometern durch Deutschland, Frankreich, die Schweiz, Österreich und Italien. Rein äußerlich war nichts anders als bei der ersten Reise. Aber innerlich fand ich mich nicht mehr zurecht. Vielleicht fehlte mir eine klare Aufgabe. Das Uhrwerk und Oak gaben das Steuer so gut wie nie aus der Hand, und wenn, dann an Apostel oder Shwyzananda. Ich hatte zu viel Zeit und zu wenig Aktion auf dieser Tour. Ich konnte von der Erhabenheit unseres Meisters nichts mehr erkennen. Ich hatte das Gefühl, dass er immer fetter wurde. Ständig trank er gezuckerten Schwarztee und stopfte Essen in sich hinein. Außerdem feixte er die ganze Zeit herum und turtelte unverhohlen mit Eden.

Da ich jetzt kein festes Fahrzeug mehr hatte, pendelte ich zwischen Wohnmobil und Van hin und her. In beiden fühlte ich mich unwohl. Es fanden fast keine persönlichen Gespräche mehr statt. Alles fixierte sich auf den Guru. Ihm sollten wir dienen. Alles andere verkam zur absoluten Nebensache.

Die Stimmung war allgemein anders als bei der ersten Reise. Mihenta und Shihenta grenzten sich ab, Shwyzananda und Sheila kämpften offensichtlich mit einer Ehekrise und Chris, dessen Gestank mittlerweile unerträglich war, flippte bei jeder Kleinigkeit aus. In Frankreich wollte ihm Mihenta erklären, dass er sich an gemeinschaftlichen Pflichten wie Tütentragen nach dem Supermarkteinkauf beteiligen könnte.

»Warum schüttest du deinen Mist über mir aus?«, war seine bildreiche Antwort. Er sprang aus dem Wohnmobil und schlug immer wieder mit der flachen Hand gegen die Außenhaut. Shihenta versuchte, ihn zu beruhigen, aber er schrie »Fuck you!« und rannte davon. Becki hinterher. Eine halbe Stunde später kamen beide zurück, taten, als sei nichts geschehen, und wir fuhren weiter.

Seit Teamgeist war alles anders. Die Tank- und Pinkelpausen waren schrecklich öde. Wir aßen meist auf Autobahnparkbänken. Fast immer im Schweigen. Als ich den Guru auf einem Stein sitzen und vor sich hin starren sah, fragte ich ihn: »Was machst du gerade?«

»Ich trete in Kontakt mit einem der Zimmermänner in Indien. Er hat ein Problem und ich versuche, bei der Lösung zu helfen.« Ich schaute ihn an. Noch hoffte ich, dass er zu so etwas fähig war.

»Es gibt mehr zwischen Himmel und Erde, als wir vermuten.« Er sah mir intensiv in die Augen. Aber bei mir regte sich nichts. Keine Gänsehaut, kein erhabenes Gefühl. Kein vibrierender Draht.

Eigentlich reiste ich nur noch mit, weil ich auf die große Lehre unseres Meisters wartete. Er hatte uns so oft versprochen, bald damit zu beginnen. Aber bisher war nichts gekommen. Ich fragte mich immer wieder: *Was hat er wirklich drauf? Wann blufft er? Und wann erlebe ich mein erstes Wunder?* Es wäre höchste Zeit, denn mein Glaube bröckelte.

Ich überlegte lange, nicht mit nach Schweden zurückzukommen, sondern mich in Hamburg absetzen zu lassen. Aber die Stimmung war zu schlecht. Es wäre mir wie Fahnenflucht vorgekommen. Also blieb ich treu im Etagenbett des Gurumobils liegen und sah meine Heimat an mir vorbeirauschen.

Kaum waren wir wieder in Schweden angekommen, lief das Uhrwerk auf mich zu. Ihre Haltung versprach Ärger.

»Warum hast du nicht gesagt, dass du in der Schweiz geblitzt wurdest?«

Davon wusste ich nichts. Ich entschuldigte mich sicherheitshalber trotzdem: »Das hab ich nicht mitbekommen. 'tschuldigung.«

»Das sieht man doch. Das blitzt so hell wie ein Gewitter!«
Sie schlug sich mit der flachen Hand an die Stirn. »Jetzt müssen wir sechshundert Franken Strafe zahlen! Weil du mit deinem Wohnmobil so gerast bist!«

Ich besaß noch fünfhundert Euro. »Ich zahle.«

»Das ist auch das Mindeste!«

Ich holte das Geld aus meinem Portemonnaie. Sie riss es mir wortlos aus der Hand. Jetzt war ich pleite. Wie ich es mir gewünscht hatte. Nun würde ich mich dem Guru hingeben *müssen*.

Das Uhrwerk hatte mich damals so eingeschüchtert, dass ich die Lüge hinter ihrer Geschichte nicht erkannte. Wenn ich geblitzt worden wäre, wäre die Post in meinem Briefkasten in Deutschland gelandet und nicht im Ashram in Schweden. So wie beim Benzindiebstahl. Also war sie vermutlich selbst geblitzt worden und hatte es auf mich geschoben, um nicht schlecht vor dem Guru dazustehen.

Oak und ich teilten uns ein Zelt im hinteren Teil des Gartens. Als ich eines Nachts von einem Spaziergang zurückkehrte, stand Lina, die Plumpskloexpertin, vor unserem Zelt.

»Könntest du heute Nacht woanders schlafen?«, fragte sie. »Vielleicht im Schlafsaal?« Oak kroch aus dem Zelt. »Please«, sagte er. »Und frag nicht nach, okay? Wir wollen nur ein bisschen kuscheln.«

Ich nickte und richtete mir ein Bett oben im Schlafsaal ein. Hier war ich allein und konnte ungestört Tagebuch führen.

Dieser Sommer in Schweden war außergewöhnlich sonnig. Wochenlang regnete es kein einziges Mal. Tagsüber kletterte die Temperatur nie über dreißig Grad, was das Arbeiten erträglich machte. Es befanden sich 15 Menschen im Ashram, die den ganzen Tag lang das große Seminar vorbereiteten. Die schwedischen Sommertage dauerten 18 Stunden. Die Sonne ging um halb fünf auf und gegen Mitternacht unter. Ganz dunkel war es nie. Mehr als sechs Stunden Schlaf bekam höchstens der Guru. Und Eden.

Die größte Aufgabe lag bei Oak und mir: die Errichtung der Satsang-Halle. Wo eine vermoorte Wiese grünte, sollte in drei Wochen eine 130 Quadratmeter große Halle für die Anbeter unseres Meisters entstehen. Jeder von uns bekam Adjutanten zugewiesen. Der Guru ordnete eine klare Hierarchie an, damit wir keine Energie in Diskussionen verplemperten. Oak und sein Team kümmerten sich hauptsächlich um das Fundament. Ihm unterstellt waren Apostel und Shwyzananda. Eden sollte als Springerin fungieren und dort helfen, wo Hilfe benötigt wurde. Mihenta und Shihenta waren für die Gartenarbeit und die Gemüsebeete verantwortlich. Schließlich wollten wir in drei Wochen ernten, wenn die ersten Gäste kamen. Für mich arbeiteten Chris und Becki. Ich freute mich sehr, dass Becki in meinem Team war. Zum ersten Mal seit Indien durften wir wirklich Zeit miteinander verbringen. Sie war so lebendig, dass wir uns gegenseitig in unserer guten Laune übertrafen. Unsere Aufgabe war es, die riesigen Fenster vorzubereiten. Wir schliffen, lackierten, reinigten und brachten Nuten an, damit wir sie stabil auf dem

Holzfundament befestigen konnten. Chris war leider kaum zu gebrauchen. Ich ranzte ihn an.

»Du sollst ein Fenster von Dreck befreien, mehr nicht. Eine leichtere Aufgabe kann ich dir nicht geben! Und du machst nur eine Seite sauber und bist dann wieder für eine halbe Stunde verschwunden. Was soll das?!«

»Was willst du?!«, schrie er mich an. »Wo ist dein Problem?«

»Ich hab kein Problem. Dieses Fenster hat ein Problem. Es ist beschissen dreckig. Das ist das Problem!« Er schlug mir mit der flachen Hand auf die Brust und rannte davon. Becki schaute mich streng an.

»Timm, du hast kein Recht, so zu sprechen, okay? Warum benutzt du diese Schimpfworte? Wo ist dein Mitgefühl für ihn?«

Scheiße, dachte ich. *Sie hat recht. Wieso konnte ich nicht ruhig bleiben?*

Fünf Minuten später tauchte Chris wieder auf. Er stürmte auf mich zu. Ich stand gerade auf einem Gerüst und reinigte eines der Fenster von oben. Becki hielt unten die Leiter fest.

»Wer zum Teufel denkst du eigentlich, wer du bist?«, brüllte er mich an. Ich musste plötzlich lachen. Je mehr ich versuchte, mich zusammenzureißen, desto schlimmer wurde es. Zum Glück fegte in diesem Moment der Guru um die Ecke und stellte Chris zur Rede: »Warum diese Ausdrücke? Warum?«

»Es tut mir leid, Guruji. Aber Timm war gemein zu mir. Sehr gemein.«

Der Guru guckte mich prüfend an. »Was ist passiert?«

»Nix«, sagte ich. Solche Dinge klärte ich lieber ohne Obrigkeit. Wenn ich beim Fußball gefoult wurde, bin ich auch nie zum Schiri gerannt und habe gepetzt wie ein Kölner oder Schalker, sondern habe stets zurückgefoult. Selbst wenn es meine fünfte Gelbe bedeutet hätte.

»Was ist passiert?«, insistierte der Guru. Wir waren hier nicht in der Kreisliga.

»Ich war nicht so ganz mit seiner Arbeit zufrieden. Das ist alles.«

Der Guru schaute uns beide eindringlich an. »Reicht euch die Hände!« Keiner von uns bewegte sich. Ich machte gerade Anstalten, vom Gerüst zu klettern, als der jämmerlich stinkende Norweger »Pfft« sagte, abwinkte und davonging. Der Guru blickte ihm zärtlich mitfühlend hinterher.

»Er hat so ein großes Herz, stimmt's?«

»Ja, liebenswert«, sagte Becki. Und ich war mir sicher, dass sie es auch so meinte.

In den Mittagspausen gingen Becki und ich immer gemeinsam ans Meer. Sie stieg jedes Mal nach mir ins Wasser und nach mir hinaus. Ich glaube, sie wollte unbedingt vermeiden, dass ich sie zu lange im Badeanzug betrachten und auf blöde Gedanken kommen könnte. Da mir alles egal war, zog ich mich immer nackt vor ihr aus, schlüpfte in meine Badehose und sprang ins Wasser. Vielleicht wollte ich, dass sie auf blöde Gedanken kam.

Auf dem Rückweg von einem dieser Strandausflüge begegneten wir den Schwestern Mihenta und Shihenta. Sie bauten am Waldrand einen Wigwam. Von Weitem sah ich, dass Mihenta Shihenta im Arm hielt. Beide weinten heftig. Sollte ich hingehen? Bevor ich mich abwenden konnte, rief eine der beiden: »Timm. Sie haben ihn einfach weggeschickt.«

Ich verstand kein Wort. »Wen?«

»Den Dieter.«

»Dieter?«

»Ja, erinnerst du dich? Der war letzte Woche hier mit seinem roten Reisemobil.« Ich erinnerte mich dunkel an einen aufgesetzt witzigen Typen, der auf der Baustelle hätte mit anpacken können, aber lieber den Schwestern beim Unkrautzupfen zugesehen hatte und abends wieder verschwunden war. Und zwar mit Shihenta.

»Er kam wieder und hat mich gesucht. Und da hat ihm Ricarda gesagt, dass er hier unerwünscht sei. Ich bin ihm zum Glück später auf dem Waldweg begegnet«, sagte Shihenta, »da hat er's mir erzählt.« Beide weinten wieder.

»Es gibt noch was, Timm.« Ich atmete tief durch.

»Eden ist weg. Ist dir das aufgefallen?«

»Natürlich ist mir das aufgefallen.«

»Wir wissen, dass der Guru Sex mit ihr hatte. Und jetzt ist sie verschwunden. Und wir glauben, dass ihr was passiert ist.«

Ich atmete noch ein bisschen tiefer durch. »Ich glaube weder das eine noch das andere«, erwiderte ich und ging zurück zur Baustelle. Und diesen Dieter fand ich sowieso blöd.

Trotz meiner Zweifel überlegte ich, dem Guru zu erzählen, was für dummes Geschwätz Shihenta und Mihenta verbreiteten. Es würde der Gemeinschaft schaden. Und es ging nur um die Gemeinschaft. Um die Schaffung des neuen Menschen. Je mehr schieflief, desto stärker klammerte ich mich an das System.

Die Satsang-Halle wuchs. Nach fünf Tagen stand der Boden und wir konnten die Fenster montieren. Uns blieb eine Woche bis zum Seminar. So langsam schien alles zusammenzukommen. Kurz vor dem Abendessen legte ich mich auf die Wiese vor dem Wohnhaus. Becki saß dort und schälte Möhren. Sie hatte einen Rock an, war braun gebrannt und sah ziemlich attraktiv aus. Sie verkörperte den schwedisch-weiblichen Idealtypus. In dem Moment hätte ich mich in sie verlieben können. Hätte. Aber ich wusste, dass es keine Zukunft gehabt hätte.

»Schau mich nicht so an«, sagte sie lachend. Sie wusste genau, was in mir vorging. Wie der Guru.

Langsam füllte sich der Ashram mit Menschen aus allen Kontinenten. Noch drei Tage bis zum Seminar. Mittlerweile stand der Dachstuhl der Satsang-Halle. Es fehlten noch Zeltplanen, die zusammengenäht das Dach bilden sollten. Den ganzen Tag saßen fünf Frauen an Nähmaschinen und nähten im Akkord zwölf Meter lange Planen aneinander.

Plötzlich standen offiziell wirkende Menschen vor der Satsang-Halle. Sie kämen vom Bauamt und würden gern wissen, was hier vor sich gehe. Natürlich hatten wir die Halle nicht offiziell angemeldet. Sie sollte nach dem Seminar auch wieder abgebaut werden. Die Offiziellen vermaßen die Halle, trugen GPS-Punkte in ihre Karte ein und verschwanden.

»Das ist Schweden«, begeisterte sich der Guru. »Sie sind so tolerant. Sie werden nicht überprüfen, ob wir die Halle wirklich wieder abbauen oder nicht. Deshalb ist Schweden der perfekte Ort für unseren europäischen Ashram. Stimmt's?«

Kaum waren die Beamten verschwunden, stand ein Kamerateam vor der Halle. Der Guru guckte mich an: »Deine Kollegen, stimmt's?« Ich zuckte die Achseln. Natürlich war das eine super Story: Indischer Guru baut Ashram in Schweden. Sie baten um ein Interview. Es waren drei Jungs, keiner älter als dreißig.

»Was denkst du?«, fragte mich der Guru.

»Sie sind zu jung, um schlechte Presse zu machen«, antwortete ich.

Das Uhrwerk lief auf uns zu. »Ich denke nicht, dass wir dieses Interview geben sollten. Wir brauchen keine Publicity. Und die Möglichkeit, schlechte Presse zu bekommen, ist zu hoch.« Ich gab zu bedenken, dass ein abgelehntes Interview mehr Misstrauen erregen würde als ein harmloses Frage-Antwort-Spiel.

»Ich halte das für eine schlechte Idee«, sagte das Uhrwerk und ging zurück in ihr Büro.

»Du bleibst hier, Timm, okay?«, bat mich der Guru. Wahrscheinlich sollte ich aufpassen, dass das Filmteam keine hinterhältigen Fragen stellte. Erst jetzt wurde mir klar, wie viel Angst der Guru und das Uhrwerk vor der Öffentlichkeit hatten.

Die Jungs richteten ihre Kamera ein und fuhren die Tonangel aus.

»Was hast du gefrühstückt?«

Der Guru guckte verwundert. »Ist das schon das Interview?«

»Nein, nein, das ist nur für den Ton, um deinen Pegel einzustellen.«

»Meinen Pegel!« Spätestens jetzt wusste der Guru, dass diese Jungs wirklich harmlos waren.

»Ready?« Alle nickten.

»Sri What. Was ist deine Mission?«

»Hmm.« Der Guru überlegte. »Ich habe keine Mission. Außer, dass ich den Leuten helfe, ihre wahre Natur zu sehen. Ihren unkonditionierten Zustand des Seins. Stimmt's?«

»Wie?«

»Gott ist keine exotische, unerreichbare Figur. Gott ist bereits der Zustand des Seins. Alles Natürliche ist Gott. Verstehst du?«

»Also alles nicht Natürliche ist nicht Gott?« Der junge Journalist gefiel mir. Die schlimmsten Journalisten sind die, die streng ihren Fragenkatalog durcharbeiten, egal was der Interviewpartner antwortet.

»No.« Der Guru guckte in den Himmel und suchte die richtige Erklärung. »Alles Natürliche ist Gott. Und alles nicht Natürliche ist nicht nicht Gott.«

»Muss ich das kapieren?«

»Du verstehst es bereits. Aber du weißt nicht, dass du es verstehst.«

Der Interviewer kratzte sich am Kinn und wechselte das Thema. »Worüber sprichst du mit den Menschen? Über Liebe, Sex, Mitgefühl?«

»Das kommt darauf an, was die Leute wissen möchten. Aber häufig ist das Thema natürlich Sex.«

»Ist Sex dein Lieblingsthema?«

Der Guru lachte. »Sex ist bestimmt dein Lieblingsthema, stimmt's? Nein. Sex ist genauso mein Lieblingsthema wie der Baum hinter dir. Sex unterscheidet sich nicht von allen anderen Themen.«

»Du meinst, Sex ist genauso interessant wie ein Baum?«

»Sex ist der Baum.«

»What?«

»Ja?«

»Nicht Sri What«, ging ich dazwischen. »What wie ›was‹, als Frage.«

»Ah.« Der Guru sammelte sich. »Lass es mich so erklären: Erleuchtung bedeutet, dass alles eins ist. Jeder einzelne Moment wird in einem natürlichen, authentischen Zustand des Seins gelebt.«

»Und wie kommt man da hin?«

»Von Natur aus bist du schon erleuchtet. Aber das hast du vergessen. Du musst dich durch Hingabe von deiner Ignoranz befreien. Du kannst dich allem hingeben: einem Berg. Einem Menschen. Einem Baum. Dann wirst du einen egolosen Zustand erreichen, in dem es keine Trennung zwischen dir und der äußeren Welt gibt.« Der Guru hob seine Arme. Es reichte offensichtlich. Nachdem der Guru die drei umarmt und höflich vom Hof gebeten hatte, fragte er mich: »Und, wie war ich?«

»Ich glaube, sie haben nicht verstanden, wovon du gesprochen hast.« Der Guru nickte, zuckte die Achseln und ging zurück zur Baustelle.

Ich brauchte eine Schere, um eine Zeltplane zurechtzuschneiden. Die letzte scharfe Schere vermutete ich in der Küche. Ich ging durch den Hintereingang, als ich plötzlich laute Stimmen hörte. Apostel schrie die Lichtstimme an: »Du gehst mir auf die Nerven. Du reagierst nie so, wie wir es dir sagen. Lass sie einfach in Ruhe. Es ist nicht dein Problem, was man mit ihr machen soll!« Ich schlich leise davon. Wovon hatte sie gesprochen? Es musste um etwas Schwerwiegendes gehen, sonst hätte Apostel nicht die Fassung verloren. Zum ersten Mal hatte ich einen Streit im Inner Circle mitbekommen.

Da ich keine Lust auf die Baustelle hatte, ging ich in den Wald. Ich wanderte ziellos Richtung Osten. Plötzlich hörte ich ein Brüllen und Krachen. Als ich mich leise näherte, sah ich Chris mit einer Keule alte Bäume und Stümpfe kaputtschlagen. Er schrie die ganze Zeit: »Fuck, fuck, fuck!« Er flippte völlig aus. Ich schlich zurück zur Baustelle.

Pünktlich zum Seminarbeginn am ersten August war die Satsang-Halle fertig. Wir hatten die letzten 48 Stunden fast komplett durchgearbeitet. Mein ganzer Körper schmerzte. Mein Hals war steif, mein Rücken schief und meine Hände brannten vor Schwielen. Ein Physiotherapeut aus Polen bot mir an, meine Knochen wieder zu richten. Am praktischsten erschien mir dafür das Sofa im Wohnzimmer des Haupthauses. Ich zog mein T-Shirt aus, der Therapeut fing an, Schmerzpunkte wegzudrücken. Es tat entsetzlich weh. Plötzlich hatte ich das Gefühl, dass meine Schmerzensschreie ein Echo fanden. Rief da jemand? Es klang, als ob irgendwo jemand mit zugehaltenem Mund schrie. Oder war das der Vater des Gurus? Er nahm Tabletten gegen Phantomschmerzen. Plötzlich kam das Uhrwerk herein.

»Was macht ihr hier?«, herrschte sie uns an.

»Sieht man das nicht?«, fragte ich zum ersten Mal frech und nicht unterwürfig. Ich wollte mich nicht mehr von ihr unterdrücken lassen. Ich hatte so viel gearbeitet, dass ich ein Recht auf diese Massage hatte.

»Raus! Aber sofort!« Der Therapeut und ich guckten uns fragend an. »Jetzt!«, schrie sie.

Draußen fingen mich Mihenta und Shihenta ab.

»Timm, wir müssen mit dir reden.«

»Nein«, sagte ich. »Ich kann nicht mehr.«

Ich zog mich zurück in den Schlafsaal. Mittlerweile schliefen an die zehn Menschen hier. Männer links, Frauen rechts. Ich wollte gerade anfangen, Tagebuch zu schreiben, als mich Apostel rief. »Guruji will mit dir reden.« Ich ging die Treppe herunter. Unten wartete der Guru bereits auf mich.

»Timm, alles ist in Ordnung. Aber du weißt, dass ich sehr sensibel bin. Und du kannst mein Sofa nicht für deine Behandlung benutzen. Die Energie deines Schmerzes wird jetzt für immer im Sofa sein. Ich muss jetzt ein neues kaufen, stimmt's?«

»Ein neues Sofa, weil ich dort eine Behandlung hatte?«

»Ja, es muss so sein. Als ich ein kleiner Junge war, hat mir der Nachbar, ohne zu fragen, mein Fahrrad weggenommen. Als er es mir zurückgab, sagte ich ihm, er könne es behalten. Die Energie eines Fremden war für mich unerträglich. Kannst du das verstehen?«

»Nicht so richtig«, gestand ich. Mir schien immer deutlicher, dass ich tatsächlich unter Verrückten gelandet war. Aber wenn jemand denkt, dass alle um ihn herum verrückt sind, ist die Chance hoch, dass er selbst nicht richtig tickt. An diesem einen Tag war zu viel Seltsames und Unerklärliches geschehen.

Als das Enlightenment-Live-Seminar begann, befanden sich fast hundert Menschen in unserem Ashram. Wer kein Bett abbekommen hatte, schlief im Zelt auf der großen Wiese hinter dem Wohnhaus. Es standen genügend Duschen und Toiletten zur Verfügung. Meine Arbeit als Baumeister war getan. Ich hätte mich jetzt entspannen und das Seminar genießen können.

Ich saß in der Nähe meines Gurus in der Satsang-Halle. Für den Auftaktabend führte eine Österreicherin ein indisches Schauspiel auf. Sie hatte in Indien Pantomimenseminare belegt und bot nun ihre drittklassige Kunst feil. Mieses indisches Theater ist schon in Indien kaum zu ertragen. In Europa überhaupt nicht. Ich stand auf und ging hinaus. Mir war egal, was die Besucher von mir dachten.

Ich beschloss, einen Spaziergang ans Meer zu machen. Es war sternenklar und mild, der Vollmond schien. Ich war an einem Punkt angelangt, an dem ich nicht weiterwusste. Vielleicht würde das Meer Klarheit bringen. Auf dem Schotterweg kam mir eine dunkle Gestalt entgegen – Becki. Wir standen voreinander, sagten nichts. Es war unausgesprochen klar, dass wir uns küssen mussten. So einen Zufall gab es nicht.

»Kommst du mit ans Meer?«, fragte ich sie.

»Nein, ich zeige dir den schönsten Ort der Welt. Komm.« Sie nahm meine Hand und wir liefen den Weg hinunter. Wie Kinder. Nach ein paar Hundert Metern kletterten wir über einen Zaun und überquerten eine Weide. Plötzlich hörte ich Getrappel. Hinter einem Hügel kam eine Schar Pferde auf uns zu. Ich habe schreckliche Angst vor Pferden. Becki dagegen empfing die Tiere mit offenen Armen. Sie umarmte sie, küsste ihre Nüstern und sprach mit ihnen. Becki schien eine Pferdeflüsterin zu sein. Sie folgten uns ganz brav bis ans Ende der Koppel. Wir kletterten über einen weiteren Zaum und kämpften uns durchs Unterholz. Ich hatte schnell die Orientierung verloren.

»Da oben«, rief Becki. Wir erreichten eine Lichtung. Auf einmal lag das Meer vor uns. Wir konnten über die ganze Bucht blicken. Wahrscheinlich bis hoch nach Norwegen. Ich war sprachlos und plötzlich sehr glücklich. Wir setzten uns auf einen riesigen Findling, der immer noch ein bisschen Wärme des Tages abstrahlte. Becki und ich schauten lange aufs Meer, bis sich unsere Blicke trafen. Ich wusste, dass wir uns jetzt küssen sollten. Aber ich konnte nicht. Wollte nicht. Als sich unsere Gesichter näherten, schwenkte ich meinen Kopf in letzter Sekunde zur Seite. Stattdessen umarmten wir uns lange. Ich konnte Beckis Herzschlag spüren. Er war rasend. Ihr Atem in meinem Ohr machte die Sache nicht leichter. Ich fühlte ihre Brüste an meinem Brustkorb. Blut zirkulierte durch meinen Körper und schien ein Ziel zu haben.

»Ich liebe dich, Timm. Ich liebe dich, seit ich dich zum ersten Mal in Blaufingen gesehen habe.« Ich küsste ihren Hals. Sie roch nach Weiblichkeit und Natur. Wir rieben unsere Wangen aneinander. Unsere Mundwinkel berührten sich.

»Becki«, sagte ich. »Ich habe Gabi. Und Lilly. Ich liebe Gabi. Und Lilly erst recht. Dich liebe ich irgendwie auch. Aber das geht nicht.« Sie löste die Umarmung und schaute wieder aufs Meer.

»Ich werde auf dich warten.« Sie guckte mich ernst an. »Ich warte fünf Jahre und dann wirst du zurück in meinen Armen sein.«

Ich ließ ihr die Hoffnung. »Ich find dich toll, Becki. Das weißt du. Und ein großer Teil von mir möchte auch sehr viel mehr tun, als nur hier zu sitzen und dich zu umarmen. Aber im Moment geht das nicht.«

Wir schwiegen lange.

»Schweden war immer mein Traumland. Seit Michel aus Lönneberga wollte ich hier leben und eine Schwedin wie dich zur Frau haben, verrückte Kinder und einen Hof am See. Aber in diesem Leben wird das wohl nichts mehr.«

Nach einer Stunde gingen wir langsam zurück. Etwa zweihundert Meter vor dem Ashram fiel mir Becki wieder um den Hals. Sie weinte leise. Mein Gott, was machte ich bloß?

»Ich dachte, du bist meine Rettung, Timm.«

»Wieso? Wovor?« Becki blieb eine ganze Zeit lang still.

»Ich will hier weg. Ich habe sogar schon eine Wohnung in Frankreich organisiert, wo ich jederzeit hinkönnte. Aber Guruji lässt mich nicht gehen.«

»Wie meinst du das?«

»Wer einmal zum Inner Circle gehörte, darf nie wieder weg.«

»Du meinst, er hält dich gefangen.«

»Ich weiß zu viel, Timm.«

Wir blickten uns lange an. Dann küssten wir uns doch. Nur ganz kurz. Dann schwiegen wir wieder für Minuten.

»Er hält mich hier nicht physisch gefangen. Er macht das mit seiner Energie. Jedes Mal, wenn ich wegwill, geht es nicht.« Dann erzählte sie mir, dass Chris und die Lichtstimme heimlich eine Beziehung hätten. »Guruji hat Chris danach sofort rausgeschmissen. Er ist aber zurückgekommen, weil er nicht wusste, wohin.«

»Wie bringt er euch dazu? Was macht er mit euch?«

Becki schluckte. »Wir schlafen alle mit ihm. Ich mittlerweile nur noch selten. Ricarda noch ziemlich häufig. Und seit ein paar Wochen Eden. Er hat sie süchtig gemacht, genau wie uns damals. Süchtig nach ihm.« Ich konnte das nicht glauben. Wie machte man eine Frau süchtig nach sich selbst?

»Wo ist Eden eigentlich?«, fragte ich.

Becki guckte mich lange an. »Das würdest du mir nicht glauben!« Ich wollte nicht nachbohren.

Becki weinte wieder. »Seine Sex-Eskapaden fingen mit dieser Leela an. Erinnerst du dich? Die reiche Münchnerin.

Aber sie war ihm irgendwann zu alt. Ich wurde ihm zu langweilig. Und dann kamen die anderen dran.« Sie unterdrückte einen Schrei und haute mit der Faust gegen einen Weidezaun, dass das Holz knackte.

»Guruji hat unfassbare Fähigkeiten. Aber in beide Richtungen. Er ist das hellste Licht und die dunkelste Nacht. Erinnerst du dich an diese Strophe? Er hat sie in Italien gesungen.«

Plötzlich küsste sie mich wild auf den Mund.

»Ich muss jetzt gehen«, sagte sie und rannte zurück zum Wohnhaus. Ich blieb noch eine Weile stehen. Es sollte niemand Schlüsse ziehen.

Es war weit nach Mitternacht, bis ich endlich einschlief. Neben mir schnarchte ein bärtiger Franzose. Er war seit zwei Tagen hier. Er schlafwandelte. Letzte Nacht war ich zweimal aufgewacht, weil er sein Bett abgezogen und seine Tasche gepackt hatte. Auf die Frage, wo er hinwolle, hatte er geantwortet, dass es jetzt aber höchste Zeit wäre. Da mein jüngerer Bruder auch schlafwandelt, wusste ich, dass man solche Menschen berühren muss, damit sie aus ihrer Trance aufwachen.

In dieser Nacht war es das Gleiche. Ich befand mich im Tiefschlaf, als sich der Franzose zu mir ins Bett legte. Ich schüttelte ihn.

»Gérard, casse-toi! Verzieh dich!«

»Ich bin's, Becki.«

Ich konnte es nicht glauben. Sie kuschelte sich gegen mich und führte meine Hand an ihre Brust. Meine Männlichkeit geriet in den drängendsten Aufstand, was ihr nicht entgehen konnte. Ihre Brüste waren prall und schwer. Sie fing an, meine

Hüfte zu streicheln. Dann den unteren Teil meines Bauchs. Ab einem gewissen Grad der Erregung bin ich willenlos. Aber sie beließ es dabei und kam mir nicht näher. Irgendwann küsste sie mich lange auf den Mund, schlängelte ihren Körper an meinem entlang und ging.

Am nächsten Morgen wachte ich mit dem Sonnenaufgang und schlechtem Gewissen auf. Es war nichts passiert, beruhigte ich mich. Und doch fühlte ich mich schrecklich. Ich schlich in die Küche, um mir einen türkischen Kaffee zu machen. Plötzlich kam Becki rein. Auch sie schien ein schlechtes Gewissen zu haben. »Guruji hat gesehen, wie ich aus der Scheune kam. Er stand draußen in der Dunkelheit und beobachtete mich.«

Ich erstarrte innerlich. Ich bekam eine solche Angst, dass ich sie fast schmecken konnte. Woher hatte der Guru gewusst, dass sie bei mir war? In diesem Augenblick glaubte ich fest an seine übersinnlichen Fähigkeiten.

Wir fingen an, das Frühstück vorzubereiten. Ich stellte Geschirr und Besteck auf den Tisch, Becki kochte Porridge. Zwischendurch schauten wir uns an und lächelten. Trotz der Angst.

Wir hatten jetzt ein Geheimnis miteinander. Leider gab es offenbar einen Zeugen. Das war allerdings nicht irgendein Zeuge, sondern ein Mensch, den alle für Gott hielten. Und wenn es den Gott im Himmel auch noch gibt, hatten wir sogar zwei Zeugen.

Um halb acht hatten wir das Frühstück vorbereitet. Die ersten Gäste kamen in die Küche. Becki und ich beschlossen, schwimmen zu gehen. Wir setzten uns auf die beiden klapprigen Räder und rasten hinunter zum Meer.

Zum ersten Mal zog sich Becki vor mir aus. Wir standen vollkommen nackt voreinander. Kein Mensch außer uns war am Strand. Nackt sprangen wir ins Wasser. Becki kraulte vor mir. Nach einer Viertelstunde stiegen wir wieder aus dem Meer. Ich zuerst, damit sie nicht sah, wie es um mich bestellt war. Plötzlich sah ich den Guru und das Uhrwerk auf uns zustürmen. Sie waren noch etwa vierhundert Meter entfernt. Mein Blut gefror in den Adern und entschwand den Gliedern. Als käme eine Walze schwarzer Energie auf uns zu. Ich versuchte hektisch, in meine Unterhose zu schlüpfen, fiel dabei auf die Knie. Zerrte mein T-Shirt über den Kopf und bekam irgendwie meine Jeans angezogen. Nur noch fünfzig Meter.

Der Guru brüllte: »Was glaubst du eigentlich, was du da machst?«

»Es ist nichts passiert, Guruji, gar nichts passiert!«, versuchte ich ihn zu beruhigen.

»Warum gibst du mir diese Antwort?«, schrie er.

»Warum stellst du mir so eine Frage?«, fragte ich zurück. Ich spürte plötzlich eine Stärke in mir wie nie zuvor in meinem Leben. Ich wusste plötzlich ganz deutlich, dass etwas Böses Macht über mich ausüben wollte. Aber ich fühlte mich so präsent, dass nichts in mich eindringen konnte. In dem Moment war ich unverletzlich.

»So sprichst du nicht mit mir!«

»Ich hab's so von dir gelernt. Was ist die Intention hinter deiner Frage?«

»Ruhe!« Der Guru stand mittlerweile einen halben Meter vor mir. Jetzt drängte sich das Uhrwerk dazwischen. Sie keifte: »Warum bist du in den Ashram gekommen? Sag's mir!« Ich trat mindestens einen Meter zurück. Plötzlich stellte sich Becki neben mich. Sie musste sich die ganze Zeit hinter mir versteckt haben. Sie war immer noch splitternackt. Mit der einen Hand bedeckte sie ihre Brüste (so weit das ging) und mit der anderen ihre frisch rasierte Scham.

»Wir haben uns ineinander verliebt.«

»Pah!«, brüllte der Guru und machte eine abfällige Handbewegung. »Erzählt mir nichts von Liebe. Ihr wisst gar nichts von der Liebe. Liebe ist weit jenseits dessen, was ihr beiden miteinander erleben könnt!«

»Warum bist du in den Ashram gekommen?«, keifte das Uhrwerk wieder. Sie war vollkommen außer Rand und Band. Sie trat Sand nach uns.

»Timm, komm mit mir mit«, befahl der Guru. »Ricarda und Becki, ihr geht zurück in den Ashram.« Der Guru stapfte in Richtung Dünen davon. Ich folgte ihm und warf einen letzten Blick auf Becki. Ihre Hände waren verrutscht. Ich konnte alles sehen.

Der Guru eilte über Dünengestrüpp voraus. Der Sand war tief und seine Sandalen nicht zum Sprinten gefertigt. Ich folgte ihm ohne Probleme, während er nach zwei Minuten außer Atem war. Als wir die Straße erreichten, befahl er mir, zu warten. Ich setzte mich auf ein Stromhäuschen. Mir war klar, dass mir absolut nichts passieren konnte. Ich war diesem Mann körperlich vollkommen überlegen. Nach fünf Minuten raste der Guru mit dem Ashram-Van um die Ecke und blieb quietschend vor mir stehen. Er kroch umständlich auf die Beifahrerseite, öffnete die Tür und brüllte: »Steig ein!«

Ich schnallte mich vorsichtshalber an. Immer noch dachte ich, dass mir nichts passieren konnte. Selbst wenn wir gegen einen Baum krachten, würde ich überleben und er nicht. Wir fuhren fast eine Stunde über Feld- und Waldwege. Mitten im Nichts blieb der Guru stehen.

»Raus!« Ich zog die Brauen hoch. Ich hätte ihm jetzt an die Gurgel gehen können. Vielleicht wäre das auch das Beste gewesen.

»Get out«, brüllte er wieder. »Ich hole dich später ab und dann kümmern wir uns um dich.«

Ich stieg also aus. Das nächste Haus war sicherlich nur ein paar Kilometer entfernt. Was sollte mir passieren?

»Warte hier!« Dann raste er mit durchdrehenden und Schotter verspritzenden Reifen davon.

Ich hatte noch nicht einmal Schuhe an. Die hatte ich am Strand liegen lassen. Wahrscheinlich hatte Becki sie. Ein paar Meter entfernt entdeckte ich eine Lichtung. Ich legte mich ins Gras in die Sonne. In diesem Moment wurde mir auf der tiefsten Ebene klar, dass ich etwas in mir trage, das von außen nicht tangiert werden kann. Alles, was ich in den vergangenen Monaten vom Guru gelernt hatte, kam mir jetzt zugute. Und sei es noch so abgedroschen: Im Hier und Jetzt gibt es nie ein Problem. Und es stimmte. Ich hatte kein Problem. Von außen betrachtet lag ein Mann im Gras und sonnte sich inmitten wunderbarer Natur. Er trug das Salz des Meeres auf der Haut und den Anblick einer nackten Schwedin im Gedächtnis. Alles war ein Spiel. Aus einer für uns Menschen unerreichbaren Dimension hatte ein Schöpfer alles arrangiert. Ich kam mir vor wie die Figur eines Romans. Ein Autor hatte mich entworfen und ich bewegte mich in meinem vorgegebenen Rahmen. Irgendwann würde die Geschichte zu Ende sein und der Leser das Buch zuklappen. Die Romanfigur blieb zwischen den Buchdeckeln verschlossen. Bis der nächste Leser kam und die toten Buchstaben zum Leben erweckte. Das Buch und seine Figuren hatten es aber absolut nicht in der Hand, wann das passieren würde. Vielleicht nie wieder.

Es dauerte mehr als drei Stunden, bis ich ein Auto hörte. Es war der Guru mit dem Uhrwerk und Apostel.

»Timm«, sagte der Guru und setzte sich neben mich. »Wir müssen dir etwas erklären.«

»Ach«, sagte ich und versuchte, möglichst entspannt zu wirken.

»Becki ist von etwas besessen, das ich ›die Kraft‹ nenne. Sie stammt von der dunklen Seite dieser Welt. Erinnerst du dich an die vielen Dinge, die im Ashram schiefliefen?«

Ich nickte. Ich mochte ihn immer noch. Ich sah in ihm den menschlichsten aller Menschen.

»Hinter allem steckte die ganze Zeit Becki. Meine Rückenprobleme: Sie hat mich vom Dach geschubst. Allein mit ihrer Energie, mit der Kraft. Mein Vater: Becki hat die Kraft, Schlaganfälle zu verteilen. Emmas Nase!« Der Guru zeigte auf Apostel, deren Nase für immer entstellt sein würde. »Becki hat ihr die Nase abgebissen.« So langsam wurde es mir unheimlich.

»Und jetzt will sie die Kraft über dich ausüben. Und wir müssen dich schützen. Deshalb habe ich dich hier rausgelassen. Hier kann sie dich nicht finden. Ich hasse die Kraft. Ich komme nicht gegen sie an. Sobald du ihr zu nahe kommst, wird sie dich verschlucken.«

»Wie weit reicht diese Kraft?«, fragte ich.

»Das wissen wir nicht. Versuche einfach, ihr nicht zu nahe zu kommen. Ihr Vater ist im Gefängnis gelandet, weil Becki behauptete, er hätte sie vergewaltigt. Ich bin von meiner Frau geschieden – Becki hat es geschafft, Eleonore von mir zu entfremden. Sie hat sie so eifersüchtig gemacht, dass sie die Scheidung wollte. Ein anderer Mann in unserem Ashram hat sich ihretwegen umgebracht. So viele dunkle Sachen sind passiert, Timm. So viele.« Das Uhrwerk und Apostel nickten warnend. Ich war vollkommen verwirrt. Sollte ich das glauben?

»Warum schickst du sie nicht weg? Jemanden mit solchen Kräften behält man doch nicht freiwillig in seiner Nähe.«

»Ich kann nicht. Sie hat mir das Leben gerettet, als sie mich nach einem Anfall im Wald fand. Und ich musste den Göttern versprechen, dass ich mich bis zum Rest meines Lebens um sie kümmern würde.« Wem sollte ich jetzt glauben? Konnte Becki mich tatsächlich verhext haben? So attraktiv war sie doch gar nicht. Wie konnte ich die Beziehung zu Gabi aufs Spiel setzen? In Kiel wartete der beste Mensch, der mir je begegnet war, der immer zu mir gehalten hatte, der besser zu mir passte als alle anderen Menschen auf diesem Planeten – und ich war bereit, das alles wegzuwerfen? Für diese Becki?

»Timm, ich weiß, dass das schwer zu verstehen ist.« Apostels Stimme klang ganz anders als sonst. Plötzlich sah ich, was für ein hübsches Gesicht sie gehabt haben musste, bevor Becki ihr die Nase weggebissen hatte. Es war mir nie aufgefallen.

»Wir haben alles eine Zeit lang beobachtet. Wir wussten, dass es so kommen würde. Becki macht das mit jedem Mann im Ashram.« Ich konnte es noch nicht glauben. Das Uhrwerk guckte mich mitfühlend an. Auch sie war auf einmal wieder so verdammt hübsch.

»Jetzt weißt du, warum wir immer so streng sind und alles kontrollieren müssen. Der Ashram darf kein Nährboden für Beckis Kräfte werden. Verstehst du das?« Das Uhrwerk sagte die Wahrheit. Zumindest ihre Wahrheit. Tränen standen in ihren Augen.

»Guck dir Emmas Nase an.« Sie zeigte auf Apostels Gesicht. Das, was einmal ihre Nase gewesen war, sah jetzt aus wie von vielen kleinen Ameisen angefressen. Die Spitze war verschwunden. »Becki hatte in Blaufingen ein Verhältnis mit Kalle. Sie bekam plötzlich einen rasenden Eifersuchtsanfall und hat Emma mitten ins Gesicht gebissen.« Meine Kräfte schwanden.

»Wir haben uns Guruji verschrieben. Und wir werden bei ihm bleiben und ihn schützen, so lange wir können. Und wenn wir manchmal ungerecht wirken oder lügen und in deinen Augen falsch sind, dann nur, weil wir nicht anders können. Weil wir keinen anderen Ausweg sehen.«

»Scheiße«, entfuhr es mir spontan. Ich stand auf und umarmte das Uhrwerk. Apostel kam dazu. Wir hatten alle

Tränen in den Augen. Weinend und lachend wiederholte das Uhrwerk: »Ja, Scheiße.«

Sie fuhren mich zum nächsten Bahnhof.

»Es ist besser, wenn du uns jetzt verlässt, Timm.« Der Guru saß mit mir auf der Rückbank und hielt wieder meine Hand. Am Bahnhof holte das Uhrwerk meinen Rucksack aus dem Kofferraum.

»Den haben wir für dich gepackt, während du im Wald warst.« Ich zog meine Jacke an. Zum Glück hatte ich eine Kreditkarte dabei, die ich mit tausend Euro belasten konnte. Denn ich hatte keinen Cent mehr. Ich konnte die Tränen nicht mehr zurückhalten. Wo sollte ich jetzt hin? Gabi war auf Bali. Meine Freunde gab es nicht mehr. Meine Brüder hatten Urlaub. Es blieben nur meine Eltern. Ich kaufte ein Ticket nach Detmold. Zum Glück akzeptierte der kleine Bahnhof meine Kreditkarte. Geld für Getränke oder etwas zu essen hatte ich nicht mehr.

Dieses Mal hatte der Guru keinen Schal für mich. Er wollte mich nicht mehr an sich binden. Es war ein Abschied für immer. Ich war durch die Prüfung gefallen. Der Guru wandte sich zum Gehen. Kurz vor der Bahnhofshalle blickte er sich noch einmal um: »I love you.«

Das Ende

Dreizehn Stunden dauerte die Zugfahrt nach Detmold. Zum Glück erreichte ich meine Eltern auf dem Handy. Sie waren zu Hause. Ich durfte kommen. Am Telefon sagte ich ihnen noch nicht, dass meine Guru-Zeit ein Ende gefunden hatte.

Ich schob die Lehne meines Zugsitzes zurück. Erstmals hatte ich genügend Zeit zum Nachdenken. Damals in Blaufingen hatte alles angefangen. Und in Blaufingen war alles kaputtgegangen. Becki hatte ein Verhältnis mit Kalle gehabt? Und aus Eifersucht Apostels Nase abgebissen? Warum hatte mir Kalle nichts davon erzählt? Becki musste ihm ebenfalls ihr Insiderwissen erzählt haben. Ist Kalle deshalb in Frankreich verschwunden? Und hatte der Guru Becki in meine Arbeitsgruppe gesteckt, um zu testen, ob ich »der Kraft« widerstehen konnte?

Mein Vater holte mich vom Bahnhof ab. Er reichte mir zur Begrüßung kühl die Hand. Umarmen mochte er mich lieber nicht. Es tut mir bis heute leid, wie sehr ich meine Eltern verletzt und enttäuscht habe. Auch meine Mutter gab sich distanziert, aber sie konnte ihre Mutterliebe nicht ganz unterdrücken und umarmte mich. Wir hatten Tränen in den Augen.

Ich erzählte alles. Von Anfang bis Ende. Auch von Becki. Meine Eltern hörten schweigend zu. Bis zum Schluss. Dann sagte mein Vater Worte, die ich nie erwartet und noch weniger verdient hatte: »Wir sind immer für dich da. Egal, was du machst. Du bist unser Sohn und wir können nicht anders, als dich zu lieben.« Nun umarmte er mich. Meine Mutter auch.

Wir hielten uns gegenseitig. Es war eine Liebe, die mit nichts zu vergleichen ist. Wir weinten alle drei und wussten, dass es mehr gibt zwischen Himmel und Erde, als wir uns denken können. Eine Sache, die alles zusammenschweißt, und mag es noch so kitschig klingen: die Liebe.

Ein paar Tage später kam mein jüngerer Bruder nach Detmold. Auch er weinte, als ich ihm die ganze Geschichte erzählte.

»Gut, dass du wieder da bist. Gut, dass es vorbei ist. Und gut, dass du es gemacht hast.« Er ist der Weiseste von allen. Er weiß es nur nicht. Aber vielleicht macht ihn gerade das so weise.

Drei Wochen später holte ich Gabi vom Flughafen in Hamburg ab. Als ich ihr von Becki erzählte, fragte sie, ob sie wenigstens schöne Brüste gehabt hätte. »Och, jo«, sagte ich abwiegelnd. Aber Gabi lachte. Sie kannte mich. Durchschnittliche Brüste hätten mich nie ins Wanken gebracht.

Der letzte Trip

Ich durchforstete das Internet nach einem Elnagh Magnum, wie ich ihn auf der Fähre mit Becki gesehen hatte. Und tatsächlich fand ich genau, was ich suchte. Ich handelte das 26 Jahre alte Gefährt auf dreitausend Euro herunter. Das Geld lieh ich mir bei meinem jüngeren Bruder.

Mit meinem neuen Elnagh reiste ich quer durch Europa und besuchte ehemalige Ashramis. Ich erzählte ihnen alles. Keiner hörte richtig zu. Keiner zog irgendwelche Konsequenzen. Sie steckten mir Spritgeld zu. Ich nahm es an. Vielleicht war es auch Schweigegeld.

Und dann klingelte plötzlich mein Handy. Eden war dran.

»Ich muss mit dir reden. Du bist der Einzige, dem ich alles sagen kann.« Ich fuhr mit meinem Elnagh erneut quer durch die Republik, in die Westpfalz.

Eden sah mager, traurig und schrecklich müde aus. Sie hatte abgenommen, mindestens fünf Kilogramm. Wir machten einen langen Waldspaziergang. Auf einer Lichtung setzten wir uns auf eine Bank. Endlich fing sie an zu erzählen: »Weißt du noch, dass ich damals in Schweden immer stiller wurde? Irgendwie auch immer kleiner? Und dass wir keinen Kontakt mehr hatten?«

Ich nickte.

»Ich habe damals zum ersten Mal mit ihm geschlafen. Und ich habe mich so geschämt und so falsch gefühlt, dass ich mich am liebsten in mich selbst verkriechen wollte. Ich wollte mich sogar umbringen.« Tränen kullerten ihr hübsches

Gesicht herunter. »Er fing an, regelmäßig Sex zu fordern. Und ich gab ihm nach. Bis ich merkte, dass ich das alles nicht wollte. Ich sprach mit ihm darüber und sagte, dass ich wegwill. Aber er ließ mich nicht gehen. Dann bin ich einfach abgehauen. Aber sie haben mich am Bahnhof erwischt und nachts zurück in den Ashram gebracht. Dann haben sie mich gefesselt und mir Klebeband über den Mund geklebt. Sie hielten mich im obersten Stock des Wohnhauses in Schweden gefangen. Ich glaube, du hast in dem Zimmer auch mal geschlafen.«

»Das gibt's doch nicht«, sagte ich fassungslos.

»Sie haben versucht, mich zu vergiften! Als ich nicht aufhörte zu zappeln, haben sie mir irgendeine Flüssigkeit eingeflößt. Danach war ich tagelang wie benebelt. Ich versprach, ruhig zu bleiben, und sie rissen mir den Knebel wieder ab und gaben mir etwas zu essen. Zum Glück hatte ich fast keinen Hunger. Sonst wäre ich jetzt wahrscheinlich tot. In dem Essen war Gift. Danach war mir tagelang kotzübel. Ich war auch psychisch total lahmgelegt.«

Was war bloß aus der lebendigen, dominanten Eden geworden? Ich verstand nun das Sprichwort »nur der Schatten seiner selbst zu sein«.

»Schließlich hat Sheila von der ganzen Sache etwas mitbekommen und mir geholfen, zu fliehen. Sie hat meinen Koffer einfach nachts aus dem Fenster geworfen, eine Strickleiter besorgt und mich dann zur Fähre nach Göteborg gebracht.« Langsam kamen mir Zweifel. Ich hatte Sheila erst vor drei Wochen besucht. Sie hätte mir doch bestimmt davon erzählt.

Vor allem nach meiner Geschichte von Becki und der dunklen Macht.

»Seitdem habe ich Angst«, erzählte Eden weiter, »dass sie mich umbringen werden. Wehe, wenn jemand diese Geschichte erfährt!«

Drei Jahre später

Es ist Sommer und der Guru ist wieder in Blaufingen. Ich habe lange überlegt, ob ich es tun sollte oder nicht. Aber schließlich bin ich die siebenhundert Kilometer mit meinem Wohnmobil in den Süden gefahren, um den Guru wiederzutreffen. Es gibt zu viele offene Fragen.

Noch zwei Stunden bis zum Satsang im Park unter der Magnolie. Sie blüht bestimmt wieder. Ich sitze in meinem Wohnmobil und schaue mir noch einmal alte Bilder und Filme aus der Zeit mit dem Guru an. Auch den Film, bei dem ich immer das Gefühl hatte, etwas würde nicht stimmen. Und auf einmal sehe ich es: Im Hintergrund ist Eden ganz kurz zu sehen. Sie huscht am Rand durchs Bild. Das ist unmöglich, denn Eden kannte den Guru zu diesem Zeitpunkt angeblich noch gar nicht. Sie hatte mir gegenüber mehrfach bedauert, dass sie damals nicht in Blaufingen dabei gewesen sei. Hatte sie ihre ganze Geschichte von vorne bis hinten erfunden? Hatte der Guru sie vielleicht gar nicht gefesselt und geknebelt? Würde der Guru wirklich versuchen, einen Menschen zu vergiften? Wer war Eden wirklich? Nur Eden kennt die Wahrheit hinter der Wahrheit. Genau wie der Guru. Jenseits der persönlichen Wahrheit ist die vollkommene Wahrheit.

Auf dem Film ist noch etwas zu sehen. Auf einem Einzelbild taucht ein Schatten auf. Als wäre für eine Fünfundzwanzigstelsekunde die Sonne verhangen. Vielleicht war es auch ein digitaler Fehler.

Möchte ich jetzt noch zum Guru gehen? Ich werde die vollkommene Wahrheit nie erfahren. Während ich darüber nachdenke, ziehe ich mir Kapuzenpulli und Baseballkappe an. Ich möchte nicht sofort erkannt werden. Wie ferngesteuert gehe ich in Richtung Magnolie. Ich kann nicht anders. Ich muss zu ihm. Ein letztes Mal.

Wie damals hocke ich mich neben den Fliederbusch. Er kommt und setzt sich etwa zwanzig Meter von mir entfernt unter die Magnolie. Und er blickt mich lange an. Ohne eine Miene zu verziehen. Als würde er durch mich hindurchschauen. Mir wird flau. Dem Satsang kann ich nicht folgen. Viel zu sehr beschäftigt mich die Begegnung mit dem Menschen, von dem ich einmal gedacht hatte, er wäre Gott.

Nachdem mindestens hundert Anhänger den Guru umarmt haben, steht er allein mit dem Rücken zu mir und blickt in den Park. Ich stelle mich neben ihn. Er bewegt sich keinen Millimeter.

»Ich wusste, du würdest kommen«, sagt er mit leiser, sonorer Stimme.

»Ja«, antworte ich. »Ich hab noch ein paar Fragen.« Jetzt dreht er sich zu mir. Er ist ein bisschen älter geworden. Noch ein wenig dicker und vor allem grauer. Er blickt mich traurig und verletzt an. Dann breitet er die Arme aus. »Come, come!«

Ich bleibe einfach stehen und blicke ihn lange an. Ich sehe einen ganz normalen Menschen vor mir. Ich muss lächeln. Meine Fragen sind völlig unwichtig. Ich drehe mich um und gehe langsam zurück zu meinem Wohnmobil.

Ich schaue mich nicht einmal um.

Impressum

Timm Kruse
Roadtrip mit Guru. Wie ich auf der Suche nach Erleuchtung zum
Chauffeur eines Gurus wurde. Eine wahre Geschichte.
ISBN 978-3-944296-43-2

Ein Projekt der AVA international GmbH
Autoren- und Verlagsagentur
www.ava-international.de

Eden Books
Ein Verlag der Edel Germany GmbH

Copyright © 2014 Edel Germany GmbH,
Neumühlen 17, 22763 Hamburg
www.edenbooks.de | www.facebook.com/EdenBooksBerlin |
www.edel.com
2. Auflage 2015

Einige der Personen im Text sind aus Gründen des
Persönlichkeitsschutzes anonymisiert.

Projektkoordination: Nina Schumacher
Lektorat: Lilith Pasztor
Umschlagfoto: © Atlantide Phototravel/Corbis
Umschlaggestaltung: Bon Bon Büro, Berlin | www.bonbonbuero.de
Layout und Satz: Datagrafix Inc., Manila | www.datagrafix.com
Druck und Bindung: optimal media GmbH, Glienholzweg 7,
17207 Röbel/Müritz

Printed in Germany

Dieses Buch ist auch als E-Book erhältlich.